कोरियाना
कफी
गफ

नारायण वाग्ले

nepa~laya

प्रकाशक : पब्लिकेसन नेपा~लय,
कालिकास्थान, काठमाडौँ
फोन : ०१-४४३९७८६
इमेल : publication@nepalaya.com.np
www.nepalaya.com.np

© लेखक

संस्करण : पहिलो, सन् २०१९
१

आवरण : INCS
मुद्रक : थमसन प्रेस, भारत

ISBN: 978-9937-9212-9-9

KOREANA - *Coffee Guff :* a creative nonfiction by NARAYAN WAGLE

यो पुस्तकमा अभिव्यक्त धारणा र विचार लेखकका निजी हुन्।

१

तापमान शून्य डिग्रीबाट निस्फिक्री ओरालो लाग्दै गरेका बेला म इन्चोन अन्तर्राष्ट्रिय विमानस्थलको ढोकाबाहिर उभिएको थिएँ।

उभिँदा-नउभिँदै मलाई ग्वाट्ट पट्ठो अँगालो हाल्ने सिरेटोले फ्याट्ट कुन गीत गाएको थियो, मैले भाषा बुझ्न सकिनँ।

नयाँ ठाउँको सिरेटोले जसलाई पनि सुई हानेर लठ्याए झैँ स्वाँठ बनाउँछ।

सिरेटो हरेक सहरको मौलिक सम्पदा हुन्छ जसलाई रैथाने लवज, स्थानविशेषको बनोट र विमान वा वायुपङ्खी चराहरूले काट्ने वेगहरूको बान्कीले बनाएको हुन्छ।

सिरेटोबारे तपाईंले कुनै समाचार पढ्न पाउनुभएको छैन भने सोच्नुहोस्, सिरेटो आफैँ समाचारको गाहकी हुँदैन। उसले विज्ञापन गर्दैन। न सरकारलाई प्रज्ञापन दिन्छ। ऊ समाचार संसारबाट बाहिर रहन्छ र बेखबर नौला हवाईयात्रीलाई हाहु गराएर हैरान पार्छ।

हा र हु गर्दै सकेसम्मको बाफ मुखबाट निकालेपछि ट्याक्सीभित्र पस्नासाथ न्यानोले झकाउन थालेछु।

ड्राइभरले मेरो ठेगाना मेरो मोबाइलमा मागी हेरे।

म उँघेँ। केही बेरपछि, सायद उनले मेसो पाउन सकेनन्, मेरो मोबाइल फेरि मागे।

के उनले मेरो एप्पलमा आँखा लगाए ? आफ्नो उही जीउडालको सामसुङ सेट दाबेर साना अक्षरको मेरो नम्बर सुटुक्क सारेपछि गम्भीरतापूर्वक डायल गरे, 'आन्यौङ्हासेयो !'

धन्न, उनले मेरा डाटाहरू आफ्नो मोबाइलमा ट्रान्सफर गरेनन् ! मोबाइलमा सेभ भएका डाटा र लेखिएका सर्टह्यान्ड डायरी चोरिए म सोलको सडकमा सबेरै उदाङ्ग हुनेछु । ब्लुटुथ अफ राख्नु बेस ।

मोबाइलमा भरिएका डाटा सुरक्षित गर्न सक्नुभएन भने तपाईं कुनै पनि बेला कहीं पुगेर पक्राउ पर्न सक्नुहुन्छ ।

अरूका गोप्य क्षण वा वार्ता खिच्नुभएको छ वा रेकर्ड गर्नुभएको छ भने तपाईंले आफ्नो सुरक्षाका लागि साइबर अपराधवेत्ता अधिवक्ता खोज्न थाले हुन्छ ।

डाटाहरूले समाजको शान्ति खलबल्याउँछन् । सफेदपोस प्रहरीले तपाईंलाई कुखुराका चल्लाझैं घानमा पार्दै वा झाङ्गलफुङ्गल गर्दै कहींबाट पनि पक्रेर चौकीमा पुऱ्याउन सक्छन् ।

मलाई भिसा दिन अनकनाउने कन्सुलरले मेरो कन्सिरी तताउने गरी पासपोर्टबारे निधीखोजी गरेका थिए । पासपोर्टभित्र कुन पन्नामा कुन देशको कुन कर्मचारीले के छाप लगाउँदा कस्तो चित्र बनायो, उही जानोस् ।

'के तपाईं उत्तर कोरिया जानुभएको छ ?'

'छैन त ।'

'किन छैन ?' उनले झाँको झार्न खोजे झैं सोधेका थिए, 'तपाईंको पासपोर्टमा यो केको चिह्न हो ?'

'कुन ? कहिले ? कहाँ ?' म झस्किएको थिएँ ।

उनले फोन पो गरेका थिए, भिडियो कल भए उनले देखाउने पासपोर्टको पन्नामा कुन चिह्न कस्तो थियो, मैले अनुमान गर्न सक्ने थिएँ ।

'ढाँट्नु केलाई छ र ?'

'कहाँ हानिएको स्ट्याम्प हो त यो ?'

'म यहाँबाट फोनमा देखिदनँ,' मैले भनेको थिएँ, 'म जहिले गएको छु, तपाईंकै देश गएको छु। उत्तर कहिल्यै टेक्न पाएको छैन।'

उत्तर कोरिया त सायद जहाजहरूका झ्यालबाट पनि देखेको छैन। कुनै अज्ञात पहाडमुनिबाट निस्किएको क्षेप्यास्त्र कतिखेर कता सोझिएको हुन्छ, समाचारहरूले हामीलाई तर्साइरहेका हुन्छन्।

उत्तर कोरियाले मलाई कहिल्यै स्ट्याम्प हान्न पाएको छैन। मलाई हान्नेहरू हुन् अमेरिका, जापान, बेलाइत, रूस, दक्षिण अफ्रिका, भारत, श्रीलङ्का, चीन, थाइल्यान्ड, कतार, नर्वे, फिनल्यान्ड, स्विडेन, सिङ्गापुर... म गनेर सक्दिनँ। म देश गन्न हिँड्ने होइन। मलाई हिँडाउनेहरूलाई नै सोध्नुहोस्।

हरेक देशको एउटा विशिष्ट स्ट्याम्प हुन्छ। हरियो नेपाली पासपोर्ट देखे भने स्ट्याम्प हान्न उनीहरू हिचकिचाउँछन्। उनीहरू हिचकिचाउने भएकाले हाम्रो सरकारले हामीलाई माया गरीवरी संसारको जुनसुकै कुनामा पुग्दा पनि चल्न मिल्ने मेसिन रिडेबल पासपोर्ट दिन थालेको छ।

तै उनीहरू हामीलाई विशिष्ट स्ट्याम्प हान्नुअघि दुईपल्ट सोच्छन्; जाँच्छन्; केरकार गर्छन्! कहिले त केरमेट गरिदिन्छन्! सायद मेरो पासपोर्टमा कुनै अध्यागमन अधिकारीले त्यसै गरी केरमेट गरिदिएको थियो।

केरमेट भएको डाटा लिएर हिँड्नुभएको छ भने केरकारमा पर्नुभयो।

पासपोर्टका पन्ना वा मोबाइलका सेट डिजिटल संसारका हाम्रा आईडी कार्ड हुन्। तपाईंको स्वभाव, समस्या वा सफलता तिनैले यकिन गर्छन्।

महानगर प्रवेश गर्न समय लाग्ने अनुमान गर्दै म आफ्नो मोबाइल खल्तीमा फर्काईवरी ढुक्कसाथ कोरियाली निद्रादेवीतिर लहसिएँ।

कोरियाली निद्रादेवी सायद पातला निद्राहरूकी राजकुमारी हुन् जो रिचार्ज कार्ड लिएर गच्छेअनुसार आगन्तुकलाई स्लिपिङ ट्याब्लेट दिन्छिन्।

फर्मुला मिलेको स्लिपिङ ट्याब्लेटको मात्रा हातमा छ भने तपाईंले पसारेको ढाडतिरबाट सुस्तरी निद्रा पसेको हेक्का हुँदैन।

आमाले सुमसुम्याउँदै तेल घसिदिएको ढाडलाई नै पछि प्रेमिकाले आलिङ्गन गर्दै थपथप्याउँछन्; त्यसैमाथि प्रहरीले भाटा बजारेको हुन्छ। त्यही ढाडमा पीरैपीरको भारी बोकेर हिँडेको नौजवानलाई स्याबासी दिन जसले पनि तपाईंलाई सम्झाउने गर्छ। लडिएला है!

मलाई बिउँझाउने गरी ड्राइभरले अघिको नम्बरमा रिडायल गरे। अब सायद पत्याए।

म आँखा मिच्दै उनलाई सुन्न थालें, 'मैले जानेदेखि ट्याक्सी नै चलाएको छु। यो कस्तो ठाउँ रहेछ, पहिलोपल्ट थाहा पाउँदै छु।'

के म कुनै काल्पनिक ठाउँ जाँदै छु? त्यस्तो ठाउँ जुन ट्याक्सीको जीपीएसमा छैन?

पहाडहरूकै माझ हिउँमा पुरिएको कुनै गाउँ पुगे झ्यालबाहिर कान थाप्ने बाघमाथि तपाईं हामफाल्न सक्नुहुन्छ। अँध्यारोमा फुक्किन गाईचोर हुनुपर्दैन।

तपाईंले जिन्दगीमा कतिका सपना चोर्नुभयो भन्ने हिसाब मात्र निकाल्न खोज्नुभयो भने मतपेटिकाबाट थुतिएका नक्कली वाचामा बहकिएका मतपत्रहरूले नाराजुलुस गर्नेछन्।

'टाढा हो र?' मैले लोलाएको टाउको उठाएर सोधें, 'हँ, किम?'

'तपाईंका ड्राइभरको नाम किम हो' भनेर अघि विमानस्थलको काउन्टरमा एउटी स्टाफले मलाई लेखेर दिए जस्तो लाग्छ। त्यो चिर्कटो कता छ, छाम्छु।

खल्ती धेरै हुन्छन् र कुन कागज कता पऱ्यो, हेक्का हुँदैन भने तपाईं अज्ञात यात्रामा हुनुहुन्छ। कुन सामान कुन खल्तीमा राख्ने हेक्का गर्न नसके बित्थामा विलम्ब हुन्छ।

त्यस्तो बेला एउटै खल्ती भएको जाती लाग्छ। खल्तीले मानिसलाई अलमल्याउने मात्र होइन, स्वार्थी पनि बनाउँछ। हरेक कुरा खल्तीमा कोच्ने बानी लाग्छ।

नातिनातिनालाई क्याडबरी डेरी मिल्क किनिदिन, आमाको मुख हेर्ने दिन

छोराछोरीले सेल्फी खिच्दा दिएका पैसा ओछ्यानभित्र लुकाउने हजुरआमा सम्झिनुहोस् ।

खल्ती नभएको पोसाक पाए म एक जोर किन्नेछु । त्यस्तो लुगा पाइएला त किम ? हँ, मिस्टर किम ?

म आफैँसँग सोध्छु र साँच्चै उनको नाम सम्झिन फेरि खल्ती छाम्छु । र, घुन मिसिएको चिउरा बुक्याएको महसुस गरेपछि झैँ अनुहार खङ्ग्रङ्ङ बनाउँछु ।

घुनसँग किन घिनाउँछु, मलाई थाहा छैन । उसको पनि आफ्नै जीवन छ; इच्छा छ; कामना छ; सहवास छ; सङ्घर्ष छ; प्रयत्न छ ।

घुनसँग घिनाउनु, आफैँलाई अरूबाट चोखो पार्नु । आफूलाई विशिष्ट ठान्नु । आफूलाई विशिष्ट ठान्नु, अरूको शिष्टता मतलब नगर्नु । हामी मतलबी । तपाईंले कहिल्यै घुनहरूको प्रेमबारे लेखिएका कविता पढ्नुभएको छ, हँ, किम ? हँ, मिस्टर किम ?

त्यसो त कोरियामा झन्डै एकचौथाइ मानिस किम हुन्छन् भन्ने कहावत रहेकाले मेरो सम्बोधन हत्तपत्त खेर जाँदैन । त्यसपछि ली आउँछन्, अनि पार्क । परिवारको थरबाट चल्छन् ।

कुम ठोक्किन आउने चौथो व्यक्ति किम हुनेछ । उनीहरूका थर किफायती छन्; थोरैबाट काम चलाउँछन् । किम थरबाटै करोडौँको गुजारा चल्छ । शासक पनि किम, शासित पनि किम । अर्बपति पनि किम, गेटपाले पनि ।

*न्युयोर्क टाइम्स*ले किमको हवाला दिएर शीर्षक बनाएको छ भने त्यो उत्तर कोरियाली नेताको आणविक धम्कीसँग जोडिएको हुने गर्छ । हालत अच्छा छैन । हालत बुरा है भन्न सक्नुहुन्छ ।

'सहरभित्र लुकेका ठाउँ फेला पार्न सोचे जस्तो सजिलो हुँदैन, साथी,' किमले कपाल लर्काउँदै भने ।

उमेर लुकाउने गरी कपाल कसरी निक्खर कालो राख्न सक्छन्, मैले बुझेको छैन । कपाल व्यक्तिको अनुहार होइन ।

सबै अधबैंसेका तिलचामले कपाल छाँट्न लगाएर तपाईं एकै छाँटको ग्लोबल भिलेज बनाउन सक्नुहुन्छ। भन्न सक्नुहुन्छ– सबै जनाले एउटै आँट गर्नुहोस्; कसैले अटेर नगर्नुहोस् र संसारको समृद्धिका खातिर समान अठोट गर्नुहोस्।

समृद्धिले झ्यालबाहिर कान थापिरहेको हुनेछ। त्यसले ढाड थापिरहेको सोच्नुभयो भने तपाईं हामफाल्न सक्नुहुन्छ। त्यसले पहाडको भीरमा लगेर तपाईंलाई हुत्त्याइदियो भने तल छङछङ गरिरहेको नदीमा जस्तासुकै गोताखोरले पनि तपाईंको हाडखोरधरि भेट्न सक्नेछैनन्।

मानिसको अन्तिम सत्य हाडखोर हुनु हो भन्ने सोच्नुभयो भने अहिल्यै हातखुट्टा बाँधेर बस्न सक्नुहुन्छ। उमेर छ; उम्मिद बढाउनुहोस्। प्रतिस्पर्धा गर्नुहोस्; हामी ग्लोबल भिलेजमा छौँ।

ग्लोबल भिलेजको झ्यालबाट नदेखिने देश एउटै छ भन्नुहुन्छ तपाईं– उत्तर कोरिया। तर त्यहाँका अधिनायक किमको कपाल लोकप्रिय छ। जस्तो– ग्लोबल भिलेजका प्रमुख कार्यकारी ट्रम्पको।

न्युयोर्क टाइम्सले अलिपछि कार्टुन गर्दै छ। ट्रम्प किमसँगको कल्पनावार्तामा सोध्छन्, 'तपाईं कपालमा कुन जेल दल्नुहुन्छ ?'

तपाईं कपालमा कुन जेल दल्नुहुन्छ, किम ? हँ, मिस्टर किम ? हँ, सुप्रिम लिडर ?

कुनै ग्लोबल ब्रान्डको जेल प्रयोग गरे जस्तो सर्लक्क कपालतिर आफ्ना तन्द्रालु आँखा थापिरहेको म झ्ल्याँस्स हुन्छु। ट्याक्सीको विन्डस्क्रिन नछोईकन उभ्याइएको फोटोले मैतिर हेरिरहेको छ।

घरीघरी अधकट्टी काँटका सोचाइमा आउने गरेकी राजकुमारी के तिनै थिइन् जसले मलाई फर्मुला नमिलेको स्लिपिङ ट्याब्लेट दिएकी थिइन् ?

स्नेहवश फ्रेमभित्र स्याहारिएकी युवती काटछाँटले मिस कोरिया वा कुनै आधुनिक साङ्गीतिक समूहकी सदस्य वा लभस्टोरीवाला फिल्मकी हिरोइन हुनुपर्थ्यो। कोरियाली लभस्टोरीहरू एसियामा फेसन शैलीकार किन बन्दै छन्, मैले बुझेको छैन।

'को हो ऊ ?' मैले सोधेँ, 'हँ, किम ?'

'को ?'

मैले पछाडिको सिटबाट चोर हात लम्काएपछि उनले भने 'ए, यो ?'

'हो ।'

'मेरी छोरी ।'

'खसखस लागेर सोधेको ।'

'उसैका लागि त मैले कमाउनु छ ।'

'कमाउनु ?'

'विश्वविद्यालय पढाउनुपरेन ?' उनले भने ।

'पऱ्यो ।'

'मैले नपढेको उसैले पढिदेओस् भन्ने चाहन्छु ।'

'हगि !'

'तपाईं बाबुको रूपमा के चाहनुहुन्छ, थाहा भएन,' उनले भने, 'मेरो इरादा भने त्यही छ ।'

'पढाउन गाह्रो छ ?'

'सरकारी विश्वविद्यालयमा सिट पाउनु चिट्ठा परे जस्तो हो,' उनले भने ।

'हत्तेरी !'

'अरूमा ढाड सेकिन्छ ।'

स्कुल तह नि:शुल्क गर्ने देशले उच्च शिक्षालाई उच्च प्रतिस्पर्धात्मक बनाएकाले पनि सामान्य श्रमजीवीको रक्तचाप उच्च भएको हुनुपर्छ । रक्तचाप आज देशदुनियाँ बदल्ने सबभन्दा रफ्तारको रेल हो ।

विकासको अहम्लाई साकार पार्न बुलेट ट्रेन थपिएको तपाईं देख्नुहुन्छ वा मल्टिमिडिया समाचारमा चित्ताकर्षक भिडियो हेर्नुहुन्छ तर ब्लड प्रेसरको दवाईको दबाब झेल्न सक्नुहुन्न ।

प्रेसरको दवाई प्रयोग गर्न थाले फ्याट्ट रोक्नु हुँदैन। चिकित्सकसँग परामर्श गर्नुहोस्। प्रेसर नाप्ने यन्त्र हरक्षण आफूसँगै राख्ने गर्नुहोस् र खल्तीमा दवाईका चक्का भरिएको डब्बा। खल्ती नभएको पोसाकतिर आँखा नडुलाउनुहोस्। जाडो छ; ज्याकेट भिर्नू।

'महँगो ?' मैले सोधेँ।

'तपाईं पैसावाल कम्पनीमालिक हुनुपर्छ, कि कुस्त कमाउनुपर्छ।'

'हगि !'

'मैले त पहाडै देखेको छु।'

उनले देखेको 'पहाड' नेपालतिरको जस्तो हुनुपर्थ्यो, यता त ठूलठूला ढिस्काजस्ता। तिनै अनगिन्ती ढिस्काभित्र ढेप्किएर सोल सहरको फाँचो विस्तार भएको छ।

त्यसो त कोरिया पहाडी देश हो जसको तीनचौथाइ भूभाग पहाड, ढिस्का, थुम्काले ओगटेका छन्। थुम्का, ढिस्का, पहाडभित्र कतै सुलुत्त सुरुङ छिराएर सडक निकालेका छन् र सुविधाको सहरीकरण गरेका छन्। कृषि परम्परामा 'ढाडतिर पहाड र नाकतिर नदी' फर्केर बस्ती बस्ने बानी थियो।

विकास परम्परानुसार भने नाकतिर सडक फर्काउने गरी बस्ती जता बढाए पनि ढाड पहाडतिरै फर्किन पाएका छन्। बस्तीमा कुनै न कुनै पहाडको छाया अवश्य पर्नेछ।

पहाडको ज्यान जङ्गको छ, अजङ्गको होइन।

हान नदीले सोलको सान बढाइरहे पनि सुस्केरा हाल्न पाउँदैन; गर्जिने गर्जो पनि पूरा गर्न सक्दैन। विशाल नदी कोरिया चिरेर तल समुद्रतिर झर्दै छ भन्ने तपाईंलाई ख्याल हुँदैन।

नदीलाई कहिल्यै निद्रा लाग्दैन। ऊ बरु बेलाबेला थाक्छ भनेर हामी बाँध बाँधिदिन्छौँ। उसको वेग रोकिदिन्छौँ। मानिसलाई नदीको वेगसँग ईर्ष्या छ। नदीलाई रोकेर हामी आफूखुसी प्रगति गर्छौं र नदीको सुस्केराको सुर समाते झैँ कविता लेख्छौँ।

गीतमा विम्ब हाल्छौँ र पूर्वप्रेमीले बिदाइका ओठ सर्काउँदा उफ्रेका शब्द सम्झेर विरह गाउँछौँ ।

प्रेमकथा प्राय: वियोगमा किन टुङ्गिन्छन्, मैले पढेको छैन ।

ट्याक्सी दायाँ पार्दै गुडेको फराकिलो क्षेत्रमा योन्साई विश्वविद्यालयको एउटा सङ्केत मैले ठम्याएँ । राति सवारी कम हुँदा गाडीको उच्च गतिमा आँखाले फ्याट्ट केही पढिहाल्न नभ्याउन सक्छन् । योन्साईले गरेको एउटा सम्मेलनमा पहिला आउँदा दैनिक भित्रबाहिर गरेको मुख्य गेटै बिर्सने त्यस्तो भुलक्कड त म कहाँ छु र ?

अमेरिकाको हवाईदेखि आएका पत्रकारले मसँग कति जान्ने पल्टेर सोधेका थिए, यही योन्साई आउँदा ! होटलदेखि साँझ रमझम स्थलसम्म हवा हवाई गर्दै हिँडाइदिँदा उनले हार खाँदै मलाई रोकेका थिए, 'ए नेपाली साथी, तपाईंलाई म एउटा प्रश्न गर्न सक्छु ?'

'स्योर, प्लिज ।'

'तपाईं शेर्पा हो ?'

'होइन तर हुन चाहन्छु,' मैले भनेको थिएँ, 'सबै नेपाली शेर्पा हुँदैनन्, जसरी सबै कोरियाली किम ।'

'माइन्ड नगर्नुहोला है !'

'होइन, गर्व गर्छु ।'

'यतिका वर्ष रेडियो पत्रकारिता गरेँ,' उनले नुन खाएको कुखुराझैँ करकर गरे, 'पहाडतिर कहिल्यै उक्लिइनँ ।'

पहाडतिर कहिल्यै नउक्लिई खरखर्ती जीवनका त्यतिका वर्ष केमा बिताउनुभयो त अमेरिकी साथी भनेर केरकार गर्दै मैले योन्साईका सात दिन काटेको थिएँ; सात रात पत्रकारिताको पहाड यात्रा छिचोल्ने सामलको कल्पना गरेको थिएँ ।

'मैले नजानेर सोधेको हुँ है,' उनको थकथकी बाँकी रहेछ ।

'जानेर कसैले सोध्दैन, साथी,' मैले भनेको थिएँ।

जानेर सोध्ने शिक्षकहरू हुन् जो विद्यार्थीलाई इख्याउँछन्; ईर्ष्यालु बनाइदिन्छन्। उनीहरू मै जान्ने पल्टेर कक्षामा पस्छन् तर उनीहरूले पनि जम्मै जानेका हुँदैनन्; फलानो किताब पढ्नू भनेर सन्दर्भ दिन्छन्। वा ढिस्कानो। किताबहरूको कान जति निमोठे पनि विद्यार्थीले बुझ्ने हो आफ्नै जिज्ञासाले। वा आँखाले। जिज्ञासा भित्री आँखा।

'यसमा सिट पाउन मेरी छोरी भाग्यमानी हुनुपर्छ,' किमले भने।

भाग्य कसले भाग लगाएर दिएको हुन्छ, मैले थाहा पाउने लेठो गरेको छैन।

भाग्य एटीएम मेसिनबाट झिक्न मिल्ने भए चिट्ठा परेर रातारात करोडपत्नी भएकी एउटी बेलाइती महिलाले दस वर्षपछि किन चिट्ठा कम्पनीविरुद्ध मुद्दा हाल्थिन्? आफ्नो कर्मशील जीवन भाग्यशाली चिट्ठाले नर्कसरि बनायो भनेर उनले वकालतनामा बनाउँदा हात कँपाएकी थिइनन्।

बरु आफूले झन्डै डेढ महिना तालिम लिएको यहाँको सर्वश्रेष्ठ मानिने सोल नेसनल युनिभर्सिटीको मुख्य गेटको सम्झना भने मैले मकैझैँ पोलेर खाइसकेको छु।

बाइस वर्षमा एसएनयु आफैँ कति फेरियो होला! 'त्यो एसएनयु मेरो जीवनमै पहिलो विदेशी जहाज चढेर आएको गन्तव्य थियो, किम,' मैले भनेँ, 'चपस्टिक्सले खान सिकाउने एउटी साथीको अनुहार झलझली सम्झिन्छु।'

चकडस्टरवाला प्रोफेसरहरू सम्झनामा छैनन् किनभने उनीहरू आफैँ लेख्दै आफैँ मेट्थे। केही सोधे, यो पढ्नू वा त्यो भनेर उकेरा लाउँथे। चपस्टिक्स सिकाउनेले भने मेरा औँलाहरू चलाइदिएकी थिइन्।

'चपस्टिक्स?'

'औँलामा रगडेर खेलाउनुहोस् र पुतलीझैँ नचाउनुहोस् भन्ने उनको आवाज अझै मेरो कानमा छ, किम,' मैले भनेँ, 'कता छ त्यो विश्वविद्यालय?'

उनले भने, 'त्यसमा त मेरी छोरीको रून् ल्याकत पुग्दैन होला।'

एउटा मोडपछि लेन घट्यो; सडक साँघुरियो। त्यसबाट पनि सानो गल्लीमा छिराएर किमले बायाँ घुमाए। 'कहीं त उसले आफ्नो नाम पाउँछे होला!' उनले भने।

'पक्का पाउनेछिन्,' मैले भनें, 'असल बाबु पर्नुभयो।'

'आफूले त पढ्‌ भन्ने हो,' उनले भने।

'छोरीको यति हेक्का राख्दै हुनुहुन्छ!' मैले फर्माएँ।

उनी फर्मिए, 'अघि सुत्नुअघि पनि उसले एक घण्टा पढेको हेरेर निस्किएको हुँ।'

'छोरी किम किताब पढ्ने, बाबु किम छोरीलाई पढ्ने।'

'मैले उमेरमा पढ्न पाइनँ,' उनले भने।

'तपाईंले पढ्न पाएको भए मसँग अर्कै तरिकाले भेट हुन्थ्यो होला,' मैले भनें।

न्युटनले स्याउ किन खस्यो भन्ने जान्न खोजे। भुइँसँग तान्ने क्षमता छ भन्ने पहिल्याए। हामी पनि कोहीसँग किन भेटिन्छौं भन्ने व्याख्या गर्न विज्ञानभन्दा बढेर अध्यात्मतिर गुरुत्वाकर्षण देखाउँछौं। कोही त कर्म देखाउँछन्। कोरिया गयो कर्मसँगै भन्छन्। म भने किमसँगै छु।

किमले गल्लीको उकालो लगे। रूखको फेदमा ट्याक्सी रोकेर उनी पनि बाहिरिए। मैले झोला निकाल्दै उनलाई 'खाम्साहाब्निदा' भनें।

२

रूखको फेदमा ट्याक्सीबाट ओर्लिंदा मधुरोमा फिक्का राता पातहरू हल्लिएका थिए। कति चाँडै घामको झिल्को पर्दो रहेछ! झन्डै झुक्किएको, बिजुलीको उज्यालो रहेछ!

बिजुलीको पहिलो झिलिमिली कहाँ भएको थियो र कसका आँखा तिरमिराएका थिए, तपाईंले पढ्नुभएको छ भने त्यो किताबको पन्ना नच्याती पीडीएफ फाइल बनाएर मलाई इमेल गरिदिनुहोस्।

मेरो इनबक्समा धेरै जङ्कमेल थुप्रिएका छन्।

कुनैमा अश्लील भिडियो; कुनैमा श्लील कविता; अतिरिक्त प्रेमप्रस्ताव र अर्को उपन्यास पनि त्यस्तै लेख्नुहोस्, जस्तो तपाईंले सबभन्दा मन परेको लेखकबारे गरेको टिप्पणीबाट प्रभावित भई आत्महत्या गरेको पात्रको अधुरो आकाङ्क्षा।

म खल्तीमा दुवै हात कोचेर हाँगा छिमलेको रूखझैँ ठिङ्ग ठडिएँ।

आदिकालदेखि यथावत् उभिइरहेको रूखमुन्तिर निहुरिएका दुई युवती कसले बढी टिलिक्क दाँत टल्काउने भन्ने होड गर्दै थिएनन्। आँतको अन्तरकुन्तरबाटै स्वागतको उज्यालो प्रकाशित गर्दै थिए।

एउटीले ट्याक्सीको उठ्ती पचपन्न हजार वन खरखर गन्दै तिरिदिएपछि मसँग परिचय गरिन्, 'म ली हुँ, यिनी लिम।'

लिमले आफ्नो नाम आफैँ भन्न सक्थिन्। ली किन जान्ने भएकी? भन्न नजाने लेखेको देखाउन सक्थिन्। नभए इसारा गर्न।

आफूलाई भने कत्ति न उनको बोली सुनूँ भइसकेको थियो भनेर मैले त्यसरी ठाउँको ठाउँ सोच्नु हुन्थेन।

शब्दहरूले यसरी मानहानि गर्न खोजे, हातपात गर्ने गरी उब्जिए म मनमनै सतर्क हुन्छु र फट्टिएका गोडा जोड्छु। गुच्चा छिर्न नसक्ने गरी गोडा जोड्दा पनि चिसो च्वास्स पाइन्टबाटै पसेर माथि घाँटीसम्म सर्किएको ख्याल गर्नासाथ गोडा फट्टाउँछु र दुवै हात निकाल्छु।

ट्याक्सीचालक सुलुलु ओरालो लागे। गेटमा सेतो कुकुरले पुच्छर हल्लाउँदै उनलाई बिदा गर्‍यो। गेटपालेको पछि लाग्दा कुकुर मै जान्ने भए जस्तो छ। अघि म आइपुग्दा पनि उसले पुच्छर हल्लाएको थियो।

सेतो कुकुरले पुच्छर हल्लाएपछि, अँध्यारोमा खुल्ने गेटसम्म आइपुग्दैमा मेरो कानबाट धूवाँ पुतपुताइसकेको थियो।

कुकुरको पुच्छर ढुङ्ग्रोमा जति हाले पनि बाङ्गिँदैन भन्ने उखानको बखान गर्नेहरूले आफ्नै फार्म हाउसमा बसेर जर्ज अर्वेलको *एनिमल फार्म* पढ्नु श्रेयस्कर हुन्छ।

बढ्ता बोल्नेहरूले केही बेर मौनधारण गर्न नसके संसारका सबै रेडियो र टेलिभिजन स्टेसनलाई वर्षमा एक दिन बिदा बसाए हुन्छ। मौन दिवस।

शोकधून आफैँमा समाचार हो। धून आफैँ सवार हुन्छ। शान्त स्वरको ओठ चलाउनुभयो भने पनि चराहरू उड्नेछन्। रूखवरपर तपाईंको रजाइँ छ भन्ने बठ्याइँ उनीहरूले गरिसकेका हुन्छन्। नभए तपाईं गुलेली ताक्नुहुन्छ वा बन्दुक तेर्स्याइदिनुहुन्छ।

तपाईंसँग हतियार छ; चराहरूको हतियार चिरबिर हो।

एक साता बिताउने दुईतले लेखन शिविर मैले गुगल गरेर हेर्दाकै शान्त बान्कीसहित स्थिर ठडिएको थियो।

थुम्कोमा चिरबिर गर्दै उभिएका एउटै उचाइ र बनाइका ली र लिमले मलाई अँगालोमा बेरे ।

मानौँ, नत्र म फुत्किने थिएँ वा उत्तिन्खेरै फर्किने थिएँ ।

यस्तो जाडोमा किन बोलाएको भनेर मैले गुनासो गर्न भ्याइसकेको थिएँ र ? कि मेरो जीउको काँडा मार्ने चिप्स उनीहरूले आफ्नो अँगालोको बित्ताभरि जडेका थिए ?

अँगालो हाल्न सबभन्दा निपुण बोडीका लहराहरू मकै सुकेर ढोड बन्नुअघि आफैँ लत्रिन्छन् । धोद्रो आवाज गर्ने ढोडहरू ऋतु बदल्ने बताससँगै ढलेनन् भने खुर्पाले छ्यापछ्याप काटिन्छन् ।

माटो सम्मिएको गरामा भलको मल पसेपछि बीउ छर्ने किसानलाई थाहा हुन्छ– मकै कति उत्तेजनासाथ उम्रिँदै हुर्किन्छन् ! ह्यान्डसम बोटहरूले ब्युटिफुल बोडीका लहरा आकर्षित गर्छन् । वा ब्युटिफुल बोटहरूले ह्यान्डसम बोडीका लहरा पर्खिरहेका हुन्छन् । हावाले सुसेली हाल्नासाथ चुम्मा गर्न पाउँछन् ।

लीले भनिन्, 'यस पालि तपाईं पहिलो पाहुना ।'

धरतीमा सबभन्दा पहिला कुन फूल फुलेको थियो ? मकैको पहिलो ढोड कहाँ ढलेको थियो ? कुन जनावरले आवाज निकालेको थियो ? कुन चराले कसरी पखेटा बाएको थियो ? कुन पुतलीले कता आँखा फरफराएको थियो ?

कुन जलचर, कुन उभयचरले के गरेको थियो, मैले निधीखोजी गरेको छैन ।

धरतीमा रुने पहिलो बच्चा कुन थियो ? संसार मैले बुझेको छु भनी गुड्डी हाँक्ने पहिलो गँजडी को थियो ? धरती तयार हुनुअघि ब्रह्माण्ड कसरी बिग ब्याङबाट बनेको थियो ?

मानिस वा चेपागाँडाका लागि अनुकूल यही चराचरमा हामी कसरी

जन्मेका हौँ ? हामी यही ब्रह्माण्ड र यही समयमा किन अवतार लिन समर्थ भयौँ ? मैले कसैलाई सोधेको छैन ।

म आफ्नै अवतार हुँ भने कसरी त्यहाँ पहिलो पाहुना हुन पुगेँ ? मैले सोधेको भए मिस लीको ब्लड प्रेसर बढ्ने थियो ।

एउटा अङ्कमालका लागि दुई जना सुकोमल यौवनालाई रात-बिरात उभ्याउने मेरो कुनै पूर्वनियोजित नियत थिएन ।

अघि नै देखि ट्याक्सी ड्राइभरको फोन उठाएर दिशानिर्देश गर्ने पनि पक्कै तिनै थिए । ट्याक्सी लिएर आउनू, जति पर्ला हामी तिरिदिन्छौँ भनी इमेल गर्ने ली आफैँ त्यहाँ तैनाथ थिइन् ।

उनीसँग उच्च क्रयशक्ति भएको वन छ । विश्वकै एक आर्थिक शक्ति हुनुअघि उनीहरूले विश्वलाई कसरी बजार बनाउन सकिन्छ भनी सोचेका थिए । बनाए; बेचे; कमाए र त हाम्रो चाहनालाई पनि सुमरेका छन् । मैले त बस चढेरै पुग्ने भाका गरेको थिएँ तर सार्वजनिक यातायात त्यति सखारै सोलमा पनि किन सम्भव हुन्थ्यो र !

सम्भव भन्ने शब्द उनीहरूले चरितार्थ नगरेको अरू केहीमा छैन ।

लिम भुइँतलाको अफिसतिर ओझेल परिन् । उनको एक शब्द पनि मैले सुन्न पाइनँ । उनले बाई भन्नलाई औँलाहरू हल्लाइन् । तपाईं कोही देख्नुहुन्छ तर स्वर सुन्न पाउनुहुन्न भने के सोच्नुहुन्छ, मैले थाहा पाएको छैन ।

चुलबुले लीले ममाथि हक जताइन् । उनले मलाई रूखको बायाँपट्टि सिँढी चढाउन भीआईपी एस्कर्टिङको सान दिँदै आफ्नो हात हावामा एक बित्ता बिछ्याइन् । ढोकामा मोबाइल फोन आकारको किबोर्ड थिचिन् ।

भनिन्, 'भोलिदेखि यहाँ तपाईं जुन ढोका खोल्दा पनि यही नम्बर थिच्ने गर्नुहोस् ।'

'कति नम्बर हो ?'

चार अङ्क भट्ट्याउँदै उनले दोहोऱ्याइन्, अनि सोधिन्, 'कण्ठ भयो ?'

'भुस्कड छु,' मैले भनें, 'लेखेर राख्नुपर्ला ।'

'लेखकलाई लेख्ने कामै जुर्छ,' उनले मेरा आँखामा हेर्दै भनिन् ।

सायद म कति रसिक छु, जाँच्न । भर्खर भेटिएको कोही व्यक्तिसँग कुन हदसम्म फरास चल्छ, थाहा पाउने कुतकुती उनलाई पनि त होला !

मलाई भने ठाउँको ठाउँ ठ्याक्क शब्द आउँदैन । शब्द निस्कने गरी सोचाइ फुर्दैन । फुरे पनि आँट आउँदैन । कहिलेकाहीँ फ्याट्ट आउने शब्द खेलाउँदा कुठाउँ पर्छ ।

शब्दहरू हाम्रा शक्ति हुन्; बेठाउँ परे आफैंलाई शक्तिहीन बनाइदिन्छन् । कहिले त कहिल्यै नभेटिएका शब्द निस्कन्छन् र म आफूलाई शब्द-शक्तिवान् ठान्न पुग्छु । कहिले उर्लंदो भेलका माछाफैं भावनाभित्र शब्द लुक्दै बग्छन् र आफैंलाई छचल्काइदिन्छन् ।

त्यस्तो बेला कान रन्किन्छन् र गाला राता हुन्छन् । कान र गालाको सम्बन्धको भलिभाँती मलाई थाहा छैन ।

मानिसले शब्द आविष्कार गर्नुअघिका लाखौं वर्ष लाखेफैं हाउभाउबाट काम चलाएका थिए ।

शब्दहरू पूरै विकास गर्न नसकेकैले हुनुपर्छ, शब्दले नथेग्ने ठाउँमा हामी रुन्छौं; शब्दले नपुगे हाँस्छौं; शब्दले नभ्याए मुड्की बजाछौं । शब्द खर्च गर्न कन्जुस्याइँ गर्न आँखा च्यात्छौं; जिब्रो बटाछौं; औंला तेर्स्याउँछौं । शब्द निस्कनुभन्दा छिटो हात हाल्छौं ।

विचार र बुझाइको सहवासले शब्द बन्छ । शब्द बन्दैमा पुग्दैन । बन्यो भने पनि ओकल्न अटेसमटेस आउनुपर्छ । कुन शब्द कतिखेर प्रयोग गरे तपाईंको काम कति अजमिन्छ भन्ने ज्योतिष एप फ्री पाए म आइट्युन चलाउने थिएँ । खोइ, कता छ वाइफाई ?

हँ, मिस ली ?

भर्खर भेटिएकीसँग शब्द कसरी अड्कल्ने, नौबत भइरहेका बेला म कुहिनो ठेल्न सक्छु । त्यसो गर्दा बात लाग्न सक्छ । मेरो सजिलोका लागि शब्दवान् युवतीले नै ढोका घ्याक्क पारिन् । ह्वाप्प न्यानो आयो । मेरो विचारका बियाँ लाग्न नपाउँदै उनले मलाई एउटा घर्रा देखाइन् ।

'बुट खोलेर यहाँ राख्नुहोस्,' उनले भनिन् । तुनासहितका आफ्ना जुत्ता भने बाहिरै राखिन् ।

जुत्ता र तुना दुवै मेरा दोब्बर लामा थिए ।

मेरा जुत्ताका तुना सधैँ राख्ने बेला तन्द्रयाङतुन्द्रुङ पर्छन्; छोडाउने बेला मकैको जुँगाझैँ हातका औँलामा अल्झिन्छन् ।

जुनै बारीको मकैका जुँगा पनि किन खैरो रङका हुन्छन्, मैले बुझेको छैन । उत्तर अमेरिका होस् कि दक्षिण अमेरिका, दक्षिण अफ्रिका होस् कि उत्तर कोरिया । खोरियाका डल्ला फोर्न छाडेर बर्सेनि कोरिया आउने हाम्रा हजारौँ बलिष्ठ पाखुराहरूले पनि ईपीएस जाँच पास गर्दा त्यसको जवाफ लेख्नुपर्दैन । परीक्षापत्र बनाउनेहरू मनलागी प्रश्नसूची तयार गर्छन् । उनीहरू आफूले जानेका जवाफ मात्र अरूबाट खोज्छन् । उनीहरूले जे जानिसकेका थिए, त्यही हामीलाई रट्न लगाउँछन् । हामीलाई सुगा बनाउँछन् ।

म निहुरिँदै लस्याङलुसुङमा फस्छु । उनी मलाई पर्खिंदा मेरो कुप्राइ नियाल्छिन् । कहिलेकाहीँ कुप्रिन जान्नु पनि कला हो ।

कुप्रिन जान्नेले नै सीधा शिर गर्न सक्छ । शिर सधैँ सीधा पार्छु भन्ने मै हुँ वाला कोही छ भने उसले कुप्रिन जानेको हुँदैन । कपुरी क लेख्न सिकाउने आमाहरू सधैँ कुप्रिएका हुन्छन् ।

माफ पाऊँ, आमाहरूको कुप्राइबारे लेखिएका कविता म यहाँ उद्धृत गर्न सक्दिनँ ।

हुर्केका बाँस सधैँ कुप्री पर्छन् र बतासले धेरै हल्लाउला भनेर खोँचतिर गएर बस्छन् । बाँसहरू बाठा हुन्छन् । कुनै पनि डाँडा कहिल्यै ताक्दैनन् । खोँचको हावापानी बाँसको रसदपानी हो जसरी तपाईंका लागि भनसुन ।

दोस्रो ढोका घ्याक्क पारेपछि पुछपाछले टिलिक्क काठ कुँदिएको लाउन्जमा मोजाले टेक्नु थियो। घर भित्रिने साइत पार्दै अलक्क पाइला उज्याउँदा एकसाथ बेहुलाबेहुलीको बेहोरा बनेको भए म एकान्तमा कुन्ताको विचार गर्दै थिएँ।

लीले सिसे ढोका घ्याक्क फर्काएर भित्रको तातो बाहिर जान रोकिन्। चञ्चल भावना बलात् थामथुम गर्दै मैले आँखा चनाखा पारेँ। केही नवजात आकाङ्क्षा ओइरिएका थिए भने पनि तिनलाई कुनै जाँचबुझ नगरी बेपत्ता पारेँ।

आफैँले आफ्ना गुप्त चाहनासँग भित्री साँठगाँठ गर्दा सत्य निरूपण हुन्छ; बाह्य शक्तिहरूसँग भने मेलमिलाप कायम गर्नुपर्छ।

नाक ठोक्किने दिशामा सीधा अगाडि मेरो नाम किरमिर लेखिएको कोठा परेछ। कोरियालीमा ठूला अक्षर र अङ्ग्रेजीमा साना। धूपीका बुटाजस्ता ठूला अक्षर मैले सजिलोसँग पढ्न सकूँ भनेर त छापेका होलान्!

त्यो लिपिमा म मठमन्नै छु भनी उनलाई त्यति बेला जनाउ दिनुको तुक थिएन। तपाईंको अनूदित उपन्यास त मैले यही लिपिमा पढेँ भनेर उनले मलाई मुक्का हान्न सक्ने थिइन्।

पाहुनाको सोधनीय अधिकार दुरुपयोग नगरी मैले ऐनमौकामा मानव जातिको श्रेष्ठ विचारधारा नै मौनता भन्ने सूत्र अख्तियार गरेँ।

मानिसले स्वर निकाल्यो; शब्द जन्मियो। युगौँ बिताउँदा शब्दहरूको भण्डार थपियो। शब्दले लेखाइ माग्छ। लिखत खोज्छ। शब्द सोचेर पुग्दैन; बोल्नुपर्छ। बोलेर पुग्दैन; लेख्नुपर्छ। लेख्नुपर्दा उनीहरूले चिनियाँ अक्षर हान्जा चलाउनुपर्थ्यो। शब्द आफ्नो, लिपि अरूको।

दुई शक्तिशाली छिमेकीको चेपुवामा उनीहरूले आफ्नो पहिचान खोजे। हाङ्गुल विकास गरे। भनिन्छ, वर्षौं अक्षर जोडजाड गर्दैवर्दै लिपि विकास गर्ने राजाका आँखाको शक्ति हरायो।

शताब्दियौँपछि मात्र सन्दुक रुइतले मोतीविन्दु शल्यक्रिया गर्न उत्तर कोरियामा शिविर चलाएका सचित्र समाचार छापिए ।

झन्डै साढे छ सय वर्षअघि अरूलाई अक्षर चिनाउन आफ्ना आँखा गुमाउने राजा सेजोङको सालिक आज मध्य सोलको बाह्र लेन सडकमाझ सजिएको छ ।

'कसैलाई केही भन्न मन लागेको हुन्छ; उनीहरूले आफूलाई अभिव्यक्त गर्न पाऊन् भनेर मैले यी सजिला अट्ठाइस अक्षर बनाइदिएको छु । जसले पनि सिक्न सकून् र दैनिक जीवनमा सुविधासाथ प्रयोग गर्न सकून्,' उनले भनेका थिए रे ।

पछिल्ला शासकले भने त्यसलाई प्रतिबन्धित गरिदिए । उनीहरूले सोचे– यसरी त जसले पनि सूचना चुहाउन सक्छ । सूचनाले हाम्रो सत्ता जान्छ । हाम्रो शासन सिद्धिन्छ ।

कोरियाले आफ्नै अक्षर पाएर पनि सयौँ वर्ष लुकायो र दोस्रो विश्वयुद्धपछि मात्र त्यसलाई राष्ट्रिय लिपि घोषणा गऱ्यो । लिपिको सम्झनामा अस्तिताका वार्षिक बिदा मनाए ।

लीले भने कुनै छुट्टी नमानी कति दिनदेखि साँझबिहान हामीसँग सम्पर्क गरिरहिन् ।

विभिन्न देशका लेखक रोजेर बटुल्नु एउटा रूखबाट एउटा चरा बोलाउनु झैँ थिएन होला त ?

मैले आँखालाई चारैतिर घुमाउन मुन्टो बटारेँ । अरू चारवटा ढोकामा पनि त्यसै गरी एकेक नाममा हाङ्गुल लिपिएको थियो । भियतनाम, इन्डोनेसिया, थाइल्यान्ड र प्यालेस्टाइनका लेखक ।

हामी पाँच जना निम्त्याइएकामध्ये तीन लेखिका, दुई लेखक । महिलाको दुईतिहाइ पुगेको थिएन ।

सामान्य बहुमतबाट पनि विचारको बल समानुपातिक पार्न सकिन्छ। मति ठीक छ भने मत ठूलो कुरा होइन। लोकतन्त्र मतले चल्छ। चलाउनेहरूसँग मति चाहिन्छ।

मति सोमतबाट आउँछ। सोमतको कुनै सोरुम हुँदैन। संसारका सबभन्दा ठूला स्टोरमा पनि बेच्न राखिएको हुँदैन। उनीहरू मतदातासँग सोमत माग्छन्। नपाउने देखे शासन गर्छन्। शासनले शोषण गर्छ।

भियतनामीले भन्नेवाला थिइन्– कत्रो युद्ध बेहोरेर आएँ; युद्धको बाह्रखरी जिएँ! इन्डोनेसियालीले भन्नेवाला थिइन्– मुस्लिमबहुल समाजमा म हिन्दू छोरी, उसमाथि आफ्नै कट्टर समाजको कहर। थाईले भन्नेवाला थिए– सैनिक जोडबलमा हाम्रा शब्दहरू झन् लुला पारिँदै छन्। प्यालेस्टाइनी त झन् दीर्घ युद्ध सामना गर्न शब्दकै सहारा लिइरहेकी छु भन्न आउँदै थिइन्।

उनीहरूको चालचुल थिएन। तिनका आफ्नै उडानतालिका होलान्। विभिन्न देशका झन्डा र वायुयानका ब्रान्ड लिएर आकाशका सबै बाटा कोरिया आउँछन्।

बादलभित्र परिचारिकाहरूले प्रेमपूर्वक थोपाहरूको व्यवस्थापन गरिदिए भने मात्दै आउनेछन्। ती आइपुगेपछि यो रिसोर्टमा चराहरूको लिपिविहीन प्रलापको सिन्डिकेट तोडिनेछ।

ढोकाछेउ चिया, कफी, खाजाका पुरियाको बार। टिस्यु पेपर, नेप्किन, ब्राउन चिनी र ह्वाइट चिनी, पाउडर दूधको पोका, जस्मिन चियाका पुरिया। हाम्रा लागि हर प्रहरको हर आपत्कालीन प्रबन्ध देखाउँदै लीले मलाई कहिलेकाहीँ कतै निस्कँदा अलमल परेर अनशनको अवस्था आइलागे खाइहाल्ने बन्दोबस्तमा ढुक्क पारिन्।

दायाँ हातले अर्को चाबी खोलेपछि ली मेरो ढोकामा उभिइन्। उनले मलाई मेरो अस्थायी नामसारी भएको निजी कोठामा पसाइन्।

लीले मलाई आफ्नो कोठाको संसार देखाउन झलमल्ल बत्ती बाल्न थपक्क स्विच थिचिन्। तापक्रम जाँचिन्। सल्लाका पाता बिछ्याइएको

कोठाभरि कुनै मौसमी फूलको बास्ना ताजा पार्ने गरी अघि साँझ रुम फ्रेसनर छर्किइएको होला ।

हामीले त्यस्तै रुम फ्रेसनररूपी लोकतन्त्र ल्याएर कोटको खल्तीमा चिटिक्क गुलाब हाल्दै पर्फ्युम पुतपुताउने शरीरहरूको शोभा बढाइदियौँ ।

साँझ सम्मेलन समापनको झकिझकाउ पार्टीमा सरिक हुन सुहाउने होटलको नयाँ बिजनेस विङ थपिदिन पहिला भरियाहरू बास बस्ने सत्तलमा डोजर चलाइदियौँ । वा एक्स्काभेटर ।

तिनका नाम्लाहरू गन्हाउने भएकाले प्लास्टिकका डोरी आयातमा भन्सार छूट माग्ने डेलिगेसन सिंहदरबार पस्न लागेको ब्रेकिङ समाचार टेलिभिजन स्क्रिनमा स्क्रोल भइरहेको हुनुपर्छ ।

म यता कोरिया आएको छु, उताको खबर कृपया मलाई छिनछिनमा ह्वाट्सएपमा अपडेट गरिदिनू ।

३

टेलिभिजन नभएको कोठा फराकिलो हुन्छ।

टेलिभिजनमा तपाईं लडाइँ देख्नुहुन्छ तर पज मोडमा क्लिक गर्दा पनि लडाइँ रोक्न सक्नुहुन्न।

झ्याल छ भने सानो कोठा पनि बाहिर आँखा फिँजाउन सकिने दूरीसम्म फैलिएको हुन्छ। अँध्यारोमा पनि आफ्नो कोठाको विस्तारित आयतनको आभास भइरहन्छ।

टेलिभिजन नभएको, झ्याल भएको कोठा ठम्याउनासाथ म दुई बित्ता उफ्रिने बियाँलो गर्न नसक्ने थाहा पाएरै हुनुपर्छ, लीले मलाई कोठाभित्रको भलिभाँती बेलीविस्तार गर्न थालिन्।

लेखनकक्ष, बिछ्यौनाकोठा र पल्लोपट्टि पक्का पनि बाथरुम।

'भोलिदेखि लुगा धुनलाई तल वासिङ मेसिन प्रयोग गर्नू र ल्याएर यहीं फुन्ड्याउनू,' उनले भनिन्।

वासिङ मेसिन बनाउन त उनीहरू कति रिपु छन् भने अमेरिका निर्यात गर्ने एउटा प्रमुख सामान त्यही हो। त्यस हिसाबले उनीहरू अमेरिकालाई हरेक दिन सफा रहन सहयोग गर्छन्।

तर के जाति यी ट्रम्प जो आएका छन्, उनले अरू देश र अरू सामानसहित कोरियाली वासिङ मेसिनमा समेत आयात कर थप गर्ने

वाचा गरेरै चुनाव जितेका छन् । अब अमेरिका-कोरिया व्यापार सम्बन्ध खलबलिन बेर छैन ।

व्यापार सम्बन्ध खलबलिनु, विचार सम्बन्ध अलमलिनु ।

लीका शब्दको सोझो अर्थ आदेशमूलक भए पनि मनसाय अनुरोधात्मक थियो । मानौँ, मैले महिनौँका फोहर लुगा ल्याएको छु । र, पहिलो काम त्यही गर्नु छ ।

लेखन कार्यशालाले वासिङ मेसिनको काम गऱ्यो भने म उनको बाफिलो स्नेहलाई धूले साबुनका रूपमा प्रयोग गर्नेछु ।

सफा गर्नु त मयल जमेका कथाका प्लटहरू छन् मिस ली, जुन वर्षौंदेखि मेरो मस्तिष्कमा कटकटिएर बसेका छन् ।

पात्रलाई धोईवरी सफा-स्निग्ध पार्नु । उसको नाम्लोको पसिना पुछिदिनु; चुँडिएको चप्पल मैनले गाँसिदिनु । दूधको बोतल बच्चालाई चुसाइदिनु । उसलाई चम्काउनु । तातेताते गराउनु । हिँडाउनु; बोलाउनु; रुवाउनु; हँसाउनु ।

हातमा सिसाकलम थमाउनु । जीवन देखाउनु । समाज चिनाउनु । सत्ता स्थायी हुन्छ, सङ्घर्षमा विराम हुँदैन भनिदिनु । सारङ्गी कम्मरको सहारारूपी पटुका फिकेर धूलो फूफू गरिदिनु ।

उसका लुगाहरू धोइदिनु ।

म आफ्ना प्रिय पात्रहरूका औषधिका डब्बा, पाटका पुराना नाम्ला, चुँडिएका चप्पल, दूधका बोतल र फोहर गन्जीहरूको पोको लिएर आएको छु, मिस ली ।

सुकाउनलाई कोठाभित्र त्यस्तरी घाम झलमल्ल होला त ? धन्न सोधिनँ ! त्यति न्यानो कोठा, जे झुन्ड्याए पनि सोच्नुअघि सुकिसक्ने थियो ।

सोचाइ मात्र सुकाउन सकिँदैन । सोचाइ रात-बिरात भिजाएर राख्नुपर्छ । कथाका टुसा उम्रिनुअघि थोरै हावा छिर्ने गरी न्यानो रुमालले बेरिराख्नु वाञ्छनीय हुन्छ ।

बाथरुमको भित्तामा अड्याइएको रित्तो ह्याङ्गरका डन्डी आफैँ ताता थिए। टुसा पलाएका विचारहरूको त म पक्कै किबोर्डमा बिस्कुन लगाउनेछु। शब्दहरूको बास्नाको वशमा परेँ भने स्क्रिनमा सुकाएर स्नेहपूर्वक उनैलाई सुनाउनेछु।

त्यस्तो बेला मैले अङ्ग्रेजीमा उल्था गर्नेछैन, न दोभाषे नै बोलाउनेछु। हाङ्गुलमा हेर्न नपाएर उनी हायलकायल होऊन् न !

उनले नदेख्ने आशमा मैले छेउको टेबलमा झोला लुसुक्क थन्क्याएँ। जुन अतिथि लेखक पनि टन्न भरिएका सुटकेस गुडाउँदै आउँथे होलान्, म भने हाते झोला फिर्लिङफिर्लिङ हल्लाउँदै बुङ्गै आएको देखेर उनले गम खान सक्ने थिइन्।

कहिलेकाहीँ आँखाले हेर्नु पनि सोध्नु। यस्तै बेला महसुस हुन्छ– अरूका आँखा मात्र राम्ररी पढ्न सक्ने भए मैले विश्व धेरै बुझ्न पाउने थिएँ।

आँखा हेरेरै थाहा पाउन सक्ने भए विमानस्थलमा सबैको शरीर छामछुम पार्न मेटल डिटेक्टर चलाउनुपर्थेन। जुत्ता र मोजा, पेटी र पर्स निकाल्न लगाएर यात्रुलाई नाङ्गेझार बनाउनेलाई आँखा झिम्क्याउनुभयो भने तपाईंले बिताउनुभयो।

आँखाले हेर्नु, मनले देख्नु; मस्तिष्कले सोच्नु, आफ्नो अस्तित्व खोज्नु। कसैले तपाईंलाई ट्वाल्ल परेर हेरेको छ भन्दैमा वाल्ल नपर्नुहोस्। कसैले तपाईंलाई एकोहोरो हेरिरहेको छ भने दोहोरो नपार्नुहोस्।

आँखा जुध्दैमा प्रेम पर्दैन। तर प्रेम पर्नलाई आँखा जुध्नैपर्छ।

प्रेम परेको दोस्रो सङ्केत मुस्कानबाट हुन्छ। आँखापछि ओठ। आँखाले ओठसँग सोझै सम्पर्क गरेर सूचित गर्छन्। तिम्रो काम हुँदै छ, सेटिङ मिल्दै छ भन्ने समाचार दिन्छन्।

आँखा र ओठबीच कति इन्च दूरी हुन्छ, एकपल्ट दायाँ हातका दुइटा औँला फट्टाएर नाप्नुहोस्। वा बायाँ हातका। दुइटा औँलालाई किन काम लगाउने भन्ने मितव्ययी स्वभावको हुनुहुन्छ भने एउटै औँलालाई पनि सीधा पारेर हेर्न सक्नुहुन्छ। हात दायाँ होस् कि बायाँ।

प्रेम भइसकेपछि मात्र औँलाको काम आउँछ ।

तपाईंले त्यही औँला प्रेम सञ्चार गर्ने आँखा र ओठतिर बिस्तारै सार्न थाल्नुहुन्छ । आँखा र ओठले दिएका समाचार सही हुन् कि होइनन्, आफ्ना सदाचार औँलाहरूबाट पुष्टि गर्न खोज्नुहुन्छ ।

प्रेम गर्नेहरू आँखा कसको राम्रो, छान्दै हिँड्दैनन् । आँत छाम्न खोजिरहेका हुन्छन् । आँखा खासमा आँतको ढोका । वा झ्याल । वा प्वाल ।

स्वेटर नखोले उत्तिन्खेरै पसिना खलखल हुन के बेर ? मैले अरू वस्त्र पनि उतार्छु भन्ने शङ्का गरेर होइन, लीले आफ्नो हिसाबले खल्तीमा हात हालिन् । भिजिटिङ कार्डको बट्टा खोले फैँ के गर्दै थिइन्, उनको हातमा एउटा चट्ट परेको कार्ड छुमन्तर गर्दै निक्ल्यो ।

'तल चोकमा पिटर प्यान बेकरी छ,' उनले भनिन्, 'एक पटकमा पन्ध्र हजारसम्मको ब्रेकफास्ट खान सक्नुहुन्छ ।' खाना कति खाने, औकात मैले कति खान सक्छु भन्ने होइन, कति खानुपर्छ भन्ने हो । खाने व्यक्तिको अधिकार हुँदैन, खुवाउनेको तजबिज हुन्छ ।

उनका हातबाट दुरुस्त एटीएम कार्ड त्यो चिप्लो डिपोजिट कार्ड लिएर आफ्नो हातमा तासको तुरुपझैँ लुकाएँ । हराउला भन्ने डरले हत्तपत्त कमिजको खल्तीमा पासपोर्टभित्र खापेँ ।

टुसा नउम्रिने तन्द्रचाङतुन्द्रुङ विचारहरू त्यत्तिकै हापेँ ।

दिनको पन्ध्र हजार भनेपछि कार्डभित्र लाखभन्दा बढी वन जम्मा भएको हुनुपर्थ्यो । ओठओठै हिसाब अड्कोपड्को निकालेपछि लाखको नोटजस्तो स्याहार गर्नुपर्ने सोचीवरी खल्तीको बाहिर दायाँ हातले थपथप्याएँ ।

'लन्च र डिनरका लागि त हामी तपाईंलाई लगिहाल्छौँ !'

'कता ?'

'किन आत्तिनुहुन्छ ?' उनले भनिन् ।

'हजुर ?'

'पहिला आराम गर्नुहोस् ।'

'हवस् ।'

'म अब घर फर्किन्छु ।'

'यति बेला ?'

'मैले चाहिँ सुत्नुपर्दैन त ?' उनले ओठ दोब्बर खोल्दै भनिन् । अघि भर्खर लिपस्टिक दले जस्ता चिप्ला थिए ।

'रातभरि मलाई पर्खेर बस्नुभयो ?'

'तपाईंलाई स्वागत गर्न ओछ्यानबाट उठेर आएँ,' उनले भनिन् ।

अब के उनी आफ्नो ओछ्यान पट्टचाउन घर जाने ?

अर्धनिद्रामा छाडेको ओछ्यानले उनलाई पर्खिरहेको होला । निद्राको किताबमा उनले बाँकी हिसाब मिलाउनुपर्नेछ ।

के अब उनलाई बिहानीपखको निद्रा लाग्छ ? अघि बाँकी रहेको निद्रा लुपुक्क उनको ओछ्यानभित्र गुटुमुटु पर्न फर्किन्छ ? निद्राको पनि नित्य नियम एउटै हुन्छ ? नित्य नियम नै उसको नीति नियम हो त ?

कर्मशीललाई कहिल्यै कामकाजी निद्रा पुग्दैन । स्वप्नशीललाई जसरी सपना पुग्दैन ।

स्लिपिङ ट्याब्लेट बनाउन जान्नेहरूले सात घण्टाको पूरा निद्रा बराबरको एउटा ट्याब्लेट बनाउन किन सक्दैनन्, मैले कसैलाई सोधेको छैन । एउटा चक्की खाएर शरीरमा पूरा निद्राको आनन्द भर्न पाए उनीहरूले चौबीसै घण्टा काम गर्न सक्ने थिए ।

'तपाईं कताकता आफैँ हराइरहनुभएको छ, मिस्टर वाग्ले ?' मिस लीले मलाई सोधिन् ।

आधी निद्राले पिरपिराएका उनका परेला मैले आखिरी पटक हेरेँ ।

उनी अब निद्रादेवीकहाँ आफ्नो अधुरो निद्रा रिचार्ज गर्न जानेछिन् ।

उनको बाँकी सुताइबारे मेरो सोचाइ सुसङ्गत हुनुपर्छ भन्ने सोच्नुअघि मैले आँखीभौँ ठूला पारिसकेको थिएँ।

उनले भनिन्, 'तपाईं पनि सुत्नुहोस्। जहाजमा कत्तिको निदाउनुभयो?'

हो, मैले पनि आफ्नो अपूरो निद्रा एक्लै खाटमा रिचार्ज गर्नु छ। किङसाइज बेडमा क्विनसाइज तकियासँग रुम सेयर गर्दा अघि उडान र गुडानमा खलबलिएका क्षणहरू फर्काउनुपर्नेछ।

क्षणहरू फर्किँदैनन्। सकिँदै जान्छन्। सर्किएका क्षणहरू सताउन आए भने तपाईंले लामो यात्रा गर्नुभयो। खण्ड-खण्डमा भएका सङ्घर्ष सम्झिनुभयो भने इतिहास लामो काल हो।

मलाई भने बादलभित्र राति उड्दा जहिल्यै कपाससरि कल्पनाले कुतकुत्याउने गर्छ। उसमाथि कोरिया मेरा लागि पुराना सम्झनाहरूको प्रेमसङ्ग्रह हो। अढाई दशकमा अढाई दर्जन यात्रा। कुनै एउटा प्रायद्वीप कति छिटो परिवर्तन हुन सक्छ भन्ने प्रश्न मेरो अन्तर्मनको पुँजी हो।

चिसोको खोप लगाउन आए झैँ हिउँदमा भने पहिलो खेप।

ज्याकेटको खल्तीबाट कारको साँचो निकालेर हातमा हल्लाउँदै ली पूर्वी ढोकाबाट गएपछि मैले पश्चिमपट्टि बाँसका चोया खप्ट्याए जस्तो पर्दा खुर्र सारेँ।

सल्लाका रूखहरू साइँसुइँ नगरी उभिएको उकालोभरि चराहरू छट्ट-बिछट्ट हुनुपर्थ्यो। सिङ्गो रिसोर्ट भवन कति एकलास छ भने चराको मसिनै स्वर पनि तपाईंलाई भयानक हल्लीखल्ली लाग्दै जान्छ। कहिलेकाहीँ बढी शान्तिले तपाईंलाई निर्वस्त्र पारेर विचारमग्न कुण्डमा डुबाइदिन्छ जस्तो लाग्छ भने म सही थाप्छु।

पर्दाबाहिर आँखा च्यातेँ। माथिल्लोपट्टि केही पर डिलमा स्वदेशी लेखकहरू लेख्न बस्ने शिविर हुनुपर्छ। त्यो हो कि जस्तो अनुमान गर्न सकिन्छ। हो कि होइन होला? यस्तो बेला, हुन पनि सक्छ, नहुन पनि सक्छ भन्ने सोच्नुभयो भने मनमा शान्ति हुन्छ।

आँखालाई आफ्नै ठेगानामा फर्काउन क्रमशः वर सारेँ। जङ्गल पैदल गर्न मिल्ने बाटो देखाउने बिजुली बल्बहरू रूखहरूका कापमा चमेरोझैँ झुन्डिएका थिए।

चमेरोका आँखाका लागि दिन रात हो र रात दिन। उसले मरेपछि आँखा दान गर्ने भनेर जिउँदै निर्णय गरेको समाचार हामीलाई पत्रकार सम्मेलनमार्फत दियो भने पक्का हो– रातका राजाहरूले दिउँसै रात पार्नेछन्।

सोल महानगरको सरकारले यो कलास्थल बनाउँदा निक्योंल गरेको हुनुपर्छ– रात-बिरात लेखकहरूलाई लेख्न लगाउने हो भने चरम शान्तिको वातावरण दिएर परम अशान्त बनाइदिनुपर्छ र चराहरूलाई कुरुवा राखिदिनुपर्छ।

लेखकहरूले राति पनि आँखा खोल्नुपर्छ। जहाँ पुग्दैनन् रवि, त्यहाँ पुग्छन् कवि भनेर पुग्दैन। उनीहरूलाई हरेक दिन साँझ पर्नुअगावै चमेराका एक जोर आँखा ट्रान्सप्लान्ट गरिदिनुपर्छ।

उनीहरू समाजका वाचबर्ड हुन्। घाम फुल्केपछि उनीहरू साबिक आँखामा फर्किऊन् र तपाईंले केही बेरअघि हत्तपत्त डिलिट गरेको ट्वीटको स्क्रिनसट राखेर सुताहा संसारलाई जाग्राम बस्नुपर्ने बनाइदिऊन्।

ट्वीट सबभन्दा धेरै डिलिट गर्नेहरू चुनावी वाचा छिट्टै बिर्सन्छन्।

आर्ट स्पेस नाम जुराइएको साधना शिविरमा कलाकारले बनाएर छाडेका चित्र झुन्डिएका छन् जसका आँखा कहिल्यै झिमिक्क गर्दैनन्। काठका अधकट्टीमा खिचिएका आकृति जङ्गलभित्र लुपुक्क छन् कि? कुनै त पूर्णकदमा ठडिएका होलान्।

रूखहरू आफैँ ग्यालरीभित्र सजिएर सकल उभिए जस्ता लागे भने त्यो आगन्तुकको सोचभ्रम होइन।

भ्रमहरू बरु आर्ट स्पेसबाहिर खुला समाजमा छरिएका होलान्। भित्र भने कलाकारको विचारका भमराहरू खुला भ्रमण गर्ने गोपनीय परिवेश छ।

लेखन कला हो कि कौशल, मैले कडी पाउन बाँकी छ। कहिलेकाहीँ सोच्छु– त्यसकै कुँजी चाल पाउन पनि कलम चलाउनुपर्नेछ। अक्षर र आकृतिमध्ये कुन कलाको नजिक, म बुझ्न सक्दिनँ। अक्षर बुझिन्छ; आकृति बुझ्न खोजिन्छ।

कलाकारहरू आकृतिमा लेख्छन्; लेखकहरू अक्षरमा खेल्छन्। लेख्नु पनि खेल्नु। लेखन पनि खेलन।

कला के हो भन्नेबारे मेरो कुनै विचार बनिसकेको छैन। पिकासोले त भने, 'कला चोरी हो।'

एउटाको कला अर्कोले चोरेकै हुन्छ भन्ने उनको कथनको कलाभेद म गर्न सक्दिनँ।

कविहरू पनि त त्यस्तै भन्छन्! टीएस इलियटले लेखे, 'सिकारु कविहरू नक्कल उतार्छन्; सिकेका कविहरू चोर्छन्।'

एउटाको कविता अर्कोले चोरेकै हुन्छ भन्ने उनको कथनको कविताभेद म गर्न सक्दिनँ।

मानिसले ढुङ्गे युगमै चट्टान वा गुफामा बनाएका चित्रबाटै कला-साहित्यको नक्कल वा चोरी सुरु भएको भन्दा रहेछन्। गुफाका भित्तामा बनेका आदिम चित्रहरू मानिसका थिएनन्, मानिस आफूले सिकार गरेका जनावरका बनाएका थिए।

कलामा पनि मानिसभन्दा जनावर जेठा छन्। मानिसले आफ्नो जीवन धानिदिने जनावरलाई कलाका आधार बनाए। जनावरलाई जीवन्त बनाए; जीवन दिए। आदिकालका जनावरका हाडखोर कस्ता थिए, हामी तिनका कला हेरेर बुझ्न सक्छौँ।

कुनै पनि सिर्जना एक्लै अनुष्ठान हुँदैन, अनुसरण हुन्छ रे। त्यही भएर भनेका हुन्– कला भनेको कलाकारहरूबीच संवाद हो। साहित्यिक सिर्जना आफैँमा अलौकिक आवाज होइन, बरु सर्जकहरूबीचको संवाद हो।

त्यो कस्तो संवाद हो, हामी एकार्कासँग सङ्गत गर्न भेला हुँदै छौँ।

त्यसअघि मैले यो सुनसानसँग अन्तरसंवाद चलाउनुपरेको छ। फेस टु फेस। सुनसानको कुनै फेस हुँदैन।

फेसबुक चलाउन तपाईं आवेशमा नआउनुहोस्। तपाईंलाई रोक्ने कोही हुँदैन। तपाईंको निजी सूचना मात्र उसले चुहाइरहेको हुन्छ।

यतिखेर कुन मनोदशामा हुनुहुन्छ; तपाईंका हजारौँ साथीले पछ्याइरहेका हुनेछन्। संसारको कुनै पनि कुनाबाट वा कुनै पनि टेबलबाट। कुनै पनि ट्याब्लेटबाट।

तपाईं अहिले लाइभमा हुनुहुन्छ।

हत्तपत्त लुगा नखोल्नुहोस्। पहिले आफ्नो कोठाका सबै विद्युतीय उपकरणका आँखा बन्द गरिदिनुहोस्; मुख थुनिदिनुहोस्। कता कुनै कुन्तरमा कुनै चिप्स जडिएको छ कि, जाँच गर्नुहोस्। केही न केही बिपबिप गरिरहेको हुनेछ।

सोचाइ पनि सभ्य बनाउनुहोस्।

तपाईंको माइन्ड रिड गर्ने एप कतै तपाईंकै वरिपरि सक्रिय भइसकेको हुनेछ।

बूढी औँलाको ल्याप्चे कुनै स्क्रिनमा सेभ गर्नुभएको छ र कुनै उग्र विचार मनमा खेलाउनुभएको छ भने तपाईंको औँठाको स्क्यान ट्रम्पको टेबलमा पुगिसकेको हुनेछ।

सपनामा पनि कतै ड्रोनले तपाईंकै आकाशवरिपरि फेरो मारिरहेको हुनेछ।

सपनाको फेर समात्न म सिरकभन्दा पातलो तर दोब्बर न्यानो मखमली दरी आकारको ब्ल्याङ्केटभित्र लुटुपुटु परेँ। धेरै सोच्नु, आफैँलाई खलबल्याउनु।

निश्चल निद्रा आज संसारको सबभन्दा लोपोन्मुख परिघटना हो।

कसैले भनेका छन्– शून्यता भगवान्को भाषा हो, अरू सबै कमजोर अनुवाद।

५

चराहरूको रोहबरमा महिनौं किताब लेख्न बसेका कोरियाली लेखकहरू फाट्टफुट्ट घामको झुल्कासँगै ढल्किन थालेको बिहान मैले एक झमट निद्रा पुऱ्याएँ।

उनीहरूलाई थाहा छैन जस्तो छ– राम्रो किताब त्यो हो रे जुन लेखकले लेखेको हुँदैन; किताबले लेखकलाई लेखिरहेको हुन्छ।

त्यस्तो किताब म पनि लेख्न चाहन्छु।

कुनै किताबले मलाई लेखिदेओस्। म के लेख्न चाहन्छु वा मैले के लेख्न सक्छु, मैले चिन्ता गर्नु नपरोस्। किताबको कभरमा मेरो नाम आए पुग्छ। र, तपाईंले किनेबापत निश्चित प्रतिशत रोयल्टी मेरो बैङ्क खातामा सुटुक्क सरे हुन्छ। ट्याक्स काटेको रसिद फ्याक्स गरिदिन्छु; तपाईं त्यसकै चैनले चाइन्जो शासन गर्नुहोस्।

किताबभित्र जेसुकै लेखिएको होस्। अरूको नक्कल होस् वा अक्कल पुऱ्याएर चोरिएको होस्।

म आफैंमा मौलिक होइन। सबभन्दा मौलिक रचना लोकभाका हुन् जसमा रचनाकारको नाम हुँदैन।

आर यु गोइङ टु स्कारबोरो फेयर सुन्नुभएको छ? वा *आरे राङ आरे राङ* वा *बटरफ्लाई लभर्स* वा *रेसम फिरिरी* वा *कान्छाले कान्छीलाई लग्यो*

वनको बाटो लाल्टिन बालेर...। तपाईंले मन पराएका यी भाका कसले लेखे, इतिहास छैन।

मेरा अक्षरहरू कुनै नयाँ होइनन्। हजारौं, लाखौं लेखकले गिजोलेकै, थला बसालेकै, खिया पारेकै अक्षर मैले पनि चलाउने हुँ; जोडजाड गर्ने हुँ।

कम्प्युटरमैत्री सादा फन्ट नै मैले फुर्मास गर्ने हुँ। बिल गेट्सले भरिदिएको माइक्रोसफ्ट मसी नै मैले चलाउने हुँ।

गौंथलीले चुच्चो चोबलेको पानी पुतलीलाई जुठो हुँदैन। अरूले जोतेकै खेतमा मैले पनि दैनन्दिन एक हल मेलो सार्ने हुँ।

हलो मेरो होइन, काठको हो।

काठ रूखको। रूख जङ्गलको। जङ्गल प्रकृतिको। प्रकृति भूगर्भको। भूगर्भ ग्रहको। ग्रह ब्रह्माण्डको।

ब्रह्माण्ड पनि धेरै छन्। कति छन्, स्टेफेन हकिङले पनि पहिल्याउन सकेनन्।

हाम्रो ब्रह्माण्ड नै अर्को कुनै ब्रह्माण्डको ऐना हुन सक्छ। हामी अरू कसैको छाया हुन सक्छौं। हाम्रो खटनपटन चलाउने अर्को कोही हुन सक्छ।

एउटा ब्रह्माण्डको विज्ञान अर्को ब्रह्माण्डमा लागू हुनुपर्छ भन्ने केही छैन भन्ने उनको विचार पढ्नुभएको छ भने तपाईं थप रनभुल्ल हुनुहुन्छ।

ब्रह्माण्ड के हो भन्नेबारे ब्रह्माले उहिले के भने, थाहा भएन; अहिलेका प्रकाण्ड विद्वान्हरूले पनि बुझिभ्याउन सकेका छैनन्।

यो कहिल्यै बुझिँदैन भन्नेहरू छन् किनभने ब्ल्याक होलभन्दा टाढा के छ, रहस्यको गर्भमै छ। भूगर्भ बरु पहिल्याउन सकिन्छ किनभने यसका पत्रहरूको अन्वेषण धेरै सत्पात्रले गरिसकेका छन्।

रहस्य संसारको सबभन्दा ठूलो उल्झन। तपाईं उल्झनमा पर्नुभयो भने रहस्यको रहमा डुब्नुभयो।

आउनुहोस्, मेरो हात समात्नुहोस्, तपाईंलाई वैतरणी पार गराउनेछु भन्ने धर्मशास्त्रलाई त्यही कारण अनेक भाषामा अनुवाद गराएर तपाईं दैनिक पढ्ने गर्नुहुन्छ।

संसारमा सबभन्दा धेरै पढिने पन्नाहरू तिनै हुन् र धेरै बिक्ने किताब पनि। भगवान्ले लेखेका पुस्तकलाई तपाईं जुनसुकै मुद्रामा जतिसुकै भाउ पनि तिर्नुहुन्छ तर लेखकले त्यसको लेखकस्व पाउँदैन। भगवान्लाई पैसा चाहिँदैन।

भगवान्को जन्म पैसाको आविष्कार हुनुभन्दा धेरैअघि भएको हो। हामी भक्त लेखकहरू भने पैसापछि जन्मेका हौँ।

लेखकहरू जन्मिएपछि शासकहरूले कर लाउन थाले। उनीहरूले हेर्दा अक्षर खेतीपातीको ठूलो कारोबार भइरहेको छ। करयोग्य कारोबार आज हरेक सरकारको खर्चको आकार नाप्ने ब्यारोमिटर हो।

आउनुहोस्, यसबारे संवाद गरौँ।

मेरो प्रत्यक्ष संवाद भने कला शिविरको आठपहरियासँग सुरु हुँदै छ। ओरालो निस्केर गेटमा उभिँदै हेरेँ– कता के दुनो सोझ्याउने चाल गर्दै छ। चोर आँखा फट्याउँदै यताउता चलाएँ। परेला झिम्क्याउन नभ्याउँदै ऊ पुच्छर हल्लाउँदै आयो र एकटकले मलाई जाँचीवरी आफ्नो कुटुरोतिर फर्क्यो।

गेटपालेको एकतले सानो कोठा यानेकि उसको साँघुरो मुकामतिर पनि मैले पुलुक्क हेरेँ।

मैले हेर्दाहेर्दै कोठाभित्र अलप भएको सेतेको एक मुठो पुच्छरमा भाषाको भाव थियो। त्यसको सद्भाव बुझेपछि मलाई गेटबाट बाहिरिने अध्यागमन मिल्यो।

एउटा गल्ली अर्कातिर बाङ्गिएको थाहा हुने गरी कारहरू सुत्तसुत्त निस्कने रहेछन्। चिप्लेकीराको बरु आवाज आउला! बिरालाचालमा

चिप्लिरहने कारहरूकै किनार सुल्लसुल्ल ओरालो झरेँ।

कानेटोपीसहितका केटाकेटी स्कुल बस भ्याउन हतार गर्दै गरेको सडकको फराकिलो फुटपाथमा खल्तीभित्र हात हालेर हिँड्दा खुट्टा त्यसै बाङ्गिन्छन्।

केटाकेटी छाड्न प्रायः आमा आएका छन्। वा हजुरआमा। कताकति पुरुष। छोराछोरीलाई स्कुल बस चढाउँदाका आनन्दी आँखाहरू बिहानी सडकका शृङ्गार हुन्।

बस छुट्ला झैं हतारिएकी एउटी बालिकाको ढाडको झोलामा मिरमिरे आँखा झिम्क्याउने मृगको खेलौना उफ्रिरहेको थियो। ती बालिका ढोकाको डन्डी समात्दै चढेपछि बसले घडीको सुईको एकै सेकेन्ड पनि खेर फालेन।

सडकको चहलपहल हेर्दा हिँडाइ थामिएको छ भने तपाईं फेरि लुगलुग काँप्न थाल्नुहुनेछ। बिहानी हावामा त्यसरी बत्तिरहँदा बेकरीको बास्नाले बोलाउन केही बेर पनि बुत्याउँदैन।

कति थरी तखतामा सजाइएका कति थोक ब्रेड हेर्दाहेर्दै जोकोही नयाँ आगन्तुक अलमलिन सक्छ। कुनैकुनैका चाख्न मिल्ने साना ठुन्का पनि राखिएका छन् भने तपाईं आफूलाई नियन्त्रण गर्न सक्नुहुन्न।

मैले पनि एकदुइटा क्वाप्प पारेँ र मिठ्याएँ।

भित्र भान्साबाट नयाँ ब्रेड ल्याउँदै, चाङ थप्दै गरेकी एउटीले मलाई गाइड गर्न ढोकामै राखिएको ट्रे र ब्रेड समाउनीको थाक देखाइन्। 'खाम्साहाब्निदा !'

मूल्यसूची हेर्दै ठिक्क पन्ध्र हजार पुग्ने गरी ट्रे भर्ने कसरी ? एक फेरो मारेँ; कुन लिऊँ, कुन छाडूँ ? दोस्रो फेरो मारेँ; थप अलमल परेँ।

बिहान आलुमूला र बेलुका मूलाआलु वा बिहान दालभात र बेलुका भातदालको बानी छ भने एउटै पाउरोटीका पचास प्रकारले तपाईंलाई प्रवास पुगेको भान पारिदिन्छन्।

अलमलिनु, आफैँसँग संवाद गर्नु। आफैँसँग सोधखोज गर्नु। आँखा बिछ्याउन र जिब्रो रसाउन दिनु।

मैले सनासोजस्तो ब्रेड समाउनीले अघि राखेको एउटा डल्लो च्याप्प समातेर फर्काएँ र त्यसैछेउको अर्को च्यान्टे हालेँ ।

भरिएको ट्रे दुवै हातले समाउँदै काउन्टरको व्यस्त लाइनमा गजक्क उभिएँ । फुत्तफुत्त लाइन सऱ्यो । सिस्टमले काम गऱ्यो भने समय सरेको थाहा हुँदैन ।

'गुड मर्निङ ।'

मेरो पालो आयो ।

मर्निङलाई किन गुड भन्नुपरेको, मैले बुझेको छैन । वा प्रभातलाई शुभ । के मैले नभन्दैमा प्रभात शुभ हुँदैन वा मर्निङ गुड ? हामीले भन्न थाल्नुअघिका मर्निङहरू के गुड थिएनन् ? वा उनलाई आज बिहान जति जनाले गुड मर्निङ भनेका छन्, त्यो सबै हेर्दा उनको मर्निङ भेरीभेरी गुड हुनुपर्ने हो । त्यसो नभएर उनी हरेक बिहान त्यहाँ हाजिर हुन्छिन् र नित्य त्यही सुन्न हामीलाई लाइनमा राख्छिन् ।

'गुड मर्निङ,' मैले शिर हलुका झुकाई भनेँ ।

ब्रेकफास्टको कफी चाहिँ ? उम्... मलाई क्यापचिनो नै ठीक होला ।

मेरो गुड मर्निङ स्वीकार गर्दै मलाई पनि उस्तै मिजासिलो गुड मर्निङ फर्काउने काउन्टरवाली कुना सरिन् ।

मेसिन च्वाररर्र बज्यो । कुन मेसिन कसरी बज्छ, केले निर्धारण गर्छ, मैले बुझेको छैन ।

मानिस र चराको आवाज फरक हुन्छ । वा रेल र जहाज, पानी ट्याङ्कर र ट्र्याक्टर, पातपतकर र पुतली, पदाधिकारी र पदविहीन । आवाजबाटै तपाईं कुन वस्तुको आकार कस्तो छ, पत्ता लगाउन सक्नुहुन्छ ।

कफीको फिँजमा हलुवाबेदको पातजस्तो आकार बसेपछि तातो चकलेटी बास्नासहितको कपको कान समातेँ ।

कार्डबाट पैसा घोट्नुअघि मैले चस्मा भिरेर कम्प्युटर पर्दामा आँखा टाँसेँ ।

जोडिएको मूल्य देख्नासाथ मध्यावधि निर्णय गर्नुपर्ने भयो। एउटा कागजी कप अलक्क फिर्ता गरेर उनलाई मूल्य संशोधन गर्न लगाएँ। विनियोजित बजेट पालना गर्नुपर्थ्यो।

लीले उपलब्ध गराएको महालेखाभित्र पहिलो दिन नै म बेरुजुमा पर्नु हुन्थेन।

पुगीसरी आएको देश पुग्दैमा हन्तकाले बनिहाल्न हुँदैन। अति कम विकसित राष्ट्रको सदस्यसूचीमा दर्ज देशको जात जोगाउनुपर्छ।

मैले एउटा मफिन झिकेर मितव्ययी मति स्थापित हुन्छ भने त्यसो गर्नु नै मनासिब हुने थियो। त्यस्तो मानसिकता यति अपर्झट बनाउन सकेँ, आफ्नै मनमाफिकको निर्णयले मन्द दङ्ग परेँ।

काउन्टरवालीले कोरियालीमा सायद भनिन्, 'इन्जोय द ब्रेकफास्ट।' नेपालीमा भावानुवाद गर्दै भऱ्याङ उक्लिँदा आफैँ फिस्स ओठ तन्किए, 'खाजा मोज गर्नुहोस्।'

मैले मोज गर्ने भोज माथिल्लो तलामा ट्रेबाट प्लेटमा सार्नुपर्ने थियो। नेप्किन र काँटाचम्चा निकालेपछि कुनाको एउटा टेबल ओगटेँ।

घामको धर्के झुल्काले न्यानो कोठालाई थप उज्यालो पारेको थियो। टेबलहरूमा घोसेमुन्टो लगाउँदै पल्लोपट्टि घामतिर ढाड फर्काउने महिला-पुरुषको ध्यान भने मोबाइलले खिचेको थियो।

मोबाइलले कस्तो मोहनी लगायो! त्यसभित्र चलबलाउने एप्समा पक्कै टुनामुना गरिएको छ।

तपाईंले मेरो फेसबुक पेज लाइक गर्नुभयो? पछिल्लोपल्ट प्रोफाइल पिक्चर फेरेपछि कमेन्ट गर्नेहरूमा तपाईंको नाम मैले देखेको छैन।

कि मेरो कुनै फेक एकाउन्टतिर तपाईं घरीघरी रियाक्सन पठाउने गर्नुहुन्छ? ख्याल गर्नुहोला, आफ्नो आसपासको क्षेत्रबाट पोस्ट हुने स्ट्याटसहरू विश्लेषण गर्न मैले डाटा रिसर्च एप डाउनलोड गरिसकेको छु।

मैले ल्याएकामध्ये बाक्लो ब्रेडभित्र लतक्क फर्सी परेछ। फर्सी र दुधालु कफीको पहिलो बिहान। पासवर्ड मागेर संसार चर्न थालें। छेउको टेबलका एक युवकले मतिर हेर्दै 'सरी' भने।

'म यहाँ प्रोफेसरलाई पढेर सुनाउँदै छु,' उनले याचना गरे, 'तपाईंलाई खलबल होला कि?'

उनले आफ्नो नोट भट्ट्याउन थाले। ओभरकोट आफ्नो कुर्सीको कापमा अड्काएर टेबलमा कुहिना राख्दै युवक नोटकपी पढ्न थाले, प्रोफेसर उग्राउन।

प्रोफेसर घरीघरी कफीको चुस्की लिन्थे। गजधम्म बस्दा के सोच्थे, म अनुमान गर्न सक्थिनँ। उनले बोलेको त के, टाउको हल्लाएको पनि मैले देखिनँ।

प्रोफेसरहरू नबोल्ने भएकैले पनि बजारमा धेरै हल्ला चल्छन्; फेक न्युजको बिगबिगी हुन्छ। उनीहरू रिसर्च पेपरमा बोल्छन् जसलाई सर्च गर्ने फुर्सद हामीलाई हुँदैन।

हामीले सर्च गर्ने धेरै साइट नग्न चित्रमा आफैँ मग्न हुन्छन्। उनीहरूले धेरै हिट्स पाउँछन्। नग्न स्टारको भ्यालु उच्च हुन्छ। स्टारहरू कसको बेड सेयर गर्न कसको बेडरुम पस्छन्, ह्यासट्यागमा ट्रेन्डिङ हुन थालेपछि थाहा हुन्छ।

प्रोफेसरले एक छिनमा एउटा कपी निकालेर कालो मसीको धर्के चित्र बनाउन थाले। त्यसैलाई ओल्टेकोल्टे पार्दै उनी त्यसमै एकचित्त भए।

उनका विद्यार्थी भने ओठ फटाफट चलाउनमै एकाग्र थिए। उनको नबुझिने भाषा कुनै यज्ञमा पण्डितले मन्त्र भट्ट्याए झैँ एकसुरमा चलिरह्यो।

चर्को कराइरहने चराछेउ बसे झैँ मैले धूप-नैवेद्य गर्न कफीको दनकसँगै ट्वीटरको टाइमलाइन स्क्रोल गर्न थालें।

अमेरिकी राष्ट्रपति ट्रम्प र उत्तर कोरियाली नेता किमबीच दोहोरी चल्दै छ। कसले पहिला मिसाइल हान्ला भन्ने सन्त्रासजन्य तीर ट्वीटरमा सोझ्याउँदै कोरियाली प्रायद्वीपको पीर बढाउँदै छन्।

पीरहरू पनि गच्छेअनुसार हुन्छन् । अणुबमले भुक्क फुलेको मिसाइल तेर्स्याउनेहरूको वरिपरि बस्नुभएको छ भने तपाईंका आँखा हरेक क्षण न्युज अपडेटमा जान्छन् ।

कुनै न्युज अपडेट भएको छैन भने तपाईं शान्त बस्न पाउनुहुन्छ । नभए हिँड्न ।

रिसोर्ट फर्केर चिन्ताविहीन रूखहरूको ओझेलमा उकालो-ओरालो गर्न थालेँ ।

कोठा पसेर मुलायम बिछ्यौना मिलाएँ । सिरानीमा बिहानी निद्राका सम्झना लतपतिएका थिए सायद ।

कोरियन एयरकी परिचारिकाले दिएको चिसो कागजी रुमालको बास्नाको रहलपहल थियो । चिल्लो मुख पुछ्न एउटा रुमालले मलाई पुग्थेन; बाँकी रहे गालामुनि गला पनि सफा गर्ने र रुद्रघण्टी अलक्क छोएपछि सफा भएको घाँटी तन्काउने बानी कहिल्यै गएन ।

ल्यापटप अन गरेँ । ल्यापटप अन गर्दैमा लेखिँदैन ।

लेख्नुपर्ने बेला पढ्न मन लाग्ने र पढ्नुपर्ने बेला लेख्न मन लाग्ने मेरो स्वभाव नयाँ ठाउँ पुग्दैमा मौसमझैँ बदलिने थिएन ।

पर्दा खिच्दै आधा देखिने आधा छोपिने बनाएँ । ठिक्कको बाहिरी उज्यालो घिरौँलाको झाङबाट भित्र पसे झैँ लागेर किन थप उज्यालोको भोलुम नबढाउने, सोचेँ । पर्दा पूरै तानेर टेबल झलमल्ल पारीवरी सोचविचार घामानुकूल बनाएँ ।

आँखालाई चाहिने ठिक्क प्रकाश भयो भने दिमागी बुलुब पनि ठिक्क चल्ला र लेख्न आउला भनेको, होइन रहेछ ।

सम्झिएँ– कुनै लेखकलाई कसैले सोध्यो, तपाईं यतिका विधि किताब कसरी लेख्नुहुन्छ ? उनले जवाफ दिए, 'म त हातैले लेख्छु ।'

विचार हातमा आएन ।

औँलाहरू हेरेँ– लाम्चा छन् तर छोटो शब्द पनि फुराउँदैनन्। तैपनि माया गर्दै तिनलाई खुम्च्याउँदै दोबारँ; खोलेँ। नसाभित्र भावना सञ्चार भए त किबोर्डमा औँलाहरू चल्ने थिए !

औँला हेरेँ– एक्लाएक्लै तन्किएका छन् तर एक्लै चल्न सक्दैनन्। दायाँ हातका औँलालाई टाउकाको दायाँपट्टि ठिक्क दिमागमाथि चुलबुलाएँ। बायाँ हातका औँलालाई त्यसै गरी टाउकाको बायाँपट्टि ठिक्क दिमागमाथि खेलाएँ। दुवै हातले टाउकाका दुवै भागलाई किबोर्ड बनाए।

आवाज आएन तर सुनियो। सुनियो तर बुझिएन।

आफैँलाई त बुझ्न सकिँदैन भने कोरियाका सबै किम कहानी थाहा पाएर के साद्धे भन्दै आफैँलाई सान्त्वना टक्र्याएँ।

मैले ठीकै गरेँ भन्ने तपाईंलाई लाग्छ भने म बेठीक भन्दिनँ। तपाईंले बेठीक ठहऱ्याए मैले उजुरी गर्ने ठाउँ त्यही कम्प्युटर हो जसलाई भर्खर मैले बन्द गरिदिएको छु। तपाईं अब कल्पना गर्न पूरै स्वतन्त्र हुनुहुन्छ।

संसार एकध्रुवीय वा बहुध्रुवीय हुन पनि सक्छ। वा ध्रुवहरूबीच एकता नभए गठबन्धन।

डाटा साझा सदुपयोग गर्ने शिखर सम्मेलनहरू परेवा उडाउँदै बर्सेनि आयोजना हुन सक्नेछन्। अर्को ब्रह्माण्डबाट आएका डिजिटल छापामार ड्रोनहरूले सुटुक्क सबै डाटा चोरेर लैजान सक्नेछन्।

भविष्यका महायुद्धहरू आकाशमा हुनेबारेका किताबहरू पढ्नुभएको छ भने तपाईं मलाई बुझ्न सक्नुहुन्छ।

युद्धको कल्पना गर्न थाल्नुभयो भने तपाईं फेरि लुगलुग काँप्न थाल्नुहुनेछ। सोलको हिउँद सामना गर्न रमणीय जङ्गल रिसोर्टको न्यानो कोठाभित्र पस्नुहोस् र डिजिटल उपकरणहरू सबै बन्द गर्नुहोस्।

५

काँपेका ओठले सिउसिउ गर्दै हुनुहुन्छ भने तपाईं सोलमा हुनुहुन्छ। एकै ठाउँ धेरै बेर नउभिनू; फटाफट पाइला चाल्नू।

अहिले किन सिमकार्ड फेर्नुपर्‍यो ? अहिल्यै किन फोरजी हाल्नुपर्‍यो ? नयाँ ठाउँ पुग्नासाथ आफ्नै इमेल चेक गर्न पनि सुरक्षा जाँच पास गर्नुपर्छ। कसैले तपाईंको युजरनेमबाट लग इन गर्न खोजेको छ, त्यो तपाईं आफैं हो कि होइन भन्दै लगालग प्रश्न ओइरिन्छन्।

होइन भने पासवर्ड बदलिहाल्नू। कसैको हाँसो पनि ह्याक हुन सक्छ।

तपाईं जहाँ पनि रिचार्ज गर्न सक्नुहुन्छ। दन्तमञ्जन किन्ने स्टोर होस् कि शरीर तताउने प्याड लिन जान लागेको फार्मेसी।

वा फूलपसल। वा नर्सरीका मोबाइल ठेला नभए बसको टिकट काउन्टर। वा मेट्रो। वा कतै ई-सेवाको अटोमेटिक मेसिन भेटिनेछ।

विलम्ब नगर्नुहोस्। उभिनु, लुगलुग काँप्नु।

आफ्नै कटकटाएका दाँत सुन्नु, बिथोवनको मुनलाइट सोनाटाको सन्नाटाले बिथोलिनु। पीरहरूबाट पार पाउनुभएको छैन भने पियानोले पिर्छ।

पाइला चाल्नु, चाल्नोले चिसो भुस छिन्कनु।

चिनियाँ अर्केस्ट्रा *बटरफ्लाई लभर्स* सम्झिनू। पुतलीहरू उडेको आवाजसँगै उमङ्ग आउनेछ।

ल, ठीक छ; अब मलाई पछ्याउनू। पुतलीलाई छायाले फैं।

जसरी तपाईं, प्रेम पर्न लागेको व्यक्ति, पहिलोपल्ट हात छुँदा करेन्ट लागेको अनुभव गर्नुहुन्छ वा उसको मुस्कानबाट फुलुक्क बिजुली बलेको देख्नुहुन्छ। त्यो बिजुली होइन, तपाईंको अँध्यारो तृष्णा जगाउन चमचमाएको जूनकीरी हो।

म अहिले पुगेको ठाउँ भने आफैँसँग लजाउनुपर्ने खालको छ जहाँ म कुनै पुराना प्रेमपत्र पढ्न आएको होइन। हिउँ पर्नुअघि प्रेममा पुरिएको कुनै नयाँ सम्भावित सम्बन्ध नियाल्न आएको हुँ।

स्याँठको आदेशमुताबिक गोडाफाट गर्छु।

घाम लागेका बेला आङ किन कुतकुतिन्छ, मैले बुझेको छैन।

बाहिरपुँडो घरहरूका पर्खालपिच्छे हलुवाबेद पाकेको देख्नुहुनेछ। गल्लीतिर ढल्केका बोटहरू हिउँद आएको गाइँगुइँ बढाउने गरी लटरम्म फलेका छन्। सुन्तला रङको, स्याउ आकारको हलुवाबेदको नाङ्गो भकारीतिर कसैले फटारो हानेको छैन।

एउटा चरो भर्खर उडेको दिशातिर आँखा परे भन्दैमा हुत्तिनुपर्दैन।

जतिसुकै लडीबुडी गर्नुहोस् वा आफूले मन पराएको मान्छेसँग पहिला हिँडेकै बाटो सम्झिनुहोस्, यति बेला भरपेट स्वतन्त्रता उपभोग गर्न सक्नुहुन्छ।

तपाईंलाई कसैले सीसीटीभीमा हेरिरहेको हुँदैन।

पुराना गल्तीहरूका फुटेज तपाईंका आफ्नै मानस पोर्टलमा आर्काइभ रहन्छन् र तिनलाई सिलसिला मिलाएर सधैँ राखिरहन सकिँदैन। तिनलाई हार्डड्राइभमा ट्रान्सफर गर्ने भनेको लेख्ने हो, प्रिय!

सोलको जाडोमा म त्यही कथा लेख्न आएको छु जसले तपाईंलाई आधा रातमै उठाएर तारा नभएको आकाश हेर्ने गरी अधमरो बनाइरहेको छ।

तारा नभएको आकाश नजिक हुन्छ। झ्याल नभएको कोठाजस्तै। वा ऐना नभएको बाथरुम। वा लुकिङ ग्लास बिग्रिएको कार। वा सम्झना हराएको मानिस।

हावाले दिने सङ्गीत रूखहरूका लागि हो। रूखहरूका कान चरा हुन्। चराहरूका आँखा हाम्रा खलबलिएका निद्रा हुन्। हाम्रा निद्रा मलमली सिरकका लागि हुन्। सिरकले सधैं अधुरा रहने हाम्रा इतिहासका डसना छोप्ने गर्छन्।

हामी सिरक र डसनाबीच लमतन्न परेपछि शरीरलाई बूढानीलकण्ठ बनाएर निद्रादेवीसँग आकाश घुम्न निस्कन्छौं।

डसना विगत हो भने सिरक आगत। हामी फगत तथागत।

पर्दा खोल्नुहोस्। हाम्रा सबै अनिर्णीत कल्पनालाई सबभन्दा नजिकको ताराले आँखा नझिम्क्याई कैद गरिरहेको छ।

बेलाबेला जूनको उज्यालोरूपी फ्ल्यास लाइट बालिदिँदा हामी चुँडिएका धागोजस्ता सम्झनाहरू गाँस्न खोज्छौं।

इतिहास कति धेरै सार्वजनिक वादविवाद, बहस र झैझगडा, मारकाट थियो जसले व्यक्तिको निजी चैन खोसेको थियो! इतिहास सामूहिक सम्झना हो। वर्तमान सामूहिक बिर्सना। भविष्य सामूहिक तिर्सना।

हामी भने इतिहासलाई सजिलै आफ्ना निजी भित्तामा टाँगेर पुराना श्यामश्वेत तस्बिरमार्फत चित्त बुझाउँछौं। आधुनिक विचारहरू विज्ञापनमा सीमित गर्छौं, नयाँ नीतिहरू नारामा।

हाम्रा वयस्क सपनाहरू पुस्तान्तरण हुँदै जाँदा बालकथा बनेर बाचिनेछन्।

हलुवाबेद पाकेको बोटमुनि बाटो परेको छ भने जति फटाफट चले पनि तपाईं अचल बन्नुहुन्छ।

त्यस्तो बेला कोरियाली बालकथाले तपाईंलाई वयस्क बनाउनेछ। बालकथामा प्राय: बाघ आउँछ। बच्चा निर्मल छ भने निर्भीक हुन्छ। कथा सुन्न थालेदेखि बच्चामा अलिअलि डर पसाउन हामी निडर हुन्छौं।

हामी बच्चालाई बिहान बेलुन दिएर ताततेताते गराउँछौं र राति बाघको हाउगुजी देखाएर तर्साउँछौं। बच्चाले हाम्रा कुरा खाँदैनन्। उनीहरूलाई

सानैदेखि लोभ्याउनुपर्छ र लोब्र्याउनुपर्छ। उनीहरूलाई अदबमा नराखे हाम्रो दबदबा रहँदैन।

हिउँ परेपछि भोकले रन्थनिँदै एउटा बाघ पहाडमाऽको गाउँ आउँछ। राति बच्चा रोइरहेको घरको झ्यालछेउ कान थाप्छ। भित्र आमा तर्साउन थाल्छिन्, 'भालु आउँछ है, बाबु!' बच्चा टेर्दैन। आमा भन्छिन्, 'ब्वाँसो आउँदै छ।' अहँ, बच्चा थामिँदैन।

उनी भन्छिन्, 'ल हेर त, बाघ झ्यालमै आइसक्यो!'

बाघ झस्किन्छ; म यसरी अँध्यारोमा बाहिरै बसेको आमाले कसरी थाहा पाइन्?

ऊ त्यतिखेर झन् छक्क पर्छ जब बच्चा तर्सिँदैन। उसको रुवाइ जारी छ। बाघ सोच्छ– मसँग सबै डराउँछन्; यो बच्चा कस्तो ज्याद्रो परेछ!

केही सीप नचलेपछि आमा भन्छिन्, 'लौ लेऊ, सुकेको हलुवाबेद।'

बच्चा चुप लाग्छ।

बाघ सोच्छ– को हो त्यो सुकेको हलुवाबेद? मदेखि नतर्सेको बच्चा सुकेको हलुवाबेद भन्नासाथ फुलियो भनेपछि बाघलाई लाग्यो– सुकेको हलुवाबेद मभन्दा बलियो छ। त्यो कुनै पनि बेला आइपुग्न सक्छ। अब आफ्नो ज्यान जोगाउनुपर्‍यो।

हलुवाबेदबारे कथा सुनेर हुर्केकाहरूमाऽ त्यसका सुकेका गुलिया चानाको प्याकेट जताततै पसलहरूमा किन बिक्छ, तपाईं बुझ्नुहुन्छ।

कथा त अलिकति थप छ! त्यही बेला, गाईचोर खस्याकखुसुक गर्दै कताकताबाट झ्याम्म त्यो बाघमाथि हामफाल्छ। अँध्यारोमा उसले गाईको ढाड भन्ठानेछ। पोल खुल्ला र आहारा भइएला भन्ने डरले ऊ बाघलाई समात्दै बाघकै गतिमा दौडिन्छ।

बाघ भने सुकेको हलुवाबेदले मलाई सिद्ध्यायो भन्दै वेग मारिरहन्छ, एउटा भीरमा पुगेपछि भाग्यवश: चोर उछिट्टिएर रूखको हाँगा समाउन पुग्छ।

सुकेको हलुवाबेदबाट बल्ल पार पाएँ भन्दै बाघ पनि चैनको सास फेर्न थाल्छ। त्यसपछि ऊ कहिल्यै गाउँतिर फर्कँदैन।

हलुवाबेद पाक्ने बेला गोता खान म पो कोरिया झरेको छु।

आमा भन्नुहुन्थ्यो– म मामाघरकी हजुरआमा गोता गएको छु। आँखा कैला छन् र दिमागमा बेला न कुबेला नाना थरी कुरा खेलाउँछु।

कुरा आफैं खेल्दैनन्। खेल हो भने नियम चाहिन्छ। रेफ्रीले सिटी फुकेको हुनुपर्छ। सिटी फुक्ने बेला गाला किन गोलो पर्छ भन्दै मैले स्कुलको हाफट्याममा जत्ति गर्दा 'नि खेलतिर मन नदिई रेफ्रीतिर हेरेको सम्झिन्छु। कुनै पनि खेल जितेर म घाँटीमा तुन्द्रुङ्ङ मेडल झुन्ड्याउँदै हिँडेको छैन।

मेरा अगाडि रसिलो ताजा फल बोटमै लतक्क छ। म एउटा खुट्टा तन्काउँदै उचाइ बढाएर हात आकाशतिर सोज्याउँदा कति न भेट्नो निमोठ्न सक्छु भन्ने स्वाङ पार्छु। चिसोले उखरमाउलो जीउ तन्काउन खोज्दा फल टिप्न खोजे झैं भएछ।

'चराहरूलाई आहारा चाहिन्छ, प्रिय गेस्ट,' गाइड गर्ने युवतीले केही बेरअघि मल्हम दलेको, ओभरकोटको बाहुलाभित्रको चिप्लो हातले इसारा गर्दै मलाई सम्झाउन खोजिन्, 'चिसोमा उडेर कता जाऊन् बरा!'

'त्यही त, म किन जान्ने पल्टेको!' मैले सर्माउँदै हुत्तिएको जीउ भुइँमा फर्काएँ, 'हगि, प्रिय होस्ट!'

रूखमा पहिलो अधिकार चराको। बेलुनमा बालकको। बालकथामा बाघको। फूलमा पुतलीको। रसमा भमराको। मानमनितोमा धनीमानीको। सङ्घर्षमा जनताको। पसिनामा श्रमजीवीको। प्रेममा आलिङ्गनको। जङ्गलमा जनावरको। जीउमा ज्याकेटको।

मसँग हिउँदको सोल सामना गर्ने लुगा छैन। शरीर कसरी ढाक्नुपर्छ भन्ने सम्झाउन उनीहरूले डाउन ज्याकेटको एउटा बाक्लो फोटो इमेल गरेका थिए। ठ्याक्कै त्यस्तो पहिरन त हाम्रोमा हिमालारोहीसँग हुने गर्छ।

उनले मलाई छाम्न थालिन्। हिमालबाट झर्दा ज्याकेट खोलेर आएको भन्ठानिन्। नेपाल चौबीसै घण्टा, बाह्रै महिना हिउँभित्र हुने हो र? औंसी-पूर्णे सबै एकैनासले हिउँ बर्सिने र हिउँभित्रै पुरिने देश हो र?

'उता त कस्तो जाडो हुने होला हगि ?' सोध्ने जतिखेर पनि ! सगरमाथाको देशबाट आइदिनु पनि आपत् ! हामी हिमाललाई सिरानी हाल्दै सुत्ने जस्ता !

सायद मेरो बेपर्वाहीले उनलाई थोरै चस्का पारेको हुनुपर्छ– काठमाडौँबाट आउनेका लागि कोरिया क्यै न क्यै !

संसार गोलो भए पनि भूगोलबारे सरल सोचाइले मानिसलाई सधैँ गोल खुवाइरहेको छ ।

संसार गोलो नै छ र सूर्यको परिक्रमा गर्छ भनेर ठोकुवा गर्नेहरूलाई पहिला निकै गाल पऱ्यो । ग्यालिलियोलाई गोली हानेको पढ्नुभएको छ भने त्यो गलत हो । गोली हानेको होइन; शूलीमा चढाएको पनि होइन । त्यसको कुनै प्रमाण छैन । इतिहासमा पनि हल्ला छन् जसलाई प्रमाणको मदानीले मथेर मिथ्याजति मिल्काउनुपर्छ । इतिहास आफैँ सच्चिँदैन ।

सच्चाइ यो हो भनेर लेख्नेहरूले गरेको लुच्याइँ बुझ्नुभएन भने तपाईंले इतिहास पढ्नुभएन । हो, इतिहासमा धेरैले धेरै प्रश्न गर्दै राज्य र समाजसँग सिँगौरी खेले; सोक्रेटस, अरिस्टोटलले । ग्यालिलियोले पनि निकै गाली खाए ।

पढ्नु भनेको बुझ्नु होइन । बुझ्नेहरूले जति बुझ पचाएका छन् उति हामीलाई अबुझ ठानिरहेका छन् । उनीहरू हामीलाई रिझाउन भनिरहेका हुन्छन् । हामी केमा रिझिन्छौँ भन्ने उनीहरूलाई थाहा छ । मीठो कुराले हामीलाई रिझाउँछ; सत्य कुराले बिझाउँछ ।

तपाईंले कहिल्यै आफूलाई बिझाउने काँडा आफ्नै औँलाले टिप्नुभएको छ ?

मैले मुख फोरेँ, 'काठमाडौँमा हिउँ परेको समाचार दस वर्षअघि छापिएको थियो । त्यो पनि फुसफुस । एक छिनमै फासफुस भयो । बच्चाहरू रमाए ।'

'हो र ? ज्या !'

६

कुन ताकमा अब ली आइपुग्नेछिन् र मलाई लन्च लैजानेछिन्।

आङ तन्काउँदै बाहिर निस्किएँ। खैरा तुनारूपी मकैका जुँगा कसकास पार्दै जुत्ता तन्काएँ।

घाम छिरेर भुइँ न्यानो भएतिर केही बेर उभिएँ। फेरि रल्लिँदै उकालो हिँडें। रातभरि हल्ला गर्ने चराहरू हेर्न खोजें। तिनको आवाज सुन्न खोजें। मन्जुलको हरफ सम्झिएँ– *गाली नै गर्नपरे जङ्गलभित्रका चराले जस्तै गर न।*

के चराहरू हामीलाई गाली गर्छन्? के कविले चराको लामो अध्ययन गरेर लेखेका हुन्? कुनै रिसर्च पेपरमा फाइन्डिङ आएको छ? कुनै प्राज्ञिक जर्नलमा छापिएको छ?

कहाँका चराले मानिसलाई गाली गर्छन्? उनले कहाँका चरा सुनेर थाहा पाए? मैले बुझेको छैन किन कविहरू चराका नाममा हामीलाई नै गाली गरिरहेका हुन्छन्।

उनीहरू चराको निहुँमा हामीसँग किन निहुँ खोज्छन्?

कविहरू कविताको शक्ति प्रयोग गर्दै हामीमाथि अन्धविश्वास लाद्न खोज्छन् भने हामी एकस्वरमा कराउनुपर्छ। प्रतिवाद गर्नुपर्छ।

प्रजातन्त्रले नपुगेर लोकतन्त्र ल्यायौँ; त्यसले नपुगेर गणतन्त्र ल्याए पनि हामीले समाजका कुरीति तोड्न सकेका छैनौँ। रीत बसाल्न कविहरूलाई पनि जवाफदेही बनाउनुपर्ने भएको छ। लोकतन्त्र जवाफदेहिताको व्यवस्था हो।

आफ्नो गोप्य लेखनकक्षबाट निस्केर चराको गाली सुन्दै तल झरिरहेका एक जना कोरियाली लेखकले मलाई देखेर मुसुक्क गरे। आँखाबाट केही बोले। मुखबाट बोल्न खोज्दा अङ्ग्रेजी शब्द भेटेनन्। हल्लिसकेको हात खल्तीमा कोच्दै ओरालो लागे।

आठपहरियाले कुइँकुइँ गर्दै उनलाई गेटबाहिर पठायो।

राति ट्याक्सी अडिएको रूखमुन्तिर बरु घामका केही छिटा अल्झेका थिए। छाँटसित तिनै छिटा परेका भित्तामा फराकिलो चित्र अडेसिएको थियो जसभित्र अँध्यारोमा पढ्न नसकिएका साना काला अक्षर रहेछन्– २०१७ एसियाली साहित्यिक सिर्जनशील कार्यशाला। स्थान : सोल फाउन्डेसन फर आर्ट्स एन्ड कल्चर, योन्ही।

मेरो प्रतीक्षाको घडीको सुई फेर्नुपर्ने भएन।

ली आँखाभरि अपूरो निद्रा पूरा गर्दै योन्ही आइपुगिन्। ज्याकेटको खल्तीबाट डल्ले बट्टा निकालेर बिर्को खोलिन् र हातमा मल्हम दलिन्। बिर्को बन्द गरेर बट्टा खल्तीमा फिर्ता हालिन्। लगत्तै चुच्चोवाला मल्हम निकालिन् र ओठमा दलिन्। त्यसको पनि चोसो बन्द गरेर खल्तीमा हालिन्।

भर्खर भिजेका ओठ मतिर सर्काउँदै आफूसँगै हिँड्न आँखा सन्काइन्। गेटको आठपहरियालाई बोलाइन्, 'तलिम !'

तलिम पुच्छर हल्लाउँदै आएर उनको अँगालोमा बेरियो। त्यसलाई भुइँमा फिर्ता राखिदिएपछि उनले मतिर फर्केर भनिन्, 'तपाईंलाई गल्ली हिँडाउँछु।'

'जता हिँडाए पनि हुन्छ।'

'कोरियाली परिकार रुचाउनुहुन्छ ?'

'तपाईंसँग हिँडेपछि जे पनि रुच्ला।'

'साँच्चै हो ?'

'ढाँट्नुपर्ने के छ र ?'

हामी एउटा गल्ली मेटिएर अर्को गल्ली कता भेटिन्छ भन्ने ताकले हिँडे झैं बरालिएका थिएनौं।

गल्लीहरूले गोलो पर्दै नवागन्तुकलाई सजिलै गन्जागोलमा फसाइदिन सक्छन्। उनी अघिअघि हिँड्नुपर्ने थियो; पातलो पाइन्टभित्र मेरा पाइला पो छिटो चल्न थाले !

'ठाउँ थाहा भइसके झैं हिँड्दै हुनुहुन्छ त !' उनले भनिन्।

'मोडिने ठाउँमा मलाई ब्रेक लगाइदिनुहोला नि !' मैले भनें।

हामी सानो दुईतले घरको भऱ्याङ चढ्दै माथिल्लो तला पुग्यौं। उनले बाहिरी ज्याकेट झुन्ड्याइन्। रेस्टुरेन्टकी दिदीले हामी बसेको कुनाको टेबलमा ग्रिन टीले स्वागत गरिन्।

'तपाईं कति मीठो खाना अर्डर गर्नुहुन्छ, म चाख्छु,' मैले लीलाई भनें।

'साँच्चै हो ?'

'ढाँट्नुपर्ने के छ र ?'

दिदीले किम्चीको परिकारसहित सुपको कचौरासँगै अगडमबगडम खानेकुरा राखिदिइन्।

'यस्ता चीजबीज बनाउन नजान्ने केटीमान्छे कोरियामा मै मात्र हुँला,' लीले भनिन्।

'कसले पकाइदिन्छ र ?' मैले सोधें।

'आमा के त !' उनले भनिन्।

'भाग्यमानी छोरी ।'

'म अल्छी छु,' उनले भनिन्, 'पुलपुलिएकी भन्नुहोस् न ।'

'केही पनि पकाउनुहुन्न त ?'

'भात बसाल्न आउँछ; मासु तार्न पनि सक्छु । सजिलो काम फटपट गर्न त किन नसक्नु र ?'

'अनि ?'

'यस्ता खिच्रीमिच्री तयार गर्न ठूलो सीप र लगाव चाहिन्छ, मिस्टर वाग्ले,' उनले भनिन् ।

'हगि, मिस ली ?'

'तपाईंलाई थाहा छ, कोरियाको सबभन्दा कठिन काम के हो ?' उनले सोधिन् ।

मलाई के पाएर थाहा होस् ! 'किम्ची बनाउन नभन्नुहोस् ।'

'के त ?' उनले भनिन्, 'मैले बिहा गरेँ भने त्यही बनाउन नजान्ने केटी भनिदिन सक्नेछन् ।'

त्यत्तिको निहुँमा बिहा नगर्ने कुरा आउँदैन, मिस ली । उनलाई सम्झाउन मन लाग्छ । बिहा गर्नुहोस् न, जन्ती पर्सिन आउँला । म त तपाईंको भत्खौरे नै बन्न के बेर ?

जन्ते सुँगुर लिएर कुनै पार्कतिर खुला भाँडामा पकाउँदै भाग पुऱ्याएर खाउँला । तपाईंलाई तपाईंका प्रिय वरले अन्माएर सिन्दूर हाल्नुअघि तपाईंको नयाँ घरमा रातभरि रत्यौली चलिरहोस् । *आरे राङ आरे राङ... ।*

बाँसका सुइराले ससाना डबकाबाट अगडमबगडम लिँदै मुख्य परिकार पर्खिन थाल्दा उनले फेरि मलाई हेरिन् । भनिन्, 'मेरो यो आखिरी महिना हो ।'

'बिहे गर्नुअघि ?'

'हैट !'

'के त ?'

'जागिर छाड्दै छु ।'

'के भयो र ?'

'गाह्रो भयो ।'

'लेखकहरू फेल्न ?'

'आफ्नै हाकिमहरूलाई खुसी बनाउन,' उनले भनिन् ।

'के जान्नुभएन र ?'

'जत्तिखेर पनि तिमीले यो गल्ती गर्‍यौ भन्छन्; ससाना कुरामा पनि ढङ्ग पुर्‍याइनौ भन्छन्,' उनले भनिन्, 'मैले जानेर गरेको त होइन नि !'

'त्यसलाई गल्ती भन्दैनन्,' मैले भनेँ, 'सिकाइ पो हो ।'

'मान्दैनन् ।'

'के ?'

'केही भन्दैनन् ।'

'सोध्नुभयो त ?' मैले जान्न खोजेँ, 'प्रश्न गर्ने गर्नुभएको छ ?'

'रुचाउँदैनन् ।'

'सोध्नुभएन भने गल्ती के हो तपाईंलाई कहिल्यै थाहा हुनेछैन,' मैले भनेँ, 'मिस ली !'

मैले त्यसै गफ लडाएको त उनलाई त्यो कुरा बालकथाको बच्चालाई सुकेको हलुवाबेद भनिदिए जस्तो भएछ ! उनले मलाई हेरिन् ।

कथाको बालकले कसरी हेरेको थियो, मलाई थाहा छैन । उनको हेराइ भने घरभित्रका आमाछोराको कुराकानी सुन्ने बाघको जस्तो थियो ।

कथामा बघिनी पनि हुन सक्थी । सायद कथा फिँजाउनेले लिङ्ग वास्ता

गरेनन् । वा बघिनी त्यति होस्याङ्ग्री हुन्नथी ।

बघिनीलाई कथामा उडाउन सकिँदैन । बच्चा पाईवरी हुर्काएर कथा हाल्नेलाई नै भुत्ले हातले ग्याप्प हिर्काइदिन लगाउन के बेर ?

मैले थपेँ, 'गल्ती र सिकाइबीच पातलो धर्सो छ, मिस ली !'

'मैले यो सोचेकी थिइनँ, मिस्टर वाग्ले,' उनले भनिन्, 'गल्ती के हो मैले सोधिनँ भने कहिल्यै थाहा पाउनेछैन ।'

'हो त ।'

'यो कुरा पहिलोपल्ट म बुझ्न खोज्दै छु– गल्ती र सिकाइबीच पातलो धर्सो छ ।'

'मैले निकै ठूलो कुरा गरेँ कि क्या हो ?'

'बोधिसत्त्व पाए झैँ बोल्नुभयो ।'

'बुद्धको देशबाट आएको हुँ नि त !'

'झुट ।'

'झुट ?' मैले आँखा ठूला पारेँ, 'अरे बाबा, कसरी ?'

झुट पनि अनेक प्रकारका हुन्छन् । झुटका प्रकार-आकारमध्ये सबभन्दा ठूलो झुट– सफेद झुट ।

उनका आँखाले होइन, ओठैले मलाई सायद सफेद झुटको बिल्ला भिराइदिँदा म उल्लू बनेँ ।

तस्करी गर्नेका लागि पनि देख्दा त उल्लू लाटोकोसेरो न हो ! कोही पनि सधैँ उल्लू बन्न चाहँदैन । म उल्लू बन्न चाहन्छु कसैले भन्दैन; भाउ थाहा पाएकाहरू भने उल्लू बेच्न चाहन्छन् ।

म सिंह बन्न चाहन्छु भन्नेलाई हामी स्याबासीको धाप मार्छौं । बाघको गर्जन गर्नेलाई हामी सह्राउँछौँ । मयूर त कतिखेर घामपानी होला र नाच्ला भन्दै क्यामरा सोझ्याउँछौँ ।

कोही कस्तो राम्रो वा किन नराम्रो भन्ने हाम्रा आफ्नै आग्रह छन्। ती आग्रह हाम्रा आफ्नै स्वार्थ र सङ्कुचनबाट सिर्जना भएका हुन्छन्। हाम्रा आँखाका नानीमा शताब्दियौं के, हजारौं-लाखौं वर्षदेखि विकास भएका रसायन हुन् ती। बुद्ध जन्मिनुभन्दा धेरैअघि देखि।

बुद्धले त्यही रसायनमा दुःखको स्रोत भेटे। त्यही भएर हामीलाई भने– शान्त रहू। उनले नेपालीमा होइन, ब्राह्मीमा भने वा पाली भाषामा वा संस्कृतमा तर भावानुवाद त्यही हो।

'तपाईं इन्डियाबाट हो र?'

'हैट!' मैले भनें, 'जन्मघर नेपाल पर्छ।'

'साँच्चै?'

'जीवनको सुरुआतका उनन्तीस वर्ष जहाँ हुर्किए,' मैले भनें, 'त्यो अहिलेको नेपाल हो।'

'मैले के पढें त?'

'बुद्धत्व पाएको पो इन्डियामा!'

'लौ, मलाई यो थाहा थिएन!' उल्लू बन्ने पालो उनको थियो।

'धेरै पहिलेको कुरा हो नि त!' मैले भनें।

उनलाई सान्त्वना दिन भनेको थिएँ तर उनले ओठरूपी अज्ञानताको लाज सर्माउन आँखा सुस्तरी टेबलतिर सारिन्।

सर्माउने आँखाहरू किन अन्त सर्छन्, मैले बुझेको छैन। लट्ठिने आँखाहरू एकै ठाउँ सोहोरिन्छन्। तर्सिने आँखाहरू विभाजित हुन्छन्। तर्साउने आँखाहरूको फोकस तर्सिने आँखा हुन्छन्।

'म त्यता गएको छैन।'

'कता?'

'तपाईंको दक्षिण एसियातिर।'

'त्यही भएर त म यता आउनुपऱ्यो नि !'

बुद्ध आफैँ कोरिया, जापान, मङ्गोलिया, चीन कतै पुगेका होइनन् । राइट ब्रदर्स ढिलो जन्मिए ।

जहाज थिएन; पानीजहाज पनि खियाउने कोही निस्केन । उनका शिष्यहरू हिँडे । हिमालय पार गरे । बुद्धलाई व्याख्या गरे । उनका वाणी फिँजाए । जीवनमा दुःख छ; बुझ्नू, सहनू, सम्हालिनू, सम्झिनू ।

कोरियाले धेरै घामपानी, हिउँ र असिना सह्यो । उसको इतिहास भनेकै सहनु । इतिहास भनेकै युद्धको लामो शृङ्खला ।

उपनिवेश सह्यो; विश्वयुद्ध भोग्यो; अन्तरकोरिया युद्ध टुङ्गिएन; सैनिक शासन सह्यो । सहनुको सीमा नहुँदा सधैँ सङ्घर्ष गऱ्यो ।

कोरियाली इतिहास भनेकै सङ्घर्ष । कुनै कविले लेखे– इतिहास त्यस्तो उपन्यास हो जुन जनताले लेखेका हुन्छन् ।

सिद्रा र सुक्खा भातको मुख्य परिकार आएपछि हामी बाँसका सुइराहरू खेलाउन व्यस्त भयौँ । 'हाम्रोतिर ठूलाले भनेकै ठीक भन्ने संस्कार छ,' उनले भनिन् ।

'सानासँग झन् शक्ति हुन्छ ।'

सुइराले च्यापेको फाँको हाल्दै उनले मलाई हेरिन् । मैले भनेँ, 'सोधाइ नै सानाको शक्ति ।'

उनले ओठ लेब्र्याउँदै 'हुम्' भनिन्; अरू शब्द टनाटन भइसकेका थिए सायद तर तिनलाई बलपूर्वक थामिन् ।

मैले थपेँ, 'मलाई त लाग्छ, खासमा ठूलाभन्दा साना शक्तिशाली छन् ।'

उनले फेरि 'हुम्' गरिन् र शब्दहरू अड्काएरै राखिन् ।

माछा र भातका सितामा हाम्रो मग्नता भङ्ग भइसकेपछि खानाको पुछार पनि आइपुग्यो । सायद हलुवाबेदको सुकेको चानासहितको मिठाई,

एउटा डबकामा, सिन्कासहित।

मैले खानाको तारिफ गर्दै भनेँ, 'बल्ल कोरिया आएको महसुस भयो।'

लगत्तै सोचेँ– के परिकार नै कुनै ठाउँको पहिचान हो त ? के कसैले साँधेको गुन्द्रुक चाखेपछि 'नेपाल पुगेको महसुस भयो' भन्छ ? म:म देखेपछि तिब्बत ? बर्गर भेटे अमेरिका ? सुसी पाए जापान ? चाउमिन देखे चीन ? छत्री आकारको रुमाले रोटीले भारत चिनाउँछ ?

परिकारविद्हरू भन्छन्– खानाले ठाउँको स्वाद दिन्छ।

स्वाद एक रातमै दहीझैँ जम्दैन; शताब्दी पर्खिनुपर्छ।

खाना इतिहास चियाउने खुराक हो। इतिहास हाम्रो चाउमिन हो जुन एउटा अर्कोसँग गुजुल्टिँदै, बेरिँदै, खुम्चिँदै, तन्किँदै भान्सामा पुगेर तुरिन्छ र भाँडामा सिद्धिए बारीबाट आउँछ।

अन्न कहिल्यै निखिन्न। माटामा बीउ झरिसकेको हुन्छ। बेर्ना लाग्छ। जेन कवि रुमी लेख्छन्– *बीउले कहिल्यै फूल देख्न पाउँदैन।*

उनले सोधिन्, 'तपाईं यो रेस्टुरेन्टमा डिनरका लागि आउन सक्नुहुन्छ ?'

'किन नसक्नु ?'

'साँच्चै हो ?'

'ढाँट्नुपर्ने के छ र ?'

'आएर खानुहोस्; म रेस्टुरेन्टकी दिदीलाई भनिदिन्छु,' उनले भनिन्, 'हाम्रो बहीखातामा हिसाब बसिरहन्छ।'

भन्न त भनिहालेँ तर त्यहाँ पुग्न व्यस्त गल्लीहरूमध्ये नछुक्किईकन भित्रपट्टिको गल्ली पस्नुपर्थ्यो र ठाउँ ठ्याक्क यकिन गर्नुपर्थ्यो।

बेलुका भोकाएपछि कथाको बाघझैँ गल्ली निस्कुँला र मीठोमसिनु पाकेको घरभित्र पसुँला।

मैले रेस्टुरेन्टकी दिदीको बिजनेस कार्ड लिएँ जसमा थोरै अक्षर थिए जुन देखाएपछि जसले पनि दिशा बताइदेला नि ! र, खल्तीमा घुसारेँ।

अङ्ग्रेजीमा एउटा शब्दावली थियो– जुबान-समर।

'स्वादको खाना ! मेरो त ओठमै बस्यो !' मैले दिदीलाई भनेँ, 'बेलुका पनि आउने भएँ।'

ती दिदी थिइन् वा बहिनी, मैले उमेर सोधिनँ। परिवारले चलाउने रेस्टुरेन्ट भएकाले उनी बिहानै आइपुगेर राति अबेरसम्म खट्ने गर्थिन्।

मेरो ओठमै बस्ने खाना पकाउन भान्सामा सायद उनका श्रीमान् थिए। उनीहरूबीचको हाउभाउले त्यही लक्षित गर्थ्यो। हाउभाउ कहिलेकाहीँ मात्र हाउगुजी हुने हो। थाहा पाउने ह्याउ छैन भने तपाईं शब्द खेर फाल्न सम्बन्ध सोध्न सक्नुहुन्छ।

ख्याल राख्नुहोस्, शब्द खर्चेर चिनाइएको सम्बन्ध स्थायी रहन्छ भन्ने छैन।

चोकमा निस्केपछि तपाईं आँखा पूरै उघार्नुहुन्छ। मैले पनि सीधा सम्मुख केही पर सर्लक्क एउटा पहाड भर्खरै खुल्दै गरेको देखेँ।

नाटकको पर्दा उघ्रिए जस्तो भयो।

ठाडो भीर नभएको, बिस्तारै उकालिएको ठूलो थुम्का।

थुम्कैथुम्काको गारो लगाएको पहाड। टुप्पाबाट पहाडले दायाँ हातका औँला हल्लाएर बोलाए जस्तो लाग्ने गरी सेतै बादल सर्कियो।

कसैले त्यस्तरी आकाश हृदयले निम्ता गरेको छ भने तपाईंका पाइलाहरू अडिँदैनन्। पहाडको निमन्त्रणाप्रति आफ्नो असमर्थता जनाउने गरी आरएसभीपी गर्न मैले पनि जानेको छैन।

पहाडको चित्र बनाऊ भनेर सिसाकलम दियो भने जुन बच्चाले पनि फुसफुस रौँ निकाल्दै ख्यारख्यार चुचुरो बनाउँछ।

रूखपातले हरियाली छाएको चुचुरोसहित ठूलो गाँजो हालेको पहाडले मलाई पहिलो प्रेममै आलिङ्गनको इसारा गरेको थियो।

मैले लीलाई भनें, 'त्यो पहाड चढ्न जाऔँ।'

'साँच्चै हो ?'

'ढाँट्नुपर्ने के छ र ?'

'जिस्केको ?'

'पहाडसँग म जिस्किन्नँ।'

'मलाई जिस्क्याएको ?'

'सोचेको,' मैले भनें।

'मैले आजसम्म पहाड उक्लिने सोचेकी छैन।'

'अब सोच्नुहोस् न त !'

'मेरो काम छ।'

'कामै नभएका मानिसको काम पहाड उक्लिने हो र ?'

'तपाईं साँच्चै गम्भीर हो ?' उनले सोधिन्, 'बेलुका खाना खान आउँछु भनेर भनिसक्नुभयो त !'

'पहाडबाट फर्केपछि झन् भोक लाग्दैन र ?' मैले भनें।

उनले खल्तीबाट मोबाइल निकालेर डायल गरिन्। फोनमा कसैसँग केही बेर गलफत्तिएपछि उनले मलाई हेरिन्।

मैले उनलाई अर्थ्याएँ– कुनै ठाउँ पुगेपछि त्यहाँको भूगोल थाहा पाउन म भरसक अग्ला ठाउँहरू चढ्न जान्छु। ताकि म आफू कता बस्दै छु र कता डुल्दै छु, थाहा होस्। यस्तो पहाडले मलाई दिशा दिन्छ।

नयाँ ठाउँ चिन्ने पैतालाले हो। आँखाले हो भन्नुहोला तपाईं। त्यसो भए त दक्षिण कोरियाको राजधानी कस्तो छ, युट्युबबाटै थाहा पाउन सकिँदैन र ?

विश्वविद्यालय पढेकी। अहिलेको जागिर छाडेपछि विश्वविद्यालयकै अर्को डिग्री लिनेबारे सोचिरहेकी। 'सायद म रङ्गमञ्चतिर काम गर्न पनि

सक्छु' भनेर केही बेरअघि मेरा आँखीभौंका रौं उछिट्टिने गरी गफ छाँटेकी।

जिन्दगी आफैंमा रङ्गमञ्च, आफूले मन खाएको अभिनय गर्नुपर्छ भन्नेबारे हाम्रो त्यत्रो छलफल अघि भर्खर भएको उनले कति चाँडो डिलिट गरेकी ? त्यसरी अहिलेको अहिल्यै क्षणहरू डिलिट गर्ने हो भने त जीवनको एल्बममा उनले क्षमा पाउने गरी कसैले एउटै सम्झना पनि सेभ गर्नेछैन।

जुत्ताभित्र किलकिले ढुङ्गा पसे झैं उनी बलजफ्ती हिँडिन्।

उनलाई अघि सार्दै फुर्क्याउन म उनको पछि लागें। मैले हिजो राति नै देखेका छिर्केमिर्के रङका तुनावाल उनका जुत्ता पहाडतिर हिँड्न ठिक्क थिए।

'अरू केही नपाएर,' उनले फेरि सोधिन्, 'पहाड चढ्ने विचार कहाँबाट आयो ?'

'तपाईंका जुत्ता देखेर।'

'तपाईंलाई त जुत्ताबाट पनि विचार फुर्छ !' उनले भनिन्।

विचारहरू कसरी फुर्छन्, मैले थाहा पाएको छैन। विचार फुराउने मेसिन कसैले आविष्कार गरेको छैन। नभए नोबेल पुरस्कार अन्त कहीं नजाओस् !

स्टेफेन हकिङ्ले नोबेल पाएनन् किनभने उनले अनुमान गरेको ब्ल्याक होल प्रमाणित गर्न कम्तीमा एकदुई जुनीले पुग्दैन।

जुनी आफैंमा एउटा 'ब्रिफ टाइम अफ हिस्ट्री' हो। हिस्ट्री भनेको हिजो हो; हामीले भोगेर आयौं। भोलि भोग्ने सबै मिस्ट्री।

भोलि कस्तो होला, देखाउन सक्ने मेसिन बनाउन सक्नुभयो भने तपाईं शताब्दीको सबभन्दा महान् मिस्त्री हुनुहुनेछ। अरु इतिहासकै।

'मसँग आज आनसान पहाड चढ्नुभयो भने सोलभरिमा तपाईंका जुत्ता सबभन्दा खुसी हुनेछन्।'

'जाबो जुत्ताले स्याबासी पाएर म मक्खै परुँला !'

'यस्ता टिलिक्क जुत्ता लाउनेसँग हिँड्न पाएर म पो मक्ख छु।'

'मलाई हिँड्ने काम साह्रै क्याउ लाग्छ।'

'तपाईंलाई के गर्न क्याउ लाग्दैन ?' मैले सोधे, 'हँ, मिस ली ?'

'सुत्न,' उनले भनिन्।

'धेरै काम गर्ने भएर ?'

'होइन,' उनले भनिन्, 'कामै नगर्दा पनि।'

'उठ्न झिँजो लाग्छ ?'

'अल्छी छु नि त !'

उनले अल्छी नगरी फेरि फोन गरिन् र सायद हिँड्ने बाटो सोधिन्।

मुख्य सडक हुँदै हामी ज्याकेटको खल्तीमा हात घुसार्दै हिँड्यौं। आधा घण्टासम्म उनले नाइँनास्ति गरिनन्। उनले मलाई कुनै मोडमा ब्रेक लगाइदिनुपरेन।

फराकिलो फुटपाथसँगै साइकल लेन। तपाईं जति पनि ढलीमली गर्दै हिँड्न सक्नुहुन्छ।

नदी किनार। ढुङ्गा र गेगर सर्लक्कै देख्न सकिने गरी, लेउ पनि जम्न नदिने गरी पानीलाई कसरी कञ्चन राख्न सक्दा हुन् भन्ने प्रश्न तपाईंले आफैंलाई गर्न सक्नुहुन्छ।

पानीले आकार लिनै नपाउने गरी सोचाइ चल, अचल, चञ्चल बन्दै जान्छ। त्यस्तो ठाउँ कोहीसँग घुमेको फोटो तपाईंले फेसबुकमा पोस्ट गर्नुभयो भने कोरियाली लभस्टोरी फिल्मको पोस्टर भनेर तत्काल कमेन्ट नआए मेरो कान काटिदिनू।

फेसबुक खुल्नुभन्दा धेरैअघि भ्यान गगले पनि आफ्नै कान काटेका

थिए तर उनले त्यो कान प्रेमिकालाई नै दिएको तपाईंले पढ्नुभएको छ भने त्यो सही होइन ।

उनका हकमा के भएको थियो भन्ने तपाईंलाई पूरै हेक्का छैन भने 'लस्ट फर लाइफ' पढ्नू । वा त्यही नामको फिल्म ।

जीवनको उदासी बढाउन प्रेमका रङहरूले बदमासी गरिदिएका थिए ।

उदास बन्नु, प्रेमको दास हुनु । पैसाको प्यास गर्नु, लालसाको लालकैदमा फस्नु ।

यस्तो ठाउँ हिँड्दा तपाईं आफैँसँग दङ्ग परे काफी हुन्छ । कफी पिउनुहुन्छ ?

कुनै क्याफे वरपर छैन । केहीको लत छैन भने पनि हिँड्ने तलतल होइरहोस् भन्ने हत्ते म तपाईंलाई गर्दै छु ।

हिँडेर शरीरको जोस फत्ते हुँदैन भने बाटोसँगै खुला जिमखाना गाडिएका छन् जहाँ तपाईं जतिखेर पनि तन्दुरुस्ती पाउन सक्नुहुन्छ । खुला र निःशुल्क सार्वजनिक जिमखाना । त्यो पनि केही बेरकै दूरीमा ।

पाइखाना पनि । पानी पिउनुहोस् र माथि पहाडको टुप्पासम्म टुप्पी कस्नुहोस् ।

कोही-कोही पदयात्री जिमखानामा रूखका हाँगामा बाँदरझैँ तुन्द्रुङ्ङ झुन्डिएका छन् ।

'हिँड्नुअघि पुसअप गर्ने, वर्कआउट गर्ने,' लीले मलाई अर्थ्याइन् ।

म अर्थिएँ, 'हिँड्दाहिँड्दै पनि गोडा कैँडा परे झुन्डिने ठाउँ ।'

लीले मलाई पहाडको फेदी पुऱ्याएर के गर्लिन् ? म सोच्दै थिएँ; उनले उभिने मौका दिइन् । तर उनले केही पनि गरिनन् ।

ठिङ्ग उभिदिइन् । मैले उनलाई हेरेँ ।

एउटाले अर्कालाई हेर्ने भनेको आँखामा । आँखा नै व्यक्तिको विचारको झ्याल ।

उनले आफ्ना आँखीझ्याललाई फेरि रहस्यको आश्रय दिइन्। उनका आँखाभित्र नानीमा शताब्दियौंदेखि विकसित रसायन म जैरेले एकै छेकमा बुझ्न सक्थिनँ।

'लु, तपाईंलाई बाई,' उनले भनिन्।

त्यही सन्देश उनले पहिल्यै परेलाबाट दिइसकेको हुनुपर्छ।

मुखले बकबक नगर्ने व्यक्तिका परेलाहरूले प्यारप्यार बोलिरहेका हुन्छन्।

'मलाई यहीं पर्खिनुहुन्छ ?' मैले सोधेँ।

'होइन, फर्किन्छु।'

'अघिको बाटो पूरै हिँडेर ?'

'होइन,' उनले भनिन्, 'यता अर्को बाटो सीधै बस चढेर।'

'कस्ती बाठी !'

'प्रशंसाका लागि धन्यवाद,' उनले भनिन्।

'मैले बाटो बिराएँ भने ?'

'ट्याक्सी लिएर आउनू।'

आफ्नो पालामा पनि धन्यवाद भन्दै म उकालो लागेँ।

'तपाईंसँग हाम्रो निवासको ठेगाना छ नि ?' उनले तल ओरालोबाट सीधा मुन्टो पारेर मतिर हेर्दै सोधिन्, 'हँ, मिस्टर वाग्ले ?'

'ट्याक्सी भेटिनँ भने,' मैले भनेँ, 'तलिमको डोरी फोइदिनू।'

'तलिमलाई छाडिदिनू रे ?'

'हो,' मैले भनेँ, 'सुँघ्दैसुँघ्दै मलाई खोज्न आउनेछ।'

'उसले त्यस्तो तालिम पाएको छैन, मिस्टर वाग्ले,' उनले भनिन्, 'सरी।'

'ए, एक छिन है,' म खुरुर्र तल उनीछेउ पुगेँ।

पहाडको पृष्ठभूमिमा संयुक्त सेल्फी खिच्न मोबाइल उठाएँ।

'नाइँ, मलाई नखिच्नुहोस्,' उनी पन्छिँदै तल्लो खुट्किलो झरिन्।

'किन र ? के भयो ?'

'मैले मेकअप गरेकी छैन।'

लौ जा, हातमा खेलिरहेको चङ्गा एक्कासि भुरुर्र उम्किए झैँ भयो। मोबाइल मेरो हातमा लट्टाई बनेर बसिरह्यो।

बच्चाहरू चङ्गा किन उडाउँछन्, मैले बुझेको छैन। आफू उड्न नसक्ने भएर हुनुपर्छ।

आफूले जे गर्न सक्दैन, त्यही अरूमार्फत गराउन मानिसले बच्चैदेखि सिकेको हुन्छ भन्ने तपाईंलाई लाग्छ भने सही सोच्नुभयो।

मैले आफ्नो मात्र फोटामा चित्त बुझाएँ।

'मै खिचिदिन्छु नि !' उनले भनिन् र मेरो मोबाइल मागिन्।

आफ्नै फोटो खिच्ने मेरो उद्देश्य थिएन। कहिलेकाहीँ उद्देश्यविपरीतका परिणाम हात पर्छन् र पनि मनखत केही हुन्न।

आफ्नो त झुसुझुसु दाह्री नै मेकअप ! तपाईं किन दाह्री काट्नुहुन्न भनेर उनले सोधेकी भए मैले पनि भन्ने थिएँ, 'अल्छी छु नि त !'

केही बेर उकालिएपछि मोबाइलमा फोटो हेर्न थालेँ। अघि बाटामा खिचेका पोजमध्ये लीले आफू देखिन सक्छु भन्ठानेका ठाउँ दुवै हातको अञ्जुली पारेर अनुहार ढाक्ने गरेकी रहिछन्।

दाह्रीले घोच्ला भनेर तर्किएकी हुन् कि भन्दै छामेँ।

यही कारण हो भने बेलुका खौरेर चरीचट्ट बन्नुपर्ला।

तर कारण के हो भन्ने जान्न पाउने मेरो हक छिनेर उनी ओरालोमा ओझेल परिसकेकी थिइन्।

कारण थाहा हुन सकेन भने परिणाम पर्खिनुपर्छ । हामी अकारण निष्कर्षमा पुग्छौँ र परिणामअगावै पछुताउँछौँ ।

पछुतो हाम्रो जीवनको पुच्छर ।

बाँदरको पुच्छर हराउँदै गएपछि विकास भएका मानिसलाई पछुतोले कहिल्यै छाड्दैन । पछुतोले छाडेपछि सायद हाम्रो अर्को चरणको सभ्यताको विकास हुनेछ ।

समृद्धिको चरण !

७

रूखहरू भएको पहाड लुगा लगाएको पुरुषजस्तो हुन्छ। वा महिला। वा तेस्रो लिङ्गी। नाङ्गा पहाडहरूको चरित्रमा दाग लाग्छ।

रूखहरूको छायाकैं तर्केर उकालो लाग्नु पहाडको नापो लिनु होइन, आफ्नै आँखालाई गुगल म्याप बनाउनु हो।

हावाको सर्कोले हप्काउँदै हल्लाएको एक्लो बाँस बनेर निहुरिँदै लम्किन थालें।

मानौं कहीं पुगेर रोकिनु छ; उभिनु छ; ठडिनु छ; सुस्केरा हाल्नु छ। कसैले आफ्नो चरित्रको पर्दाभित्र लुकेर मलाई लेख्न नसकेका प्रेमका गुच्छाहरू आफ्नै सोचाइबाट खोलेर हावालाई सुनाउनु छ।

यस्तो चढाइको चरित्र कतै केही कसैलाई सोध्नुपर्दैन। सङ्केतचिह्नहरू जहींतहीं भएकाले सुसेली हाल्दै उक्ले हुन्छ। गीत गाउँदै हिँड्नु बेस। अव्यक्त प्रेममा पर्नुभएको छ भने यी उकालामा गुनगुनिने कुनै गीत पनि नबिथोल्ने गरी काठका फलेक बिस्तरा परेका छन्।

शिवा रिउका 'पहाडी हुस्सु' शीर्षक हरफ सम्झिन्छु। सायद उनले यस्तै परिवेशमा पात हम्किँदै पन्ना कोरे। यतै पहाडमुनि।

मेरो कपाल लामो भए
फिँजार्ने थिएँ
पुग्ने गरी
तिमीलाई सपक्कै बेर्न ।

यामको कठोरता छल्न नसक्ने पातहरू खसेका छन्; छिचोल्न सक्नेहरूले रङ बदलेका छन् । आगामी एकाध महिना निकै जाडो हुनेछ । अहिल्यै माइनस डिग्री सेल्सियस छ । धन्न, घाम लागेको छ ! काँप्दै उभिनुभन्दा जुत्ताको तुना तानतुन कस्नू ।

बाक्लो ज्याकेटमा स्याँस्याँ गर्दै उक्लेका पदयात्रीलाई उछिन्नुअघि आन्यौङहासेयो भन्दै मैले जुत्ता उचालिरहेँ । ओर्लिनेहरूमध्ये जसले अनुहार हेर्छ ऊतिर अनुहार मुसुक्क पार्ने, नभए उनीहरूजस्तै कताकता हेर्दै हराए फैँ आँखा लोलाउँदै हिँड्ने ।

विदेशी अनुहारको बेफाइदै हो, कसैले सन्चोसुबिस्ता सोध्दैन । त्यसरी सोध्नेलाई त केही बेर अँगालोमा बेर्दै रूखका लहराफैँ उभिन पाए हुन्थ्यो भन्ने तपाईं सोच्न सक्नुहुन्छ ।

यस्तो उकालो नेपालमा कुनै अग्लो ठाउँको मन्दिर हिँडे जस्तो हो । कुनै देवस्थान । यस्तो बेला मञ्जुल बढी ख्याल हुन्छन्– *देखेका छौ, बाँस र उनिउँले कसरी झुकेर नमस्कार गर्छन् गाउँमा ?*

लडेपडेका, सुकेढलेका रूख देखिँदैनन् । छिमलेर उभ्याए फैँ छन् । कुनै रूख सुक्नै पाउँदैन, ढालेर लगिहाल्छन् । कुनै अगतिलो हाँगो हल्लिन पाउँदैन, ताछेर पन्छाइहाल्छन् । केही खस्न पाउँदैन, उठाइहाल्छन् । सरकारी वनलाई सहकारी बगैंचाफैँ सम्भार गरेका छन् ।

प्रकृतिलाई पूर्ण पार्न खोज्दा तपाईं अपूर्ण भएको महसुस गर्न सक्नुहुन्छ । प्रकृति त अपूर्ण नै पूर्ण भन्ने ठान्न सक्नुहुन्छ । वन त केके नपुगे जस्तो भएकै रनवन भन्न सक्नुहुन्छ । मानिसले आफ्नो स्वार्थमुताबिक रूखपातलाई

सुमर्नु खासमा प्रकृतिलाई आफ्नो विकास परिकल्पनामा वशीभूत पार्नु हो कि भन्ने जिज्ञासा तपाईं राख्न सक्नुहुन्छ ।

विज्ञान भन्छ– रूख र मानिसमा खास फरक छैन। समयको अन्तर मात्र। कमिलाले पनि पहाड चढिरहेको हुन्छ तर उसले लगाउने समयभन्दा कता हो कता अझ ढिलो हुन्छ रूखले गर्ने आरोहण। रूख शताब्दियौं वा कुनै त हजारौं वर्ष बाँच्ने भएकाले उसका गतिविधि हामी ठम्याउन सक्दैनौं ।

रूख पनि जन्मिन्छ; हुर्किन्छ; बच्चा जन्माउँछ; हुर्काउँछ। उसलाई पनि आहारविहार चाहिन्छ। उसले पनि खानेकुरा बचत गर्छ। उसका पनि परिवार, छरछिमेक हुन्छन् र आपसमा नियमित सञ्चार गर्ने गर्छ, जरामार्फत। वा ढुसीको भूमिगत सञ्जाल प्रयोग गरेर अरूसँग बोल्छ। सन्तान र छरछिमेकलाई मौलाउन सघाउँछ ।

उसको पनि समाजमा प्रतिस्पर्धा हुन्छ र सन्तानका खातिर उसले पनि कैयौं त्याग गर्छ। भविष्यका चुनौती र विपद्बारे उसका पनि सरोकार हुन्छन् र उसले सङ्गातीहरूसँग सम्पर्क गरिरहेको हुन्छ ।

उसका बीउ-बियाँ हावासँगै उडेर अन्तै बेर्ना लाग्न जान्छन्। ऊ पनि बसाइँ सर्छ। कता मौसम उपयुक्त छ, उतै परिवार र इष्टजन सार्छ। हामीझैं सास फेर्छ र हामीले फेरेको सास प्रशोधन गर्दै हामीतिर शुद्ध हावा फर्काउँछ। यत्ति हो, हाम्रो जीवनकालभन्दा धेरैधेरै लामो काल उसको हुन्छ जसले गर्दा ऊभित्रको प्राण हामी ठम्याउन सक्दैनौं ।

हामी रूखपात हुर्काउँछौं; काट्छौं; कुर्सी बनाउँछौं; ढोका ठड्याउँछौं; दलान हाल्छौं। उसकै छातीलाई टेबल बनाएर उसैमाथि कम्प्युटर राखीवरी उसकै कथा लेख्छौं। उसको दृष्टिमा मानिस अत्यन्त चतुर, अधैर्य र स्वार्थी हुनुपर्छ ।

रूखपातको सार्वभौमसत्ता मानिसले खोसिसकेको पहाडमा पात खसखस बज्दैन। हरेक मौसम सहन सक्ने काठ चिप्ल्याएर भ्याङ

हालेका छन्। खुट्टाले माटोढुङ्गा छुनै नपाई र कति बेरमा कति उकालो काटियो पत्तै नपाई तपाईं आनसान पहाडको एकातिरको टाकुरा पुग्न सक्नुहुन्छ।

नदी झरिरहेको देख्नुभएन भने तपाईं फेरि मञ्जुल सम्झिन सक्नुहुन्छ– *कुनैकुनै पहाडसँग, रुने नदीहरू हुँदैनन्।*

काठैकाठको मचान उभ्याएको ठाउँबाट आँखालाई दूरबिन पार्दा शान्त सोल लमतन्न सुस्ताइरहेको छ। चारैतिर उस्तै थुम्काहरू। ससाना उपत्यका। अलि पर महानगररूपी अनन्त महासागर। पहाडको जालोले जेलिएको आकाश हराउँदै गएको दिशामा आँखालाई आनन्द दिने उज्याला काठे बाटाहरू।

बस्तीहरू भनेका उठ्तीहरू। आकाश छुने होड गर्दै जग्याकजुरुक उठेका बसोबास घरहरू। पेनड्राइभझैँ चुच्चिएका भवनहरू।

सोल जता हेरे पनि तपाईं उस्तै देख्न सक्नुहुन्छ। सहर जता पुगे पनि उस्तै लाग्न सक्छ। पुराना संरचनाले बरु कोरियाको इतिहासको काया राखिरहेका छन्; नयाँले कल्प नै गरिदिएका छन्। यस्तै बेला तपाईं सोच्न सक्नुहुन्छ, प्रकृति भनेको विविधता हो भने विकास एकरूपता।

सोलमा समेत विकास र विविधताको सायद ग्याङठ्याङ मिलेको छैन भन्ने तपाईं सोच्नुहुन्छ भने हमेसा मेरो हेराइको हंस समान पाउनुहुनेछ।

आँखालाई चारै दिशामा कावा खुवाईवरी मचानमै फर्काएँ। बारमा एउटा खुट्टा उचालेर आफ्नो तन्दुरुस्ती बढाइरहेका एक जना सज्जनले कतिखेर खुट्टा भुइँमा झार्लान्; पर्खिरहेँ। केही बेरमा उनले खुट्टा त झारे, लगत्तै अर्को खुट्टा उचालेर आफ्नो काँधको उचाइको बारमा फेरि झुन्ड्याउन थाले।

मैले उनलाई नहेरेको स्वाङ पार्न तल सहरतिरै आँखाले फेरि कित्ताकाट गर्नुपर्ने भयो ।

नसा फुलाउँदै शरीरभरि रक्तसञ्चार प्रणाली ठीकठाक पारेर खुट्टा झारेपछि सुगठित शरीरका सज्जनले बोतलबाट पानी पिए। कानेटोपी लगाए। मन्त्र जपे झैँ केही भट्टयाए। सायद आफैँसँग केही खुसामद गरे। वा अघि तन्दुरुस्ती आर्जिउन्जेल घाँटीमा अड्किएका शब्दहरू निकाले।

मैले नजिकै पुगेर कानमा फुसफुसाएँ। उनले केही भन्नुअगावै मैले क्यामराको बटन खोलीवरी आफ्नो मोबाइल उनको हातमा थमाइदिएँ।

उनी हाँसेनन्, बरु उनले फ्रेम गरिसकेपछि आफ्नै मोबाइलभित्रको क्यामराभित्र सजिन मैले दाँत खोलेर गाला तन्काएँ।

फोटो खिच्दा गाला तन्काउनुपर्ने कारण के हो, मैले बुझेको छैन।

फोटामा मानिस किन हँसिलो देखिन चाहन्छ? किन ऊ आफूलाई साबिक देखाउन चाहँदैन? किन अरूलाई ढाँट्न खोज्छ? यो फेक हो। यही कारण होइन र संसारमा आज फेक न्युजको बिगबिगी? हँ, किम? हँ, ली? हँ, शिवा रिउ? लौ, एउटा कविता ग्याप्प लेखिदिनू मेरो फेक मुस्कानबारे। म फेसबुकमा केही राख्न सकूँ।

मुस्कान व्यक्तिको सबभन्दा ठूलो आकर्षण मानिन्छ तर त्यो फेक हो भनेर फ्याट्ट नभनिहाल्नू। जनसङ्ख्याका हिसाबले फेसबुक संसारको सबभन्दा ठूलो शक्तिशाली देश हो।

त्यसरी गाला तन्काएको फोटो आनसान चढाइको प्रमाणस्वरूप मैले लीसामु पेस गर्नुपर्नेछ। उनले सोधिन् भने म मञ्जुलकै हरफ सापटी लिएर भन्नेछु– *लेकलाई अँगालो हालेर, रोइरहन्छ कुहिरो।*

'नेपाली पहाड पनि यस्तै होलान्, होइन र?' भनेर लीले सोध्लिन्; मैले मञ्जुल कण्ठ पार्नु छ।

पहाडको छातीमा कति घाउहरू छन्

कति चिरा छन्, कति आँसुका दहहरू छन्

दिनभरि मात्र होइन रातरातभरि
नसुतेर रोइरहने
पानीका मूलहरूलाई गने हुन्छ ।

उकालो चढ्नु भनेको ओरालो झर्नु । ओरालो झर्नु, शरीरलाई हुत्तिनबाट जोगाउनु । झर्नु छ भने आखिर किन चढ्नु भनेर लीले सोध्न सक्नेछिन्, 'हँ, मिस्टर वाग्ले ?'

मैले भन्न सक्नेछु कि छैन, ओरालो झर्ने अवसर उकालो चढेपछि मात्र पाउन सकिन्छ, 'मिस ली ।'

जर्ज मेलोरीले कसैले नचढेको सगरमाथा सक्छु कि भन्दै तेस्रोपल्ट पनि ताके । किन घरीघरी माउन्ट एभरेस्टमा जोखिम मोल्न चाहनुहुन्छ, हँ, मिस्टर मेलोरी भनेर जमानाका आँटिला पत्रकारले सोधे ।

उनले भने, 'किनभने त्यो त्यहाँ छ ।'

त्यो त्यहीँ थियो तर त्यसपल्ट उनी सगरमाथाको तिब्बततिरको पाखामा पछारिए । उठ्न सकेनन् । उनको शव हिउँमा सुतिरह्यो ।

उनले शिखर चुम्न भ्याए कि भ्याएनन् भन्ने रहस्यको खोजबिन निकैपल्ट चल्यो ।

एडमन्ड हिलारीलाई हामीले सोध्यौँ– तपाईंभन्दा दुई दशकअघि नै मेलोरीले चढेको केही गरी प्रमाणित भयो भने तपाईंलाई कस्तो लाग्ला ?

कस्तो लाग्ला, हँ, मिस्टर हिलारी ?

'त्यसो भयो भने पनि ठीकै छ,' उनले भने ।

'हजुर ?' हामीले घोइरा कान थाप्यौँ ।

'शिखरबाट झर्न सफल पहिलो आरोहीका रूपमा तेन्जिङ र मेरो कीर्तिमान त तोडिँदैन नि !' उनले भने ।

'हजुर ?' हामीले हत्तपत्त बुझेनौँ।

उनले भने, 'आरोहण भनेको अवतरण पनि हो। आधा काम सफलतापूर्वक ओर्लिनु।'

ओरालो भनेको आधा आरोहण। ओरालो पनि अवसर। त्यस्तो अवसर उकालोको कमाइबाट हासिल गर्न सकिन्छ। एकोहोरो ओरालो कसैको जिन्दगीमा एक हातले लेखिएको हुँदैन।

उकालो देखिन्छ; ओरालो भोगिन्छ।

कोही किन कसैले नसोचेका अनकन्टार ठाउँ पुग्न मरिहत्ते गर्छ ? एकान्त पहाड चढ्न किन चाहन्छ ? अझ डरमर्दा ठाउँहरूको जोखिम मोल्न एक्लै किन उद्धत हुन्छ ?

अध्येताहरू भन्छन्– मानिस आफ्नो जीवत्वको अतिरेक महसुस गर्न चाहन्छ। त्यसबाट शारीरिक आनन्द मात्र होइन, आत्मिक सन्तुष्टि प्रवर्धन हुन्छ।

आत्मिक आनन्द प्रवर्धन गरे आध्यात्मिक ऊर्जा आउँछ भन्छन्। म दार्शनिकहरूलाई बुझ्दिनँ। लेखकहरू के भन्छन् ? आनसान आडको छिमेकी पहाडको छायामा हुर्केका एक जना कविका कुरा पढ्छु।

फेरि जन्मिन म सक्नेछैन

मुटु शुष्क हुन लागेको बेला

म आफ्नो शान्त घर छाड्छु

र, माथि पहाडतिर लम्किन्छु।

कुनाकसान पहाडबाट फर्केको दिन

अहिले त बेनामी सानो थुम्का

त्यो घर र त्यो गाउँमा

म फेरि जन्मिनेछु।

सानो छँदा पिलन्धरे किम क्वाङ-क्यु बिरामी परेछन्। पहाड चढ्न नसके पनि त्यसकै ओभ्रेलमा हुर्किंदा घरीघरी टुप्पातिर आँखा लाउँथे रे! पहाडलाई कुहिरोले ढाक्दा नजाने के कारण हो उदास भइरहन्थे।

त्यस्तैमा, इतिहासको एउटा अर्को अँध्यारो अध्याय आयो।

कोरियाली युद्ध सुरु भयो; उनी सोल छाडेर दक्षिणतिर भाग्न सकेनन्। उत्तर कोरियाली जनसेनाको नियन्त्रणकाल बेहोर्न बाध्य भए।

रक्तपात, आतङ्क र भोकमरीजन्य भयानक मानव त्रासदी।

तीन वर्ष लामो वर्षाकालपछि शरद् यामको एक दिन राष्ट्रसङ्घीय युद्धपोतहरूले आकाश सुरक्षित गरी तिनै पहाडमा राखिएका विमानभेदी उत्तर कोरियाली संरचना ध्वस्त पारे।

त्यहीताक उनले आफ्नो घरबाट पहाड हेर्ने कोठा त्यस्तै एउटा हवाई कम्पनबाट भताङभुतुङ भयो। दक्षिण कोरियाले उत्तर कोरियाली सेना धपाएर आफ्नो स्वतन्त्रता पुनः आर्जन गऱ्यो। उनले स्वास्थ्यलाभ गरे।

कविता कोर्न थाले।

हिजोआज उनको बूढो शरीर यतै पहाडतिरको तन्नेरी यात्रा गरिरहन्छ।

किमका लागि पहाड उनको हुर्काइको स्नेही सम्झना हो; कोरियाली इतिहासको घर्षणछाया हो।

बाल्यकाल एउटा पहाडको छायामा, किशोरकाल नजिकै अर्को पहाडको ओभ्रेलमा, युवाकाल अलि पर अर्को पहाडमुनि गर्दागर्दै जीवनभरि पहाडसँगै हुर्किएका उनले लेखेका छन्– स्वाभाविक हो, म पहाडका कविता लेख्छु।

पहाड उनको दैनिक भाषा।

किमको 'स्पिरिट माउन्टेन' त्यस्तै एउटा कविता हो जसबारे उनी अर्थ हाल्छन्– त्यस्तो पहाड नग्न नयनले देख्न सकिन्न; हाइकिङ बुटले टेक्न सकिन्न।

पहाड र अपहाड, यथार्थ र कल्पना, समाज र साहित्यको भिनो पर्दालाई उनी कविताले कुतकुत्याउँदै हल्लाइरहन्छन् ।

पहाडले ताते गर्दै हुर्काएका कविलाई अग्ला भवनरूपी विकासे पहाडहरूले साँच्चै दोछायामा पारिदिएका छन् ।

उनले हेर्दाहेर्दै कुनाकसान होस् कि आनसान पहाड, टेलिभिजन टावरले छोपिएको छ । बहुतले भवनहरूका भ्यालका तीरहरू उनको घरको अध्ययनकोठालाई निसाना लाउँछन् ।

धन्न, म्याग्नोलिया फूल र छिमेकी घरको सल्लाको रूखले उनलाई जोगाइदिन्छन् । उनका लागि पहाड हराएर सम्झनाको बादलमुनि टक्क बसिरहेको छ ।

कोरिया प्रायद्वीप विश्वराजनीतिको एउटा लामो प्रयोगशाला ।

दोस्रो विश्वयुद्धपछि यो देश छिमेकी जापानबाट स्वतन्त्र त भयो तर उत्तर र दक्षिण दुई फ्याक बाँडियो । विश्वका शक्तिराष्ट्रहरूको भूराजनीतिक सन्तुलन मिलाउन देशै चिरा पऱ्यो ।

उत्तरले साम्यवादी बाटो लियो, दक्षिणले पुँजीवादी । पुँजीवादी बाटो पक्रिनेबित्तिकै दक्षिण कोरियाले सोलको सहरीकरण गर्दा सहरको शोभाभन्दा जनसङ्ख्याको सुविधा हेर्न थाल्यो ।

किमका आँखैअघि सोलको मुख्य बजारले चारवटै मुख्य पहाडको पहुँच गुमायो; ससाना बस्तीले पनि रैथाने पहाडका दृश्य हेर्न नपाउने भए ।

कोरिया बहुतले भवनहरूको गणराज्य भयो भन्ने ठोकुवा उनले त्यसै गरेका हैनन् ।

रेल चढ्दा टाढैबाट देखिने पहाड, नदी र जमिन अब त कल्पना मात्र ! कोरियामा किन अग्ला भवन मात्र भनेर विदेशीले सोध्ने गर्छन् भन्दै उनी प्रश्नमाथि प्रश्न खाप्छन्; मानिसले अब सोध्ने दिन धेरै टाढा छैन– किन कोरियामा पहाडहरू छैनन् ?

'त्यही कारण म कविता लेख्छु,' उनी भन्छन् ।

यता म कविता लेख्न सक्दिनँ तर कविहरूले उभ्याउने पहाड सधैँ चढ्न चाहन्छु ।

मेरा लागि कविता अरूका कल्पनाको सङ्गीत पक्रिने ध्येय हो भने पहाड सके आफ्ना अपूर्णताहरू ढाक्ने अनुकूलता ।

पहाड उक्लाइ र ओर्लाइबाट के कमाइ हुन्छ, म केलाउन जान्दिनँ । सायद अतृप्त कुनै अज्ञात अहम्लाई सरसर्ती केही सान्त्वना मिल्छ । वा जीवत्वको अतिरेकलाई कविताको आदिम शक्तिले सुस्तरी स्पर्श गर्छ ।

कवि हुन सकेको भए मैले भन्न जान्ने थिएँ कि ? किनकि कविताले भन्न जान्दछ । जस्तो कि, चराहरू ।

चराले भन्दा त शिवा रिउले नै जानेका छन् । उनी लेख्छन्–

संसार बिर्सन

म पहाडतिर उक्लिएँ

तर पानी तल झरिरहेछ

तल संसारतिर

मानौँ केही फ्याँक्नु छ

केही हुर्‍याउनु नै पर्नेछ भनेजसरी

म एक्लै पहाडतिर गइरहेछु

केही भर्नुपर्ने झैँ गरी

कुनै रित्तो भाँडो भर्नैपर्ने छ जसरी

तर पानी तल झरिरहन्छ

तल संसारतिर ... ।

उनका कविता रिक्तताका कला हुन्, तिनमा कुनै रङ हुँदैन, कुनै बास्ना हुँदैन भनी समीक्षकहरूले देखाउने गरेका छन् । चियाको स्वाद जस्तो हुन्छ, पूर्वी एसियाली चिया ।

त्यस्तै चियाको ख्यालख्याल वा चराहरूको लहैलहैमा लागेर मैले फेदी टेकेँ ।

सडकबत्ती पर्खेर व्यस्त आवागमन छिचोलेपछि सानो गल्ली पसेँ ।

गल्ली थाहा नपाउने गरी घुमाउने उकालो लाग्यो । पातहरू झरेका भए पनि खस्याकखुसुक टेक्न नपाएर तपाईंलाई खल्लो लाग्यो भने मलाई आफ्नै छाया ठान्नुभए हुन्छ ।

मञ्जुलले नै लेखेका हुन्–

म सधैँ हातमा कपी र कलम लिएर हिँड्छु

किनकि मलाई मेरो छाया

सधैँ आफूजस्तै देखिएको राम्रो लाग्छ ।

पात नछोई जङ्गल कुनै यात्रा होइन । फूल नचिमोटी बगैँचा कुनै डुलाइ होइन । प्रेम नगरी हुर्काइ कुनै जीवन होइन । सङ्घर्ष नगरी बढाइ कुनै बुझाइ होइन । त्याग नगरी सिकाइ कुनै भोगाइ होइन ।

यस्तै-उस्तै तरङ्गसाथ मन भरङ्ग पार्न नपाई एउटा सहरी थुम्को उक्लिएँ । थाहै नपाई काठे बाटो फेरि एकलासतिर झर्‍यो ।

गल्ली शान्त छ भने त्यो पुरानो बस्ती हो भन्ने तपाईं बुझ्न सक्नुहुन्छ ।

पुरानो बस्ती नयाँ सुविधासहित शान्त छ भने त्यहाँ सम्भ्रान्तहरू हुनेछन् । कुकुरहरू भुक्दैनन्; बिरालाहरू मात्र कताकति बाटो काटिरहेका हुन्छन् ।

बिरालोले दूध चोरेको छ भने तपाईं जुँगा लतपतिएको देख्नुहुन्छ। तर त्यस्तै मेजमान बिरालो खोज्न लाग्नुभयो भने फयल हुनुहुनेछ।

यहाँका भान्सामा उम्लेको दूध छोपिहाल्छन् कि ? जस्तो– यहाँ गल्लीमै हिँड्दा पनि मनमौजी बन्नुभयो भने तपाईंको पछाडि गाडीले हर्न नबजाई बिराली पाङ्ग्रा रोकिरहेको हुनेछ।

किनारा लाग्नुहोस्।

आवतजावत, चहलपहल कम हुनु भनेको भित्ताको कान नहुनु होइन। गल्ली पनि कति सुनसान छ भने आफ्नै जुत्ता बजेको तपाईं सुन्न सक्नुहुन्छ।

म ढिलो हिँड्दिनँ किनभने मलाई जाडोमा लुगलुग काँप्नु छैन।

धनीमानीहरू बसोबास गर्ने क्षेत्रमा होहल्ला हुँदैन। के उनीहरू बढी सुखी हुन्छन् ? कि उनीहरूको खुसी घरका भित्ताहरूभित्र नियमबद्ध हुन्छ ?

खुसी पनि नियमबद्ध हुने आवासीय क्षेत्रको गल्लीमै घरपिच्छे हलुवाबेदले चराहरू पर्खिरहेको छ।

होहल्ला गर्ने अधिकार चराहरूले मात्र पाएका छन्। कि पुतलीले, कि भमरा कि खल्तीबाट हात निकाल्दा बज्ने ज्याकेटले।

खैराँते थुम्काथुम्कीको कुनै भीरलाई पनि अक्कर पर्न नदिई सर्लक्क बसालिएको बस्तीबीच तपाईं अर्थोक पनि पत्ता लगाउन सक्नुहुन्छ। जस्तो कि, लेखन शिविरबाट निस्कनेबित्तिकै जुन गल्लीतिर घुस्रिए पनि कतै न कतै निस्कन सकिन्छ।

जुन गल्ली गए पनि आनसान पहाडतिरको उकालो सोफ्लिन्छ। सोफ्लै सोफ्लिने होइन। तर त्यसले तपाईंलाई उचालेरै छाड्छ; तपाईं अल्छी मानेर सहरी सुविधामा अलमस्त पर्दै पछारिनुभयो भने मात्रै अलमलिनुहुनेछ। त्यस्तो बेला तपाईंले मञ्जुलका कविता पल्टाए हुन्छ–

म मानिसलाई

बादलको बीचबाट देखिने आकाशजस्तै हेर्न चाहन्छु।

वरपरका शान्त गोप्य गल्लीहरू छापा मारेपछि योन्ही निवास परिसरको गेटमा झुल्किँदा तपाईंसँग तलिम खुसी हुनेछ।

उसले तपाईंलाई खोज्न आउनुपरेन।

कोरियाली पसिना पखाल्दै नेपाली ज्यान नुहाईधुवाई दाह्री खौरेर चट्ट परेँ।

घाम निखिँदै गएको छ। हावाको वेग कस्सिन थालेको छ। परिसरका सल्लाका सयभन्दा बढी रूखका ससाना पात हल्लिरहेका छन्।

ठीक एक सय दसवटा सल्लाका रूख गनेर राखेका छन्। कुनै कारण छ कि? नत्र किन ठीक एक सय दसवटै?

विकसित समाजमा अङ्कहरू ज्यादै महत्त्वपूर्ण हुन्छन्। कोरियालीहरू गणितमा निपुण छन्। थुम्काहरूलाई स्नेहपूर्वक थपथप्याउँदै स्याहार्छन् र रूखहरूलाई अङ्क मिलाएर सजाईवरी उभ्याउँछन्।

एकै ठाउँ धेरै बेर उभिए चराहरूले चुच्चो तल पार्दै सोधपुछ गर्न सक्नेछन्।

लीले दल्ने मल्हम कता पाइन्छ, खोज्दै बाहिर सडक निस्केर आसपासकै एक बित्ताको मात्र ढोका भएको सानो स्टोर गएँ। विन्डक्रिम र लिपस्टिक किनेर हात र ओठ चिप्ल्याउँदै तलिमछेउ फर्किएँ।

उसले बुच्चे पुच्छर हल्लाउँदै मलाई हेऱ्यो र सह्रायो। मैले हेर्दाहेर्दै ऊ भित्र कोठातिर फर्कियो।

साँझ डिनरका लागि म एक्लै त्यही रेस्टुरेन्ट जानु छ जहाँ मेरा लागि खाना पाकिरहेको छ। केही बेर यताउता रल्लिएपछि दिउँसो आफू चढेर फर्केको आनसान पहाडतिर मुन्टो बटारेँ।

टाकुरामा घाम ढलेपछि म कोठा बन्द गरेर निस्किएँ।

'तँलाई तलिम!' मैले दुवै हात फिँजाउँदै इसारा गरेँ। उसले पुच्छर हल्लायो।

सहरका कल्याङमल्याङ गल्लीहरूभन्दा पनि तिनका कुनाले मलाई सजिलै ठेलिदिन्छन् ।

युवकयुवतीका कसिला जोडीहरूतिर ईर्ष्यालु आँखा लाउन थाल्दा म जहिले पनि बाटो भुल्छु । मैले उनीहरूलाई पछ्याउने त होइन तर तिनका चपल चालले मलाई चुम्बककैँ तान्ने गर्छन् । तिनीहरूले थाहा नपाउने गरी म आँखा कर्के पार्दै हिँड्ने गर्छु ।

सुनसान भए पनि गल्ली गतिमान छ भन्ने थाहा पाउन तपाईं आफ्नै जुत्तालाई सुन्न सक्नुहुन्छ ।

जानुपर्ने रेस्टुरेन्टको गल्ली सुरुमै कतै बदलिइसकेको बिस्तारै चाल पाउँदै हुनुहुन्छ भने तपाईं मलाई पछ्याउँदै हुनुहुन्छ ।

यता घुम्यो उता पुग्यो । अब मलाई लाग्दै गयो– त्यो रेस्टुरेन्ट फेरि कतै अँध्यारोमा हरायो । बहुतले भवनहरूको गणराज्यमा गल्लीहरू अँध्यारोभित्र लुकिरहेका हुन्छन् ।

भन्छन् नि, गल्ली गल्ती हुँदैन, यात्रा मात्र अप्रत्याशित हुने हो ।

मोबाइल हेर्छु– आठ बजिसकेको छ । रेस्टुरेन्ट तपाईं एक जनालाई कुर्दै बसिरहेको हुँदैन ।

भान्सा कुराउनु हुँदैन ।

तर ती दिदी वा बहिनीलाई के थाहा, नेपाली पुरुषहरू कसरी भान्सा कुराउँछन् ! बल्लबल्ल पुगेर आफैँ हत्तपत्त खान्छन् र भान्सेको भागमा केही बचेको भए 'खाऊ अब' भन्दै लाड गरेको स्वाङ पार्छन् ।

एउटै गल्ली तीनचारतिरबाट तीनचारपल्ट घुम्दा पनि मेलो नसरेपछि म कसैलाई सोध्न खोज्छु ।

भरसक अङ्ग्रेजी बोल्ने कुनै युवती आफ्नो अगाडि सहयोगका लागि तत्पर होओस् अनि म डिनर अफर गरूँ । यस्तै परिवेशमा सोचिने हो– कसैसँग बाहुला क्रस पार्दै न्यानो हिँड्न पाइयोस् । लठारिँदै, खुसखुस गर्दै,

लिपस्टिकको बास्ना साट्दै हिँड्दा बरु गल्ली कहिल्यै नटुङ्गियोस् ।

त्यस्तो पनि त हुन सक्छ ! नहुन पनि सक्दो रहेछ ।

आन्यौङहासेयो भनेर मात्र पुग्थेन । बाँकी प्रश्न मलाई कोरियालीमा गर्न आएको भए गल्लीभरिको टापटिपे हिरो टोपलिने थिएँ ।

अङ्ग्रेजी बुझ्ने अनुहार खुट्ट्याउन थाल्छु । सिउसिउ गर्दै डाउन ज्याकेटमा हात हाल्दै हिँडेका मानिसलाई रोकेर सोध्ने आँटको अभाव महसुस गर्दै जान्छु । यस्तै बेला साँझ झन् छिटो छिप्पिँदै जान्छ भनेर घडी हेर्न खोज्नुभयो भने तपाईंको हातका रौँ ठाडो भइसकेका हुनेछन् ।

एउटा कुनोमा एउटा रेस्टुरेन्टबाहिर तीन जना तन्नेरी चुरोट तान्दै उभिएका थिए । मेरो विनयी छाया अघि सरेको आभास पाएर एक जना मतिर ढल्किए । मैले कार्ड देखाएँ ।

यो ठाउँ कता होला ? केही सहयोग गर्न सक्नुहुन्छ कि ?

उनले मेरो हातको सानो चिप्लो कार्ड थपक्क आफ्नो हातमा सारेर ओल्टाईपल्टाई हेरे । उनले आँखामै ठोस्न कैँ गरी नजिक पुऱ्याए । उनका साथीले मोबाइल बालेर सघाए ।

कार्डमा त ठेगानै पो लेखिएको छैन !

रेस्टुरेन्टको फोन नम्बर भने छ र ठेगाना चाहिँ इन्स्टाग्रामको । मैले बुझेको छैन, इन्स्टाग्राममा किन खानपिन धेरै लोकप्रिय छ ?

ती सज्जनले डाउन ज्याकेटभित्रको न्यानो खल्तीबाट मोबाइल निकालेर फोन गरे ।

चुरोट सल्काइरहेको हात नै चलाएर आन्यौङहासेयो भन्दै कुरा गरे जतिखेर उनको चुरोट ओठमा थियो ।

मैले बुझेको छैन, किन मानिसले केही बोल्दा हातको पाउर लाउँछ । हातले बोल्ने होइन ।

अर्केस्ट्रा निर्देश गर्न उभिईउभिई छडी हल्लाउने कन्डक्टरझैँ हात वा औँला हल्लिएपछि शब्दहरू फरररर झर्छन्। औँला र शब्दमा केही न केही सम्बन्ध छ।

बेला न कुबेला मेरो ध्यान अरूका औँलातिर रनभुल्ल पर्छ र म सिन्के धूप सल्किए झैँ जवाफ पर्खिरहन्छु। उतापट्टि जवाफ दिने सायद तिनै दिदी वा बहिनी थिइन् जसलाई मैले भान्सा कुराइरहेको थिएँ।

फोन राखेर ती सज्जनले मलाई अर्को गल्ली छिचोलेर जाने जुन दिशा प्रदान गरे, मैले निर्विकल्प त्यही शिरोपर गरेँ।

अर्को पन्ध्र मिनेट एउटा कुनाबाट अर्को कुनामा गुहेकीराझैँ भुनभुनाउनु मात्र भयो। जति भुनभुनाए पनि केही न केही उपाय किन नलागोस् ?

'उपाय' कति प्रिय शब्द हो, म ख्याल गर्छु। चाहनाको बल छ भने उपाय तपाईंको शरीरमा उपियाँझैँ झुन्डिरहेको हुनेछ।

मेरो उपायका रूपमा सडकमाझ ट्राफिक प्रहरीझैँ उभिएका कुनै ठूलो सपिङ मलका सुरक्षागार्ड हाजिर भए।

पेट्रोम्याक्सझैँ झलल्ल बल्ने लाइट हातमा लिएर उनी मलबाट निस्कने गाडीलाई दिशानिर्देश गर्दै थिए।

दायाँ हातले लाइट बालेर मैले दिएको बिजनेस कार्ड उनले दुईपल्ट पढे। उनले पनि डाउन ज्याकेटको न्यानो खल्तीबाट मोबाइल निकाले। डायल गरे। आँखा उचालेर घरी पूर्व हेरे, घरी दक्षिण।

भाषाभन्दा पहिला मानिसले भङ्गिमा विकास गरेको हो।

उताबाट केही सङ्केत आएपछि उनले मलाई च्याप्प समातेर त्यहीँ उभिन अर्थ्याए। म डेग नचली बिजुलीको पोलझैँ उभिएँ।

आफू कहाँ उभिएको छु, पत्ता लगाउन म चारै दिशा फर्किएँ। आनसान पहाड कता पर्छ ? कुन दिशामा ?

रात ढलिकएको छ भने आकाश छुसी बन्छ र तपाईंलाई दिशानिर्देश गर्ने आकार हराउँछ ।

सुरक्षागार्डलाई हेरैं– रेस्टुरेन्ट नै रेस्टुरेन्ट भएका गल्ली नै गल्ली जेलिएको चोकको राजाझैं उनी हातको लाइटले गाडीहरूलाई शाही खटनपटन चलाउँदै थिए ।

सुरक्षागार्डको आडमा उभिएको केही बेरमा एउटी महिला गल्लीको कुनातिर जूनकीरीझैं मलिनो देखा परिन् ।

पूर्णिमाको रातमा जूनकीरी उड्दैनन्; त्यसका लागि निष्पट्ट औँसी चाहिन्छ ।

जब उनी नजिक आइपुगिन्, मैले ठ्याक्कै चिनैं । उनलाई कसिलो अँगालो हाल्ने सुर कसैं । तर उनी अलि परबाटै निहुरिँदै आइन् र उल्टै मसँग क्षमा मागिन् ।

कहिलेकाहीँ आफूले सरी भन्न नपाउँदा तपाईं कति थैया मान्नुहुन्छ, मलाई थाहा छैन ।

उनको हस्याङफस्याङले हाम्रो भान्सा दुई सय मिटर पर मात्र हो भन्ने लाग्न दिएन । म अघि सर्न खोज्दा जूनकीरी नै अघि बत्तिइन् ।

उनी मेरो अघिअघि केके भन्दै फतफताउँदै हिँडिन् । उनको गतिमा मैले चाल मिलाएँ । कोरिया युद्ध लडेर घर फर्केका दाइभाइले कस्तो सत्कार पाए, म अनुमान गर्न सक्छु ।

उनले काठको ट्रेभरि एउटा प्रिय परिकार मेरो टेबलमा सजाइन् । दिउँसो लीसँगै बसेको कुनाको टेबलमा मेरो सम्झना रङमडिरहेको थियो ।

'साँच्चै हो ?'

'ढाँट्नुपर्ने के छ र ?'

दिदीका श्रीमान्ले भित्र भान्साबाट निहुरेर मलाई हेरे । भिनाजुले सालालाई देखे । भाँडाकुँडा सरसफाइ र भान्सा पुछपाछ गर्दै गरेका उनको सेतो टोप पनि निहुरिएको थियो ।

भान्सेहरूले लगाउने सेतो टोप त्यति लाम्चो किन हुन्छ, मैले बुझेको छैन ।

तातो चियापछि अगडमबगडम बटुका, त्यसपछि प्लेटमा मासुको परिकार र निख्लो भात ।

तपाईं त्यस्तो भोकमा हातैले दन्काइदिन सक्नुहुन्छ तर नजाने कति बेला मेरा औँलामा बाँसका जोडी सुइरा घुस्रिसकेका थिए । उनीहरूले सुइरा किन विकास गरे, मैले बुझेको छैन । के उनीहरू औँला चलाउन जान्थेनन् ?

वा हामीतिर किन औँला चलाउँछौँ ? के हाम्रा पुर्खाले घरपछाडि बाँसघारी देखेका थिएनन् ?

बाँस हुर्किनु, निहुरिनु । ठूला मानिस निहुरिनुपर्छ भन्छन् तर हाम्रातिर किन सधैँ साना नै निहुरिन्छन् ?

'खासमा, मैले आनसान पहाड चढेकै दिशा पत्ता लगाउन,' मैले भनें ।

बाफ उडिरहेको सुपले मेरो चिसोको सातो फर्काइसकेपछि उनी निहुरिँदै मलाई सुन्न आएकी थिइन् ।

'त्यो पहाड ?'

'पहाड चढ्न सजिलो,' मैले भनें, 'गल्ली पहिल्याउन गाह्रो ।'

'यहाँको गल्ली नै उस्तै,' उनले भनिन् ।

'गल्ती मेरै हो ।'

'तपाईंको गल्ती होइन,' उनले भनिन् ।

मैले हाँस्दै सच्याएँ, 'सिकाइ ।'

उनको ठाउँमा ली भएकी भए हामीले दायाँ हात उचालेर हाई फाइभ गर्ने थियौं ।

हलुवाबेदका सुकेका चानाको मिठाई सिन्काले उन्दै पेट शान्त पारेँ। उठ्न लाग्दा उनले सोधिन्, 'अब त बाटो भुल्नुहुन्न ?'

'गल्लीमा गल्ती हजार, सिस्टर,' मैले भनेँ।

उनले झुकेर अभिवादनसहित बिदा गर्न ढोका खोलिदिइन्। भनिन्, 'अर्कोपल्ट आउन नभुल्नू नि !'

लमकलमक रातको गल्लीमा आफ्नै जुत्ताको आवाज सुन्दै योन्ही आर्ट स्पेसको गेट पुग्दा तलिम पुच्छर हल्लाउन हाजिर भइसकेको थियो।

उसको पछाडि कोही उभिएको आकार थियो। त्यो तपाईं हो कि ?

उकालोको थुम्काको आखिरी फेरो मारेँ। कोरियाली लेखकहरू भूमिगत भइसकेका थिए, चराहरू रूखगत। फगत म फेरि तथागत।

चार अङ्कको पासवर्ड सम्झेर मोबाइल आकारको ढोकाको साँचो खोलेँ। जुत्ता फुकालेर घर्रामा घुसाएँ, तुनारूपी मकैका जुँगा असरल्लै छाडिदिएँ। अरू लेखक आइपुगेका भए पक्कै केही हलचल भइसक्ने थियो। उनीहरू मखमली दरी आकारको ब्ल्याङ्केटभित्र लुटपुटिइरहन यात्रा अझै लम्याउँदै छन्।

तपाईंले नै हो कि म आइपुगेँ भनेर हल्ला गर्न चराहरू बास बसेका हाँगा हल्लाइदिएको ?

तपाईंसँग फेरि पनि मेरो कुनै गुनासो छैन। सिङ्गो निवासमा एक्लै घुस्रिँदा म जति चिच्याए पनि चराले धोद्रे स्वर पारे झैँ सुनिनेछ।

तातोपानी स्वार्रर एउटा कपमा हालेर कफी घोट्दै भित्र आफ्नो कोठामा लगेँ। लखतरान ज्यानमा फुर्ती भर्न वाइफाई अन गरेँ।

लीले खाना खानुभयो भन्ने जरुरी महत्त्वको निजी सन्देश पठाइसकेकी रहिछन् ।

'साँच्चै हो ?' उनले सोधिन् ।

'ढाँट्नुपर्ने के छ र ?' भन्दै मैले गुडनाइट गरेँ ।

कोरियामा मेरो कोही त छ ! कि त्यही आठपहरिया तलिम छ जो जतिपल्ट भित्रबाहिर गरे पनि पुच्छर हल्लाइरहन्छ । कि कोठाबाहिरका चराहरू छन् जो रातमा पनि निदाउन नसकी चँचुँचिँ गर्दै सायद मलाई नै केही सोधिरहेका छन् ।

अर्को जन्ममा मलाई चराहरूको आवाज पढ्न सक्ने बनाइदिनू ।

तिनका रिस, राग, जोस, आक्रोश, वेदना, चैन, हाँसो, आँसु, ठट्टा, व्यङ्ग्य, सम्झना र प्रेम । प्रसव होस् कि प्रलाप ।

तिनका सप्पै आवाजलाई आफ्ना शब्दमा ढाल्न सकूँ । हरेक शब्द विन्यास गर्दै अक्सफोर्ड डिक्सनरीमा भर्न सकूँ । कि कविता लेख्न ।

एकएक शब्द फारु गर्न सकूँ । शब्दको ढिके मोहर मात्र होइन, मसिना सुका पनि जोडेर क्यालकुलेटरमा रुपैयाँ बनाउन सकूँ । वन, रियाल, पाउन्ड, डलरमा कन्भर्ट गर्ने एप पनि ।

मसिना सुकाहरू असिनाका साना डल्लाझैँ खल्तीमै हराउँछन् जसरी तपाईंले अघि भर्खर गुनगुनाएका शब्दहरू ।

शब्द खेर नफाल्ने कुनै बचतखाता छ भने मलाई त्यसको चिप्लो डिपोजिट कार्ड बनाइदिनू; जहाँ जाऊँ, घोट्न सकूँ ।

भोलि उठी कहाँ जाने थाहा भएन भने मकैका जुँगा तन्द्रचाङतुन्द्रुङ पार्ने जुत्तालाई सोधे हुन्छ ।

मुलायम सिरकको मेजमानीमा हुनुहुन्छ भने मनमौजी ज्यानलाई कुनै

प्रियको ख्याल हुन सक्छ । मैले ख्यालख्यालमा भनेको होइन ।

लेख्न सक्नुहुन्छ– म तिमीलाई जति सम्झिन खोजिरहेको हुन्छु, तिमीलाई कति बिर्सिसकेको रहेछु, थाहा हुँदै जान्छ ।

तपाईंले लेखेर सेन्ड थिच्नुभयो र उताबाट रिसिभ भएको सङ्केत पाउनुभयो भने रातभरि पर्खिरहनुहुनेछ । माइन्ड नगर्नू । ताराहरूले हेरिरहेका हुन सक्छन् ।

उताबाट बिहानीपख मात्र जवाफ आउन सक्नेछ– थाहा जहिल्यै अथाह हुन्छ, प्रिय !

८

कविता कोही कागजमा लेख्छन्

कोही लेख्छन् मानिसका हृदयमा

कोही लेख्छन् रित्तो आकाशमा

म कविता लेख्छु

डिसेम्बर हिउँमा

जब हिउँ पग्लिन्छ

कविता बिलाउँछ ।

शिवा रिउलाई भेट्नु छ । उनी कसरी हिउँ पगालेर कविताको प्रकाश पार्छन्, थाहा पाउनु छ । उनी कतै बसेर लेखिरहेका छैनन् भने यात्राको आराधनामा हुन सक्छन् ।

आराधना उनकी प्रेमिकाको नाम होइन । न श्रीमतीको न पूर्वप्रेमिकाको न पहिलो एकोहोरो प्रेम परेकी सहपाठीको ।

कोरियाली नाम त्यस्तो हुँदैन । त्यसो त उनी दक्षिण एसियातिर आउजाउ गर्छन्, वा दक्षिणपूर्वी एसियातिर, तर मलाई उनको निजी जीवनबारे थाहा छैन ।

कविहरूको जीवन निजी हुन्छ र पनि हामी पाठकका निजी दिनचर्याको

चियोचर्चो गर्ने गर्छन् । हामीलाई चुस्स छोइदिन्छन्; चसक्क पारिदिन्छन् । हामी चलमलाउन खोज्दा उनीहरू अर्को कविताको ध्यानमा लागिसकेका हुन्छन् ।

कविको मनमा नयाँ कविता खेलिरहेको हुन्छ जसरी तपाईं यतिखेर नयाँ शब्द के फुर्छ भन्नेमा व्यग्र हुनुहुन्छ ।

राति पढ्दै हुनुहुन्छ भने घरलाई अँध्यारो बनाएर टेबलल्याम्प बाल्नुहोला । वा लाल्टिन वा मैनबत्ती ।

मैन पग्लेर तपाईंलाई उज्यालो दिइरहेको हुन्छ; लाल्टिनले गन्हाउने मट्टीतेल फुर्मास गर्छ र बिजुली हो भने बाँधिएको नदी छङछङाउँदै तपाईंको टेबलमा फलमल्ल पानी बलिरहेको हुन्छ ।

अब लोडसेडिङ हुँदैन । लोडसेडिङ बन्द हुनु कविहरूका लागि चुनौती हो । जुन काम कविहरू गर्थे, बिजुलीले चौबीसै घण्टा फत्ते गर्छ ।

मेरो मनको वेगलाई पनि मैले विचारको सुरुङमार्फत तपाईंको टेबलमा थपक्क पन्ना पल्टाएर बसेको किताबसम्म तपतप झारिरहेको छु ।

तपाईंले हेर्न जान्नुभएन भने बाटुला अक्षरहरू देखिनेछैनन्; पन्ना बिटुलिएर खाली बस्नेछ । तपाईं हेर्ने निर्णय गर्न सक्नुहुन्छ; देख्ने निर्णय गर्न सक्नुहुन्न । अक्षरहरू चित्त बुझेनन् भने तपाईं इरेजर चलाउन सक्नुहुन्न ।

इरेजर छोराछोरीका पेन्सिल बक्समै फर्काउनुहोस् । तपाईंले पढेका अक्षरहरूमा टिपेक्स दलेर उनीहरूले आफ्नै कथा लेख्नेछन् ।

स्कुल बसको पाङ्ग्रा खाल्डामा जाकिँदा उनीहरूको टाउकामा कस्तरी टुटुल्को उठेको थियो ! मेलम्चीका पाइप सडकभित्र घुसाउँदा कतिपल्ट सडक उध्रेको थियो; पुरिएको थियो; छारो उडेको थियो; धूवाँको मण्डल बनेको थियो !

अगाडिको थोत्रो बस वा ट्र्याक्टर वा ट्रक वा टिपर वा डम्फरले कसरी कालो मुस्लोको मिसाइल स्कुल बसका खुला झ्यालहरूभित्र प्रहार गरेको थियो !

पहिल्यै लेखेर योजना दिन पाएको भए उनीहरूले सबभन्दा पहिला काठमाडौंमा पाइप बिछ्याउन लगाउँथे। त्यसपछि तपाईं सुरुङ खन्नुहुन्थ्यो। ठेक्का बोल-कबोल गराउनुहुन्थ्यो।

बच्चाहरूका दृष्टिमा हामी उल्टो काम गर्छौं।

पहिल्यै काठमाडौंका सडकमा छताछुल्ल पानी बगाइदिने भाषण गर्छौं। त्यसपछि पैसा खोज्न थाल्छौं। दातासामु पसारेका हातले ल्याएका सर्तसँगै आफन्त वा चिनारु वा परिवारजन वा पार्टीजन वा पैसाजनलाई पद दिन हानथाप गर्छौं।

पानी थाप्न रित्ता गाग्राहरू लाइन लागेपछि तपाईं योजना सर्भे गराउन थाल्नुहुन्छ। भोलि पानी झर्छ, भरे झर्छको वाचा गर्नुहुन्छ।

मानौं, मेलम्ची नदी आफैं सुरुङभित्र पसेर काठमाडौंतिर सोहोरिन्छ र घरघरका खानेपानीका टुटीहरूबाट अटेसमटेस निस्कन्छ।

टुटीहरू फुट्न थाले भने घरघरै भल निस्कन्छ र सडकको मयल पखाल्दै आलु, भन्टा, काउली र ब्रोकाउलीमा मल लाग्न करेसाबारीतिर पस्छ।

त्यसो भएको भए काठमाडौंमा यति विधि जुम्राको रजगज वा रजाइँ वा राजकाज हुने थिएन।

तपाईं लोकल बस चढ्नुहोस् र बाङ्गिँदै उभिनुहोस्। यात्रुका झोला राख्ने ठाउँमा कन्डक्टर किशोरले राति बसमै सुतेर खाँदेका अनिदा सिरक-डसना छाम्नुहोस्। तपाईं आफ्नो जीउमा सिउसिउ लिखा सार्न सक्नुहुन्छ।

सरकारी कार्यालयका हाकिमको कुर्सीमा सर्लक्क बिछ्याइएको तौलियामा हात पुछ्नुहोस्; अस्पतालका शौचालय पस्नुहोस् र शल्यक्रियाकक्षमा छ महिनाको पालोपछि भर्ना गरिएकी पहाडबाट आएकी फुपू दिदीलाई भेट्नुहोस्। वा देहातबाट आएका साना मामालाई।

तपाईंले राजकीय यात्रामा जाँदा उपहार लैजाने बुद्ध प्रतिमा छोपिएको रेसमी रुमाल पनि राम्ररी टकटक्याउनुहोस्। नभए विदेशी समकक्षीले तपाईंलाई फिर्ती उपहारमा उस्तै रेसमी रुमालको पोकामा उडुस मार्ने औषधि पठाइदिनेछन्।

जुम्रा वा उडुस वा उपियाँ एउटै प्रजातिका हुन् कि होइनन्, मैले पढ्न पाएको छैन भनेर लेखिएको यो हरफ पढ्नुअघि छोराछोरीलाई सुताउन कथा हाल्नुहोस् ।

छोराछोरी जुम्रा सलबलाउने ओछ्यानमा लुपुक्क आफ्नै साना सपनाका राजकुमार वा राजकुमारीसँग लहरिन थालेपछि पन्ना सम्फिन किताबभित्र बुकमार्क राख्न नबिर्सनू ।

बुकमार्क किताबपसलले दिएको हो भने त्यहाँ आगामी किताबहरूको विज्ञापन हुनेछ । अर्को किताबले आकर्षित गर्नुअघि यसलाई भ्याइहाल्नू ।

नभए पढ्न साँचिन्छ । पढ्न साँचे आफूलाई, कतिवटा किताब पढ्ने भन्दै अलमलका औँला भाँचे अरूलाई ।

राति धेरै बेर पढ्नु, ऐकान्तिक बन्नु ।

बिहान भए पर्दा तानेर बाहिर थोरै पुतली उड्न पाउने सानो आकाश भएको बगैँचा देखिने गरी एउटा ज्यालछेउ बस्नुहोला ।

दिउँसो पढ्न म सिफारिस गर्दिनँ । तपाईंले आफ्नो कामधन्दा गर्नुपर्छ । नभए दोष ममाथि आउनेछ । तपाईंले अफिसमा स्पष्टीकरण दिनुपर्नेछ ।

साँझ परिवारसँग बसेर खाना खानू; अरूलाई सुन्नू; भान्सेको प्रशंसा गर्नू; चरेसको थाल वा चिनियाँ प्लेट जेमा खानुभएको छ, आफैँ मस्काउनू ।

छ भने त पातको टपरी उत्तम । दाल, तरकारी र अचारलाई दुना कति नै चाहिएला ? पानी खेर जाँदैन । पातका दुनाटपरी फोहरमैलालाई पठाउनुपर्दैन; आफ्नै बारीमा मिल्काइदिनुभए हुन्छ ।

छुटेका सिता चराले टिप्छन्, बाँकी लतरपतर माटाका कीराले । कमिलाहरू ढाडमा चिनीका ढिक बोकेर हिँडेको देख्नुभएको छ भने कति लामो लस्कर कहिले सकिएला, सोच्न सक्नुहुन्छ ।

कमिला कहिल्यै कलह गर्दैनन्; गर्ने भए यसरी सलह बन्न सक्ने थिएनन् । खुला मैदान देख्नासाथ खुट्टा फट्टाएर लघुशङ्का गर्ने बानी छ भने

पनि तपाईंले झरेको वर्षे पहिरोमुनि कमिलाहरूको क्याराभान रोकिँदैन ।

तपाईंलाई सुगर लागेको छ भने कमिलालाई खुदो ।

यी अक्षरले पनि ढाडमा विचारका ढिक बोकेर लस्कर लागेको अनुमान गर्नुभएको छ भने म कवि शिवा रिउको खोजीमा रहेको बुझ्न सक्नुहुन्छ ।

म उनलाई भेट्ने निर्णय गर्छु; भेटिने निर्णय गर्न सक्दिनँ ।

उनलाई भेट्न उनैले चाहनुपर्छ र उनले मलाई चाहनुको कुनै कारण छैन । उनलाई भेट्ने मेरो चाहना हिउँ पर्नुअघि सोलमा बिलाउनेछ । उनको कविताझैं ।

नयाँ ठाउँको बिहान बिरानो हुँदैन । हेर्न नपाई सम्झनामा बिलाउँछ । आलस्य माने अलमस्त भइन्छ । त्यस्तो बेला बिहान भनेको रातिको ह्याङओभर हो भनेर चित्त बुझाउनुहोला ।

मेरो खाटबाट उठ्नुभएको छ भने तपाईंका लागि यो बिहान एउटा नयाँ साँझ हो । र, कुनै पनि साँझ नयाँ बिहान ।

तपाईं बिहान उठेर बाथरुम पस्नुहुन्छ र ऐना किन हेर्नुहुन्छ, मलाई थाहा छैन । के तपाईं ठान्नुहुन्छ, अघि खाटबाट उठेको शरीर अर्कै हो ?

शरीर एउटाको, सोचाइ अर्काको पनि त हुन सक्छ !

तपाईं कुनै आकर्षक जीउडाल देखेर उसको सोचाइ कस्तो होला भन्ने सोच्नुहुन्छ । शरीरले सोचाइको आकार दिने भनेको तपाईंको सौन्दर्य चेतना हो र त्यसलाई विश्व शक्ति संरचनाको परिणाम भन्न सक्नुहुन्छ ।

त्यो संरचनाले तपाईंका आँखामा एउटा शिक्षाको अदृश्य चस्मा हालिदिएको छ ।

तपाईं कुन सुन्दर, कुन कुरूप आफैं देख्नुहुन्न । तपाईंको शिक्षाले तपाईंलाई भनिदिन्छ । तपाईं त्यही सोच्नुहुन्छ । तपाईंलाई अरूले पहिल्यै सिकाइसकेका छन् ।

मान्नुहुन्न भने सङ्घर्ष गर्नुहोस्। एक्लो हुनुहोस्। कुना पस्नुहोस्। कविता लेख्नुहोस्। कविताले तपाईंलाई एक्लिन दिँदैन।

तपाईं यतिका विधि कविता कसरी लेख्नुहुन्छ भनेर कसैले सोधे भनिदिन सक्नुहुन्छ– म त कलमले लेख्छु।

कलमले कविता लेख्ने इलम समात्नुभएको छ भने कृपया मलाई भनिदिनुहोला, तपाईंका आँखाले के हेर्छन्। म हेर्ने निर्णय गर्न सक्छु; देख्ने निर्णय गर्न सक्दिनँ।

कविका क्यामरा-आँखा किन्न पाइने भए मैले कुनै पनि पहाड चढेर त्यस्तो सोरुमको बिलबोर्ड पत्ता लगाउने थिएँ। सोलजतिको कङ्क्रिट सागरमा जतिसुकै किम्मती जङ्घार किन फड्कनु नपरोस्।

संसार एउटै हो; आँखाहरू फरक हुनाले यसलाई जति चियाए पनि सरसर्ती देखिने मात्र हो, चिनिने होइन। तपाईं देख्ने निर्णय गर्न सक्नुहुन्छ; चिन्ने निर्णय गर्न सक्नुहुन्न।

तर अब चिन्न सक्नुहुन्छ। संसार सजिलो भएको छ। विमान चढेर जहाँ पनि पुग्न सक्नुहुन्छ; जहाँ पुगेर पनि रेल चढ्न सक्नुहुन्छ। वा बस वा ट्याक्सी वा मोनोरेल। वा रिक्सा, नभए पैदल।

म:म पसल संसारभरि पुगेको छैन। न सेकुवा। न योमरी पस:। योमरी खुवाको कि खुदोको चाकूको? मुख मिठ्याउन योमरी पुन्हे पर्खिनुपर्दैन। तर सोलमा योमरी पाइँदैन न सेल न अनरसा न मालपुवा न तिलको लड्डु। न चटामरी न सादा बारा न अन्डा-बारा।

उनीहरू खाँदैनन्। उनीहरूले बनाउन जानेका छैनन्। त्यसको स्वादै पाएका छैनन्।

सोल घुम्नु, कोरियाना बन्नु। तर अब जरुरी छैन।

म्याकडोनल्ड्स, केएफसी वा स्टारबक्स वा सब वे, बर्गर किङ, डोमिनोज पिज्जा, पिज्जा हट, डन्किन डोनट्स वा बास्किन रबिन्स

नपुगेको सहर फेला पार्न तपाईंले कहिल्यै विकसित नहुने देशको भिसा पाउनुपर्छ ।

संसारभरि तपाईं एउटै कफी वा सुप वा स्यान्डविच वा बर्गर वा फ्राइज वा ड्रमस्टिकको स्वाद पाउन सक्नुहुन्छ। सोल पुग्नुहोस् वा स्विट्जरल्यान्ड वा साउदी वा स्विडेन वा साइप्रस वा सिङ्गापुर ।

तपाईंलाई एउटै पोसाक र उस्तै मुस्कान, एउटै भाषा र उस्तै भङ्गिमा, एउटै मेनु र उस्तै मूल्यले स्वागत गर्नेछन् ।

टेबल उस्तै हुनेछ, कुर्सी र नेप्किन वा त्यसमा चित्रिएको आकृति । रुम फ्रेसनर उही हुनेछ; उस्तै रुमालले सिसा पुछ्ने एउटै पोसाकधारी, आन्तरिक सजावट एउटै हुनेछ; बाहिर ढोकामा लेखिएको सङ्केतबोर्ड र बाहिर सडकबाट सर्लक्क देखिने होर्डिङबोर्ड ।

ढुक्क हुनुहोस्, तपाईंलाई नयाँ ठाउँ पुगेको तनाव हुनेछैन। तपाईंले केही सोच्नैपर्दैन। तपाईंले आफ्नो अमूल्य दिमाग खियाउनैपर्दैन ।

सहरपिच्छे तपाईंको पासवर्ड मात्र फरक हुन सक्नेछ ।

पासवर्डबाट पसिसकेपछि तपाईं कहाँ हुनुहुन्छ भन्ने चेक इन ठेगाना लेखिदिनुहोस् । जहाँ भए पनि तपाईं स्टारबक्समा हुनुहुन्छ, उही क्यापचिनो वा अमेरिकानो वा एक्सप्रेसो वा ल्याते वा पास्ता वा सलाद सेवन गर्दै हुनुहुन्छ ।

हामी ग्लोबल सिटीहरूका सिटिजनलाई संसारभरि एउटै बनाउने शाश्वत साधनाका सजावट सामग्री बन्दै छौं भन्ने तपाईं सोच्न सक्नुहुन्छ ।

विद्वान्हरू मात्र विमति राख्छन्। उनीहरू यसरी हामी सबैलाई एउटै आनीबानीको बनाउने विश्व व्यापारको विरोध गर्छन्। भन्छन्– यसरी त संसार सरल सोचाइमा सीमित हुन पुग्छ ।

संसार एउटै हुनु भनेको हरेक सहर उस्तै हुनु होइन। सहरहरू भनेका रोजाइहरूका केन्द्र हुन् भन्छन्। सहर त्यो हो जहाँ अपरिचितहरू भेटिन्छन्। तर आज हरेक थोक पूर्वपरिचित छ। वा पश्चिमसम्म परिचित ।

मानिसले सोच्नु नपर्ने, जता गयो उस्तै वा एउटै स्वाद वा दृश्य पाइने सहरहरूले खासमा छनोटको अधिकार भएका नागरिकका हक खोस्दै छन् भन्छन्। एकरूपताले मानिसलाई बोधो पार्छ। अधम बनाउँछ।

मानिसले कल्पना गर्न पाउँदैन। न जिज्ञासा बढाउन न शङ्का गर्न न प्रश्न गर्न न कुरा खेलाउन।

न्युटन किन जन्मिऊन्? आइन्स्टाइन वा हकिङ? विज्ञान जन्मेकै के खराब भयो भनेर हो, के सप्रियो भनेर होइन।

कोलम्बस वा भास्को डी गामा। हुएन सान वा मिला रेपा। उनीहरूले संसारको अर्कोपट्टि के छ, पहिल्यै थाहा पाएका भए के खोज्नु वा केको खुलदुली मच्चाउनु?

विद्वान्हरू भन्छन्– मानिसको सफलता नै उसका असफलताहरूको शृङ्खलाको सिकाइ हो। वा आर्जन वा उपार्जन। मानिसको सम्पत्ति नै उसका कल्पना वा जिज्ञासा वा खुलदुली हुन्।

वा कविता। वा कथा वा कला।

प्रश्नहरूको घेरा बढाउनु वा विकल्पहरू विस्तार गर्नुभन्दा बनिबनाउ एउटै र उस्तै समाधान तयार गर्नु तपाईंको विकासको रीत हो भने त्यो हाम्रो प्रगतिको विपरीत हो।

त्यसले हाम्रो जिब्रोलाई एउटै स्वादमा सीमित गर्छ; हाम्रा आँखालाई एउटै दृश्यमा सङ्कुचित पार्छ; हाम्रो कल्पनालाई कुँजो पार्छ। हाम्रो जिज्ञासामा बुजो लगाउँछ।

हामीलाई बुद्ध होइन, बुद्धू बनाउँछ। हाम्रो कल्पना मार्छ। 'यस्तै हो भने भोलिका चुनौती सामना गर्न हामी नसक्ने हुनेछौँ' भन्छन्। हाम्रा अनुभवका विविधता मास्ने हो भने सिर्जनाका विविधता मर्नेछन्।

यो पढेर तपाईं निराश नहुनुहोस्। हामीलाई लठुवा वा लट्ठक बनाउने विकास प्रक्रियाविरुद्ध म लेख्न खोज्दै छु। केही सिक्दै छु।

मेरो लेख्ने तरिका यस्तै हो। सिकिसकेको लेख्ने होइन। सिक्न लेख्ने हुँ। तपाईंसँग संवाद गर्दा म केही सिक्न खोजिरहेको छु।

कुन किताब राम्रो ? जुन कसरी सिद्धिन्छ थाहा हुँदैन। कुन वाक्य सुन्दर ? जुन कसरी रोकिन्छ पत्तो हुँदैन। लेखकहरू लेख्दालेख्दै हाँस्ने, रुने, चिच्याउने, कराउने, प्रसन्न हुने, दङ्ग पर्ने कारण तपाईं बुझ्न सक्नुहुन्छ।

त्यो किताब अझ राम्रो रे जुन पढिसकेपछि दराजमा होइन, पाठकको मस्तिष्कको तखतामा बस्छ; किताबको पढाइ पन्नाहरू निखिएपछि पनि जारी रहन्छ।

कहिलेकाहीँ तपाईं पन्ना रोकेर आवरण हेर्नुहुन्छ र पुछारको पन्नाको लेखक तस्बिर। कहिले लेखकको तस्बिरबाट थालेर आवरण चित्र हेर्नुहुन्छ। कोही त पुछारबाट पन्ना पल्टाउँछन्। कोही पन्ना फेर्दै पढ्छन्। कोही बीचबाटै थालेर अगाडि र पछाडि भौँतारिन्छन्।

म तपाईंको चर्चो गर्न सक्दिनँ; चिया सुरुप्प पार्नुहोस्। किताब छिटो पढ्ने कि ढिलो, महत्त्वपूर्ण प्रश्न होइन।

प्रश्न आफैँ उठ्यो भने तपाईं उठ्नुहुन्छ। प्रश्न हुनेहरू एकै ठाउँ बसिरहन सक्दैनन्। बसिरहे पनि केही न केही खोजिरहेका हुन्छन्। प्रश्न हाम्रो उडुस हो; जहाँ जाऔँ छुट्दैन।

रिस उठ्नुभन्दा प्रश्न उठ्नु राम्रो। रिस त अरूको गल्तीका लागि तपाईंलाई दिइएको दण्ड हो भन्छन्। वा कर। प्रश्न भने अरूको गल्तीका लागि तपाईंलाई दिइएको पारितोषिक। पारिश्रमिक वा ज्याला।

प्रश्नहरूको सम्मान गर्ने संस्कार बन्यो भने हाम्रा सरकारहरू फेरिन्छन्। प्रजातन्त्र भनेको प्रश्नतन्त्र भनेर बुझ्नुभयो भने राजनीतिमा रुचि राख्नहुनेछ। वा लोकतन्त्र वा गणतन्त्र। मार्क्सवाद वा समाजवाद वा माओवाद वा उपभोक्तावादभन्दा प्रश्नवाद श्रेष्ठ।

प्रश्नवाद स्वीकार भयो भने उत्कृष्ट प्रश्नलाई सम्मान गर्ने परिपाटी सुरु हुन्छ।

वर्षको प्रश्नकर्ता घोषणा गरिनेछन्। व्यापारिक समुदायलाई त्यस्ता प्रश्नले प्रतियोगिता प्रायोजन गर्न प्रेरित गर्नेछन्। वर्ष प्रश्न पुरुष वा महिला, प्रश्न सुन्दर वा प्रश्न सुन्दरी वा प्रश्न नायक वा प्रश्न नायिका।

प्रश्नहरूको कदर हुन थाले, कम्प्युटरमा तपाईं एउटा प्रश्न लेख्नुहोस् र जवाफमा पैसा पाउनुहोस्। तपाईंको पैसा तपाईंको बैङ्क खातामा जम्मा हुनेछ जसलाई सहरको कुनै पनि कुनाको एटीएमबाट झर्न सक्नुहुनेछ।

एटीएमबाट हात थापेको पैसाले तपाईं किताब वा सागसब्जी वा दूध वा दही वा मही अर्थात् मिल्कसेक किन्न सक्नुहुनेछ। बनाना मही वा पपाया मही वा म्याङ्गो मही।

यामअनुसार चैन गर्नुहोस्। एकै छिन। लगत्तै प्रश्न उब्जाउन थाल्नुहोस्।

प्रश्नहरूको उत्कृष्ट उब्जनी गर्ने किसानलाई वर्ष किसान घोषणा गर्न सकिनेछ।

प्रश्न हेरी पैसा हुन थाल्यो भने थोरै व्यक्ति छिट्टै धेरै धनी हुन सक्नेछन्। लुला प्रश्न गर्नेहरू प्रश्नहरूको प्रतियोगितामा हार्नेछन्; बलियाबाङ्गा, तुजुगदार प्रश्नहरूले तक्मा थाप्नेछन्।

प्रश्नहरूको शक्ति संरचना तयार हुनेछ। वर्णाश्रम व्यवस्था लागू हुनेछ। प्रश्नको न्यूनतम ज्यालाका लागि आन्दोलन गर्नुपर्नेछ।

प्रश्नहरूको प्रकोपको लाभ लिन कोभन्दा को चतुर उद्योगपति वा व्यापारीले प्रश्नहरूमाथि लगानी गर्नेछन्। प्रश्नकर्ताहरूलाई घण्टाको दरले जागिर दिनेछन्। मासिक स्यालरी वा तनखा वा वेतन। मुनाफा हेरी वर्षमा एक छाक थपिने बोनस।

बैङ्कहरूले त्यस्ता कम्पनीमा लगानी बढाउनेछन्। प्रश्नहरूको प्रवर्धन गर्ने नीति अख्तियार गर्नेछन्।

प्रश्नहरूको धेरै प्रभाव पर्न थाल्यो र त्यसको मार्केट बढ्यो भने अर्को खतरा पनि पैदा हुनेछ।

प्रश्नहरूलाई पोको पारेर पसलहरूमा बेच्न राखिनेछ। साना स्टोर वा मल वा ठूला स्टोर वा सुपर मार्केट। सेल लाग्नेछ। सिजन सेलमा कहिले आधासम्म छूट मिल्नेछ। वा सत्तरी प्रतिशत वा असी।

सेल कहिले लाग्छ भनेर तपाईं सूचना पर्खिनुहुनेछ वा पसल चहार्दै सेल लागेका ढोकाबाट भित्र छिर्नुहुनेछ। वा गेटबाट वा विद्युतीय डोरबाट। अनलाइन अर्डर गर्नुभयो भने घरसम्मै पुऱ्याइदिन सक्नेछन्।

प्रश्न बेच्ने पसलहरू धेरै चल्न थाले भने अम्याजनले आँखा लाउनेछ। बिक्रीमा एउटैको हालीमुहाली हुनेछ। उसको साम्राज्य छाउनेछ। साम्राज्यवादविरुद्ध फेरि 'संसारभरिका साना पसलेहरू एक होऔं' भन्ने नारा लगाउन थाल्नेछन्।

प्रश्नहरूको चोरीका लागि प्रहरी मुख्यालयमा नयाँ अनुसन्धान ब्युरो बन्नेछ। विमानस्थलबाट पोको पारेर प्रश्नहरूको तस्करी रोक्न तपाईंलाई कठिन पर्नेछ। सेटिङ तोड्न सजिलो हुनेछैन। त्यसको केही प्रतिशत लाभांश तपाईंकै टेबलसम्म आइपुग्नेछ।

यस्तै-उस्तै प्रश्नबारे घोत्लिन थाल्दा म फेरि शिवा रिउ सम्झिन्छु।

प्रश्न कोही कागजमा लेख्छन्

कोही लेख्छन् मानिसका हृदयमा

कोही लेख्छन् रित्तो आकाशमा

म प्रश्न लेख्छु

डिसेम्बर हिउँमा

जब हिउँ पग्लिन्छ

प्रश्न बिलाउँछ।

भन्छन् नि, तिमीले सपना देखेको आख्यान हो, हासिल गरेको विज्ञान। मानव इतिहास अरू केही नभई विज्ञान आख्यान हो।

१

ख्याट्ट ख्याट्ट ख्याट्ट ख्याट्ट। अनौठो आवाजले बिउँझनुभएको छ भने आँखा खोल्नुहुन्छ। कता के बजेको हो, हेर्न खोज्नुहुन्छ।

कोठाभित्र त्यस्तो जिनिस के छ? के मैले राति कम्प्युटर अफ गरिनँ? कि बाथरुमको धारा बन्द गरिनँ? वा वासिङ मेसिन तल कसैले चलायो? वा कफी उमाल्न कसैले पानी उमाल्यो?

कि राति बन्द नभएको मूल ढोका कसैले खोल्न खोज्दै छ? उसले पासवर्डको नम्बर बिर्स्यो वा पासवर्डबिना ढोका खोल्ने ढिपी कस्यो। ढिपीले ढोका खोलिने भए उनीहरूले पासवर्ड बनाउने थिएनन्। पासवर्ड अरूलाई पास गर्न मिल्ने भए जसले पनि जहाँ पनि जसको पनि ढोका खोल्न सक्ने थिए।

तपाईं कुन हालतमा सुतिरहनुभएको वा उठिरहनुभएको वा बसिरहनुभएको छ वा जोल्टिइरहनुभएको छ, उदाङ्ग हुनेछ। ढोकाले तपाईंका सबै गोपनीयता सार्वजनिक नहुनेमा ढुक्क पारिरहेको हुन्छ। ढोका बन्द गरेर तपाईं आफ्नो काया ढाक्न सक्नुहुन्छ; कल्पनाको कुनै ढकनी हुँदैन।

आधी जीउ न्यानो बिछ्यौनाबाट निकालेर म झ्यालको चोयारूपी पर्दा खरर्र तान्छु। बाहिर कैँची चलाउने बहिनीलाई चिन्दिनँ। आँखा सोझ्याउँछु।

म हेर्ने निर्णय गर्न सक्छु; चिन्ने निर्णय गर्न सक्दिनँ।

गुलाबी रङका ससाना दानाले झुरुप्प डाला काटेर उनले के गर्न आँटेकी हुन्? बाटुला आँखा बटार्दै उनी फूल छिमलिरहेकी छन्।

मेरो कोठाबाहिरका फूल मेरा होइनन्। पातपतकर, हाँगा, डाँठ, ससाना काँडा। फूलसँग काँडा किन हुनुपर्ने, मैले बुझेको छैन।

पोसाकले परिस्थिति जनाउँछ। पहिरनमा पसिनाको बास्ना हुन्छ। उनी जति फऱ्याकफुरुक गर्छिन् उति उनका पाखुरी र काखी बज्छन्। बज्नु सुन्नु होइन।

हामीले सुन्न नसक्ने आवाज आफ्नै वरपर कति हुन्छन्, कान थापेर सकिँदैन! जे देख्छौँ त्यसलाई सुन्न खोज्छौँ। नदेखिएका वस्तुको आवाजबाट तर्सिन्छौँ; लोभिन्छौँ; रत्तिन्छौँ; कल्पिन्छौँ। केको आवाज होला, सोच्न थाल्छौँ।

अहिले तपाईं जहाँ यो पढ्दै हुनुहुन्छ, यसो आँखा चिम्म गरेर हेर्नुहोस्; मेरो मतलब, सुन्नुहोस्। एकै छिन।

कतै रेडियो बजिरहेको छ? कतै कसैले टीभीको रिमोट चलाइरहेको छ? भान्सामा कोही डेक्ची मस्काइरहेको छ वा तेल झ्वाइँय्य पार्दै छ? कुनै आवाज आएन भने त्यो भान्सा होइन।

रित्ता भाँडा धेरै बज्छन् किन भनिएको हो, मैले बुझेको छैन। भाँडाहरू आफैँ बज्दैनन्; बजाउने हातअनुसार आवाज बदलिन्छन्। अरूका छोराछोरीलाई पालेको छु भनेर काममा लगाउनुभएको छ भने तिनका कमला हातहरू भाँडासँगै हुर्किन्छन्।

तिनले सुरुमा तपाईंलाई टक्र्याएको राकुरा चिया सुरुप्प पार्दा के स्वाद परेन, के स्वाद परेन! तपाईंले ग्वान्जाओबाट ल्याएको 'डु बिजनेस इन चाइना' अङ्कित मगमा ग्रिन टीको सानो पुरिया हाल्दा के मिलेन, के मिलेन!

कैलाश चिया वा जस्मिन टी वा दार्जिलिङ अर्ग्यानिक चाय। उसले तपाईंको रिडिङ टेबलमा मग राखेकै मिलेन। वा कप वा गिलास। दूध चिया तपाईंले पिउन छाड्नुभयो भने ग्यास्ट्रिक बढ्यो वा कोलस्टरल।

दूध चिया त गाउँतिर दाउराले भकभक उमालेको मीठो सोच्नुभयो भने राति सडक किनारमा उभिनुहोस् र रात्रि बस पर्खेका दिदी वा बहिनी वा भाइ वा दाइ जसको हातमा प्लास्टिकको गिलास वा सिसा वा माटाको सानो कप छ, माग्नुहोस्।

खुजुरा फिर्ता नमाग्नुभए हुन्छ। उनीहरू गाउँबाट झरेर छोराछोरीलाई पढाइरहेका हुन्छन्। वा बिरामी बाबु वा आमा वा फुपू वा मीत बाको औषधि गरिरहेका हुन सक्छन्।

खुला आकाशमुनिका पसलहरूले आयकर, भ्याट वा बैङ्कको ईएमआई तिर्नुपर्दैन। कति कप चियाको कति रुपैयाँ भयो, बिल माग्ने नगर्नुहोस्।

उनीहरूसँग प्रिन्टर हुँदैन र कपको हिसाब जोडेर तपाईंलाई दिने पन्ना छोराछोरीका कपीबाट च्यार्र थुतेका हुन सक्छन् वा बिरामी अभिभावकको डाक्टरको नबुझिने अक्षरको प्रेस्क्रिप्सन वा पछिल्लोपल्ट चुनावी भाषणअघि निखिएका पर्चाहरूको पोकोबाट थुतिएको कुनै आधी पन्ना हुन सक्छ।

बाहिर हेर्नुहोस्; कतै हावाले पनि आवाजहरू खेलाइरहेको हुन्छ।

सडकमा मिल्किएका प्लास्टिक, चुँडिएका चङ्गा वा चाउचाउ वा चकलेट वा बिस्कुटका खोल उडाएर तपाईंको घरअगाडिको बिजुलीको पोल हुँदै तार छुँदै चराहरूको पछिपछि लगिरहेको हुन्छ।

आकाशमा जहाज उडेको छ; कतै अवतरण गर्न खोज्दै छ वा धावनमार्गबाट भर्खर पखेटा खियाएर उकालिँदै छ? चरा बत्तिएको कतै सुन्नुभयो? झ्यालबाहिर कुनै बच्चाले साइकल गुडाइरहेको छ वा चोकतिर ट्राफिक जाममा ट्याँट्याँ र टुँटुँ सुन्नुभयो?

महँगा गाडीहरू चाक्लो कालोपत्रे सडकमा चिप्लिन्छन् र तिनको आवाज ठम्याउन सकिँदैन। प्लस टु पढ्ने छोरालाई उसको रोजीको मोटरसाइकल किनिदिनुभएको छ भने सडक खलबल्यायो भन्ने सोच्नुभए हुन्छ।

एम्बुलेन्स वा दमकल वा प्रहरी भ्यान वा बिरामी हालेर इमर्जेन्सीमा हुइँकिने ट्याक्सी वा भीआईपी सवारीलाई एस्कर्टिङ गर्ने टाइँटुइँ चर्को हुन्छ। त्यो पनि देश हेरी फरक हुन्छ।

समाजवादी उत्तरी युरोपतिर जानुहोस्, जुनसुकै भीआईपी पनि तपाईंसँगै सवार भएको पत्तो पाउनुहुन्न; समाजवादोन्मुख तेस्रो विश्व जता जानुहोस्, तपाईंले पट्टयाउने कान थुन्नुभए हुन्छ। तेस्रो विश्व आवाजहरूको बजार हो। बजारमा आवाजका आकारहरूले औकात तय गर्छन्।

संसारमा कति आवाज छन्, तिनलाई श्रवण गर्ने शक्ति हामीसँग छैन। हामी आफ्नै स्वार्थले सुन्छौँ; आफ्नै रुचि, राग वा रतिको भावनाले। आफ्नै वरपरका आवाजहरूको पनि सम्पूर्ण रेकर्ड सम्भव छैन। सानो आवाज दबिएको हुन्छ; नम्र र शिष्ट स्वर त झन् ख्याल हुँदैन।

कसैले डाँको छाडेको छ भने उसको कोकोहोलोले बजार पिट्यो। कतै माइक सोझिएको छ भने कुनै राजनीति हुँदै छ वा चुनाव आउँदै छ। वा कतै विजय जुलुस वा विरोध प्रदर्शन।

भ्यानभरि सामान कोचेर प्रचारमा हिँडेका कम्पनीका सेल्सम्यान वा वुमनहरूले पसलपिच्छे थोकभाउ मिलाउँदै छन्।

पानी तान्ने मेसिन छिमेकी घरमा बज्न थाल्यो भने तपाईंको बगैँचाका आवाजहरू दब्छन्। तपाईंले अध्ययनशक्ति बढाउन बजाइरहेको मोजार्टको भ्वाइलिनको भोलुम ठूलो पार्नुहोस्।

मादल र मृदङ्गको आवाज फरक हुन्छ। डम्फु वा गितार वा पियानो वा सारङ्गी। न्याउली चरीले विरह गाउने भनेर किन कविहरू फुटो लेख्छन्? के न्याउली जहिल्यै विरही हुने हो? तपाईं आफ्नो उपनाम किन

विरही वा विद्रोही वा व्यथित राख्नुहुन्छ ? वा व्याकुल, तृषित, कल्पित, दमित वा पीडित ? ठूले कान्छा, पल्ला घरे, ठूलघरे, ठूल्दाइ, माहिला बाजे, बज्यै, सौताकी छोरी, पाउलो कोएलोको फ्यान वा मुराकामी मायालु तपाईंका ट्वीटर ह्यान्डल किन हुन्छन् ?

जूनकीरीको आवाज आउँदैन। ग्याउँकीरी भने जहिल्यै कराइरहेका हुन्छन् भनेर मैले लेखें भने साँचो होइन।

जङ्गलमा कुनै परिस्थिति नबनी ती कराउने होइनन्। कुहु कुहु चराले जहिल्यै कसैलाई बोलाइरहेको हुन्छ।

भैंसीको आहालनजिक हिँड्नुभएको छ भने भुसुनाहरू सुनिँदैनन्, देखिन्छन्। आहालको हिलो भरिएको पुच्छर चलाएर भैंसीले आफ्नो आङ सफा गरिरहेको हुन्छ। भुसुना धपाइरहेको हुन्छ।

हिले माछाको आवाज आउँदैन। वा सफा पानीका माछाहरू देखिन्छन् मात्र। पानी छप्ल्याङ्ङ पार्छन्। जलहाँसहरू भने आवाज हेरी अनेक जातका छुट्टिन्छन्। कुखुरा वा परेवा वा मलेवा। तपाईंले पढ्दै गरेको रात बादलमाथि ताराहरू छोपिएका हुन्छन्।

मन्दिर वा मस्जिद वा चर्च वा गुम्बाबाट चर्को आवाज आइरहेको छ भने तिनले भक्तहरूलाई बोलाउँदै छन्। कुनै रेडियोप्रस्तोतासँग टेलिफोन सम्पर्क गर्दै हुनुहुन्छ भने अरूका कानलाई दखल नगर्ने मीठो गीत फर्माइस गर्नुहोला।

के गर्दै हुनुहुन्छ भनेर सोध्दा म तपाईंसँग कुरा गर्दै छु भन्ने ठट्टा गर्न सक्नुहुन्छ। खासमा त्यो ठट्टा होइन, सत्य हो।

सत्य पचाउन सक्ने शक्ति सबैसँग हुँदैन। उनीहरू अङ्ग्रेजी मिसाएर कुरा गर्न खोज्छन्; तपाईं एउटै भाषा बोल्न प्रयास गर्नुहोस्। भाषामा मिसमास गर्नेहरूलाई भटमास खुवाएर भाषिक तागत दिन जरुरी छ। नत्र त भोलि संसारभरि सबै छ्यासमिस भाषाको बोलवाला हुनेछ।

अङ्ग्रेजी मिसाएर कुरा गर्न खोज्नेलाई तपाईं साहित्य घुसाएर जवाफ दिन सक्नुहुन्छ ।

त्यस्तो गीत मात्र फर्माइस गर्नुहोस् जुन बज्दा गायकले रोयल्टी पाउँछ । वा गीतकारले वा सङ्गीतकारले । नि:शुल्क गाना बजाउने एफएमहरूलाई तपाईं भनिदिन सक्नुहुन्छ– बरु मलाई तपाईंको स्टेसन ठडिएको टावरमुनिका आवाजहरूको प्रत्यक्ष प्रसारण गरिदिनुहोस् ।

टावरमुनिका आवाजको हामी कहिल्यै प्रत्यक्ष प्रसारण सुन्न पाउँदैनौं ।

गेट घ्वाररर्र पारेको वा सटर तानेको बेला तपाईं आफ्नो कानको जाली कति संवेदनशील छ, थाहा पाउनुहुन्छ । सडकछेउ सटरहरूको भाडा उठाउनेसँग तपाईं कानको जालीमा वर्षौं परेको दखलका लागि क्षतिपूर्ति माग्न सक्नुहुन्छ । उनीहरूले घरभाडा मात्र दिन्छन् भने पनि कम्तीमा छरछिमेकलाई कानको खतीबापत सेवाशुल्क तिर्ने बनाउनुपर्छ ।

परिस्थितिले हाम्रो मनस्थिति बनाउँछ ।

म कैंची चलाउने बहिनीसँग कुनै गुनासो गर्न सक्दिनँ । झ्यालमा कान थाप्नेहरूले बाहिरी संसारसँग संवाद गर्न सक्दैनन्, एकालाप मात्र । आलाप वा विलाप वा प्रलाप ।

भित्रबाट साउती मार्छु । मेरो साउती हिउँको डल्लाझैं टेबलमा अड्याएको हातमै बिलाउँछ ।

उनी एकसुरमा गमला उचाइका बोटहरू बुतिने गरी हाँगा कलमी गरिरहन्छिन् । कि हाँगामाथि उनी कविता लेखिरहेकी छन् ? कविता लेख्नु जीवनका सुखदु:खका बिँगा कलमी गर्नु हो कि ?

कैंचीको खिट्टखिट्ट मात्रै सुनिँदैन । बोटहरू बुतिने गरी उनी अँगालो भरेर कमला हाँगा लिएर जान्छिन् ।

जसरी कविहरू खुला संसारबाट हाम्रा भावना केलाईवरी आफूले खोजेको भाव पक्रेर किबोर्डमा गुप्त रूपमा कैद गर्छन्।

हामीले हिफाजत गर्न नजानेका शब्दहरू लगेर उनीहरू आफ्ना किबोर्डको हिरासतमा राख्छन्। पिट्छन्; चिमोट्छन्; चिथोर्छन्; रुवाउँछन्; सुमसुम्याउँछन्; पुलपुल्याउँछन्; म्वाइँ खान्छन्; खित्का छाड्छन्। अरूका शब्द सापट लिएर आफैँ खितखिताउँछन्। हामीलाई खुत्रुक्कै पारिदिन्छन्।

किबोर्ड लुकाउन सकिँदैन; कविताका की वर्डहरू भने कति साह्रो लुकाईवरी हामी पाठकमाथि नै थोरै शब्दमार्फत मिसाइल प्रहार गर्छन्!

कविता समाजका पोषण हुन्। कविहरू हाम्रा विचारलाई पोष लाग्ने खुराक दैनिक समाजबाट टिप्छन्। जसरी प्रकृतिलाई पोष दिन दैनिक चराहरू बियाँ लिएर उड्छन् वा जनावरहरू आहारा लिएर दगुर्छन्।

चरा र जनावरहरू एउटा भेगको बीउ बियाँ दाना आहारा लिएर अर्कोमा पुऱ्याउँछन्। एउटा भेगबाट अर्कोमा ओसार्छन्। पित्काउँछन्; बुक्याउँछन्। हाम्रा कति रोग आफैँ पचाइदिन्छन्। हाम्रा कति बाधा फुकाइदिन्छन्।

हामीलाई लोभ्याउँछन्; तर्साउँछन्; रोमाञ्चित पार्छन्; आतङ्कित तुल्याउँछन्। हाम्रो स्वस्थ जीवनका लागि आवश्यक भाव पैदा गरिदिन्छन्। हामीलाई तँगारिदिन्छन्।

तपाईं कुनै चित्र हेर्दै हुनुहुन्न भने वनतिर पस्नुहोस्; चरा हेर्दै हुनुहुन्न भने जनावर खोज्नुहोस्। उनीहरू अस्त नभएसम्म जहिल्यै व्यस्त हुन्छन्। हामी पो जहिल्यै अस्तव्यस्त!

उनीहरूको आवागमन हाम्रो पर्यावरण। उनीहरूले अविच्छिन्न यात्रा गर्नुपर्छ जसरी कविले अविच्छिन्न सोच्नुपर्छ।

हाम्रो अविच्छिन्न विकास राजमार्ग जोड्नु छ; फास्ट ट्र्याक खोल्नु छ; आकाशे पुल हाल्नु छ; आकाशमार्ग फिँजाउनु छ; धावनमार्गमा कालोपत्र गर्नु छ; रेलमार्ग बिछ्याउनु छ; बाँधहरू हाल्नु छ; वनहरू मिचेर बस्ती

बसाल्नु छ; निकुञ्जहरूमा काँडेतार फैलाउनु छ; खुला करेन्टका बिजुलीका लट्ठाहरू तान्नु छ; पोलहरू गाड्नु छ ।

राजमार्गमा तपाईंको तीव्र वेगको पाङ्ग्राले कुल्चिएको रतुवा मृग सम्झिनुभएन भने उसले आँखाबाट बगाएको बलिन्द्रधारा आँसु बिर्सनुभयो। तपाईंका लागि आँसुको मूल्य आँखानुसार हुन्छ। आफन्तजनको आँसु खप्न सक्नुहुन्न। अरूको वास्ता गर्नुहुन्न। आँखाभेद गर्ने शिक्षा पाउनुभएको छ। भेद गर्ने भाव तपाईंका आँखामा छ।

उसको मुखमा कुनै आहारा थियो वा पेटमा जसले राजमार्गको पल्लोपट्टि मल हाल्ने थियो वा बीउ।

केही गरी एकपल्ट राजमार्ग काट्न पाएको जनावर कसै गरी आफ्नो बगालतिर फर्किन सक्नेछैन। ऊ एक्लिएपछि आत्तिँदै, हडखडाउँदै र हडबडाउँदै निकालेको आवाज अर्कोतिर सुनाइदिने चराहरू पनि नाङ्गो तारमा अल्झिनेछन्।

तपाईंको ककपिटमा ठोक्किन आउने चीलले एउटा पहाडको खान्की अर्को पहाडतिर ओसारिरहेको थियो।

वनका सदस्यहरू बिलखबन्दमा छन् भन्ने सोच्ने गर्नुभएको छ भने मैले भर्खर उठ्दा उमारेको विचार तपाईंबाट पैँचो पाएको हुँ।

तपाईंले नै त लेख्नुभएको हो– चराहरू उड्ने आकाश होस् कि जनावरहरू डुल्ने आकाशमुनिको हाम्रो विकासबाट चरा र जनावरहरू बहकिएका छन्! उनीहरूको बह गाइदिने हावा पनि बिटुलिएको छ। उनीहरूको हिँडडुल बिथोलिएको छ; बाटो बदलिएको छ; छेकथुन बढेको छ; सीमाहरू खुला होइन, पर्खाल हाल्ने वाचाहरू बढेका छन्।

नेताहरूका वाचा हाम्रा लेकका यार्चा हुन् जसलाई तपाईं ठेक्का दिएर पटुकाभरि टिप्न लगाउनुहुन्छ र धोक्रो हालेर हेलिप्याडसम्म पुऱ्याइदिनेलाई फुर्मास गर्न सुका-मोहर दिनुहुन्छ। आफू भने सीमा कटाएर सुनसँग साट्नुहुन्छ।

सुन ओसार्न भनसुन गर्नुहुन्छ र फेरि अर्को सिजन लेक उक्लेर लसुन रोप्ने हातहरूलाई ज्याला दिन सुका-मोहर निकाल्नुहुन्छ ।

कविहरू शब्दका सबभन्दा मितव्ययी उपभोक्ता हुन् । जसरी, ती बहिनीले मेरो ग्यालबाहिर थोरै फूल चुँडालेर पनि परिवेश बदलिदिएकी छन् । ठाउँ उही हो तर तपाईं फरक देख्नुहुन्छ ।

मानिस हरेक क्षण बदलिन्छ । वा क्षणहरू आफैँ बदलिने हुन् । एउटै फूलले पनि ठाउँ बदलिदिन्छ भन्ने सोच्नुहुन्छ भने मनमा आएको एउटै शब्दले पनि तपाईंका आँखालाई बेग्लै देख्न लगाउनेछ ।

जन्ती जानुभएको छ भने नरसिङ्गाले तपाईंलाई बुरुकबुरुक उफार्छ; डोलीमा बसेकी बेहुली रुँदा पनि तपाईं हाँसिरहनुहुन्छ । गोडधुवाका तामाका गाग्री गन्दै दाइजो सोचेअनुसार भयो-भएन, अरूसँग खासखुस गर्नुहुन्छ ।

पार्टी प्यालेसको मञ्चमा उभिएका वरवधूलाई गच्छेअनुसारको खाम टक्र्याउनुहुन्छ र शुभकामना भन्नुहुन्छ ।

तपाईंकी कुनै बेलाकी प्रेमिका भए फूलको गुच्छा दिएर शुभकामना भन्दा पनि काँप्नुहुन्छ । गोप्य पत्र खुसुक्क हातमा थमाइदिनुभयो भने त्यसमा तपाईंले कोरेका अक्षर कविता बनेर बाचिनेछन्– लेखा यस्तै रहेछ... । आँसु लतपतिएकाले उनले ती अक्षर पढ्न सक्नेछैनन् ।

मलामी हिँड्दा शङ्ख फुक्ने व्यक्तिसँगै रामराम भन्नुहुन्छ । वा शववाहनको पछि लागेर आफैँ सुस्त भएका पाइला तन्काउनुहुन्छ । फेरि भन्नुहुन्छ– लेखा यस्तै रहेछ... ।

शब्दहरू आज सबभन्दा बढी प्रकोपमा छन् । एउटै शब्दलाई पनि प्रयोगकर्ताले नाना थरी अर्थ्याइदिन्छन् ।

शब्दहरू पनि धेरै प्रकारका हुन्छन् । लेखिने, बोलिने, सुनिने, सोचिने । एउटै शब्द कवितामा प्रयोग हुँदा रुङ्कार दिन्छ; टेलिप्रम्प्टरले देखाउने

भाषणमा राख्दा अहङ्कार हुन्छ; सनसनीपूर्ण समाचारमा हुँकार हुन्छ; त्यही शब्दले नियात्रामा टाढा लैजान्छ; गायकले भेटे भने गुन्जाइदिन्छन्। भजनमा परे मन्दिरमा पुकारिदिन्छन्।

म ज्याकेट उन्दै बाहिर निस्कन्छु र बोटहरू कति बुच्चिए, नियाल्छु।

बगल मिलेका फूलहरूको छिमल मिलाउन हामी आफैं किन बाठो बन्छौं? साथी फेर्न मिल्छ, छिमेकी मिल्दैन। हामी भने फूलहरूका छरछिमेक आफैं फेरिदिन्छौं। के फूललाई थाहा छैन, ऊ आफ्नो सङ्घर्ष आफैं गर्न समर्थ छ?

फूललाई जस्तै हामीलाई पनि गमलाऊँ सारिदिने भए भोलि नेपाललाई स्विट्जरल्यान्डको बगलमा पुऱ्याइदिन सकिन्छ कि? वा सिङ्गापुर। वा न्युजिल्यान्ड। वा नर्वे।

हामी स्विट्जरल्यान्ड बन्ने निर्णय गर्न सक्छौं; बनिने निर्णय गर्न सक्दैनौं। न सिङ्गापुर। न न्युजिल्यान्ड। न नर्वे।

तर कुनै निर्णयसिर्णय केही नगरे पनि हामी स्वाजिल्यान्ड बन्न किन सक्छौं? वा नाइजेरिया वा निकारागुवा?

हातमा कैंची लिएकी बहिनी उकालो लागेतिर, माथिल्लोपट्टिको बङ्गलामा बस्ने कोरियाली कविका झ्यालबाहिरका फूलतिर आँखा उचाल्छु।

भित्र कोठामा किबोर्ड चलाइरहेका कविलाई के थाहा, उनीबाहिर अर्कैले नै झन् छिटो बुट्यानरूपी अक्षर ख्याट्टख्याट्ट पारिरहेको छ?

कविहरू समाजका भान्सामा पाकिरहेका परिकारबाट शब्दहरूका सिता जतन गर्दै ल्याउँछन्। तिनकै करेसाबारीको डालीको घाँटी चुँडाल्दै कोही मन्दिर गइरहेको हुन्छ।

के कतै नजिक मन्दिर छ? के उनी हाम्रो करेसाका ताजा फलफूल चढाउन जाँदै छिन्?

मन्दिरमा फूल चढाएर के पाइन्छ, म बुझ्दिनँ। फूलले कुनै मूर्ति फुलेल हुने होइन। मूर्ति फुलाउने कलाकार उहिल्यै गुमनाम भइसकेका हुन्छन्।

अरूको कलामा आफ्नो नाम राख्न फूल चढाउने हुन् भने त्यो चोरी हो। कपिराइट हनन हो। आफ्नो सान राख्न खोजेको हो भने फूलको नाश हो।

यस्तो बेला मलाई शिवा रिउ नै चाहिन्छ। *साँझभरि म कविता लेख्छु फूलमा, बिहान कसैले काटेर लगेपछि मेरो कविता हाँगामै हराउँछ।*

तल आँगनमा केही तन्नेरी फलामका भाटा उचाल्दै छन्। आज के हुँदै छ यहाँ? आफैँलाई सोध्दै मियो बनेर उभिन्छु। उभिनु हावाले नहल्लाएसम्मको अठोट हो। वा विचारको वेगले नसर्काएसम्म।

तन्नेरीहरू हाम्रो आँगनमा आकस्मिक संरचना तयार गर्दै छन्। जग्गे बनाउन झैँ चारतिर भाटारूपी केराका थाम उभ्याउन खोज्दै छन्। भाटाहरूले एक छिनमा एउटा आकार दिन्छन्।

गाडीबाट बाक्लो कपडा ओराल्छन् र तन्काउँदै उचाल्न खोज्छन्। त्यो कतिसम्म लम्बिन सक्छ, परीक्षण चल्दै छ। एकातिर तान्यो, अर्कोतिर लत्रिन्छ।

ए हो, उनीहरू त्रिपाल तयार गर्दै छन्।

कार्यशालाको पहिलो दिन त्रिपालमुनि हाम्रो रसरङ साँझ हुनेछ।

'क्रिसमस आउँदै छ,' कुन ताकमा आइपुगेर फ्याकफुरुक गर्न थालिसकेकी ली मेरा गाला न्याना बनाउने गरी भनिन्, 'हामी तपाईंहरूलाई तातो वाइनले स्वागत गर्नेछौँ।'

'पक्का हो?'

'ढाँट्नु केलाई छ र?'

साँझको तयारीका लागि उनी आफ्नो कार्यकक्षमा बिहानै कफीको मग लिएर पसिन् ।

कफीको मगमा कुनै कविताको हरफ वा कविताजन्य शब्द लेखिएको छैन भने कुनै चित्र हुन्छ, नभए चित्रजन्य आकृति । एउटै फूल पनि हुन सक्छ, नभए पतकर । वा कुनै धर्सो ।

चित्रको धर्सो हाम्रो कफीको सर्कोसरह हुन्छ ।

तलिमले पुच्छर डुलाउँदै तलमाथि गर्न थालेपछि म कफी ब्रेकफास्ट गर्न छट्किएँ ।

१०

स्कुल बस देखिँदैन र सडकमा रफ्तार कम छ भने हतार छैन। व्यस्त सहरमा बिदा एउटा उपहार।

कक्षा रोकिएको दिन घडीको सुई थामिन्छ। कक्षाकोठा, घण्टाघर। रालो आफैँ हल्लिँदैन। मूल ढोकामा गरालो लागिरहेको हुन्छ।

कोठाहरू सुनसान हुँदा कि त आनसान पहाडबाटै बेस्मारी बतास चल्नुपर्छ वा आनाकसानबाट।

टावरहरूले छेलिएको कुनै पनि पहाड धुम्म नपरोस्। वा गजधम्म नबसोस्।

कक्षाकोठा बन्द हुनु, कफी घर खुला रहनु।

पिटर प्यानमा ब्रेडको बास्नाले कुम्म पारेन भने तपाईंले ट्रे भर्न जान्नुभएन। वा प्लेटमा के सजाउने, छान्नुभएन। वा आफ्नै पेटलाई जाँच्नुभएन।

अर्को टेबलमा स्कुले नानीलाई चित्र बनाउन लगाउँदै आमा कफी सुरुप्प पार्छिन् र मतिर नहेरी छोरीले बनाएको चित्र हेर्छिन्।

मैले ओठ सर्काएर आन्यौङहासेयो भनेको उनले सुन्न सकिनन् किनभने मैले आफैँ पनि सुनिनँ!

सानो खेलौना र कलर बक्ससँगै बस्ने नानीका आमाहरू कल्पनाका माउ हुन्। वा बाबुहरू। एकल आमा होऊन् वा बाबु। वा दोकल।

एकल अभिभावकका एकल सन्तान बढी एकलकाँटे हुन्छन्।

त्यसो भन्दैमा पारपाचुकेबाट पार पाउन सकिँदैन। चूकचूक मात्र पाइन्छ। सबभन्दा स्वतन्त्र समाजमा सबभन्दा बेसी पारपाचुके हुन्छ र सबभन्दा बेसी चुकचुकाउने अभिभावक।

बच्चाले चकचक गर्ने उमेरसम्म एउटाले जिम्मा लिन्छन् र अर्काले भरणपोषणको महिनावारी भरथेग।

प्यारेन्ट्स डेमा दुवैलाई स्कुल बोलाइन्छ र आफू बीचमा बसेर संयुक्त पारिवारिक तस्बिर खिचाउँछन्। त्यस्तो बेला तीनै जनाको अनुहार कसरीकसरी फ्याट्ट खुल्छ! कताकताबाट सङ्कोचका पात हटाएर पुतली आकारको मुस्कान फुत्त उड्छ!

बटरफ्लाई बटरफ्लाई ह्वेयर यु वान्ट टु फ्लाई?

खुट्टा लाग्न थालेपछि एक्लै डेरा गर्न थाल्छन् र लिभिङ टुगेदरका लागि गर्लफ्रेन्ड वा ब्वाईफ्रेन्ड खोज्न। भान्साका सरसामान खरिद गर्छन् र ताजा तरकारी, दूध फ्रिजमा थान्को गर्छन्। किम्ची किनेरै ल्याउँछन् र हलुवाबेदका चाना प्याकेटबाट निकाल्छन्। मेरी आमाले जति मीठो पकाउन सक्छ्यौ? वा हजुरआमाले जति?

मदर्स डे वा फादर्स डेमा उपहार लिएर आउँदै छु भन्ने टेक्स्ट गरीवरी कलबेल थिच्न पुग्छन्। थ्याङ्क्यु भेरी मच फर कमिङ... सो स्विट... यु ह्याभ ग्रोन अप नाउ... तपाईं अँगालो हाल्नुहुन्छ र कानमा आफ्ना चूकचूकीहरू फुसफुसाउनुहुन्छ।

नसोची फुसफुसाएका शब्दहरू तपाईंका स्वस्फूर्त कविता हुन्। तिनलाई लेखेर राख्न शब्द भेटिँदैन। सङ्गीतमा भर्न ताल खोज्नुपर्छ। चित्रमा व्यक्त गर्न सानो सिसाकलम भए हुन्छ।

हिजो हजुरबा उमेरका प्रोफेसरले चित्र बनाएको टेबलमा आज नातिनी उमेरकी स्कुले नानी घोप्टिइरहेकी छ।

बालबालिका रेखा कोर्न किन रुचाउँछन्, मैले अध्ययन गरेको छैन। मानौँ, भविष्यको गोप्य पासवर्ड आज बनाउने रेखाहरूमा लुकेको हुन्छ।

बच्चाहरू कलर बक्स लिएर हिँड्छन्; धेरै रङ खेलाउँछन्; जता पायो त्यता रङ फुर्मास गर्छन्।

बूढाबूढी भने एउटै रङबाट काम चलाउँछन्; रङको किफायत गर्छन्। उनीहरूले नातिनातिनालाई पुगोस् भन्ने ठान्ने हुन् कि? सके बच्चाबच्ची बढी रङको मिश्रणको परिणाम जान्न उत्सुक हुन्छन्; बूढाबूढीमा त्यस्तो उत्सुकताको मात्रा घटिसकेको हुन्छ।

मात्रा मिलाएर उत्सुकता राखिरहनुभयो भने जिउनुभयो। तपाईंको स्वस्थ जीवनलाई जीउ गर्छु। खुट्टा जोड्नुहोस्।

तपाईंको आशिषपछि भविष्यको गोप्य पासवर्ड ट्वीटरतिर छ कि भनेर म मोबाइलमा जोतिन थाल्छु।

अमेरिका र उत्तर कोरियामा आणविक बमको बटन कसले पहिला थिच्ला, बहस चल्दै छ।

किमले म अमेरिका उडाइदिन्छु भन्ने धम्की दिएका छन्; ट्रम्पले बटन त मेरै टेबलमा ठूलो छ भनेर डाँको गरेका छन्। उनले किमलाई भन्नुपर्ने के हो, आफैँ डीएम गरिदिन सक्थे। किमले आफ्नै नामको ट्वीटर चलाउँछन् र उनीहरू एकार्कालाई फलो गर्छन् भने हामीलाई किन घानमा पार्नु?

ट्रम्प विश्वबजारका भाले हुन्। उनी रात-बिरात ट्वीटरबाट गाउँ बिउँझाउन डाँडाघरको बलेसी ढुङ्गाबाट खुट्टा उचाल्दै बास्छन्। उनको डाँकोले कलिला हातका कोमल रेखाहरू पनि बाङ्गाटिङ्गा बन्न बेर लाउँदैनन्।

*न्युयोर्क टाइम्स*ले राष्ट्रपतिसँग खासमा कुनै बटन हुँदैन भन्ने लेखेको छ। बरु अङ्गरक्षकसँग हरक्षण रहने ब्रिफकेसभित्र गोप्य आणविक पासवर्ड हुन्छ।

कहिलेकाहीँ त राष्ट्रपति स्वयं पासवर्ड बिर्सने गर्छन् रे। जस्तो कि, बिल क्लिन्टन। चुनावी अभियानताक हिलारी क्लिन्टनले भनेकी थिइन्– कस्तो मान्छेको हातमा बमको बटन थिच्ने अधिकार दिनुहुन्छ, तपाईंहरूको जिम्मा भो।

अमेरिकीहरूले जसलाई जिम्मा दिए, उनै अहिले बटन समातेको स्वाङ पार्दै जता क्षेप्यास्त्र हान्न खोज्दै छन्, त्यही देशको सीमाभन्दा जम्मा तीसचालीस माइल दक्षिण सहरमा छु भनेर म मन चिसो पार्छु।

एउटी नानीले कोरिरहेका नयाँ रेखाको आडको टेबलमा जति न्यानो होस्।

उनका वाचाल आँखातिर आफ्ना चोर आँखा पुऱ्याउँछु। उनमा चिन्ता छैन, चासो छ। उनकी आमामा सायद चासो होइन, चिन्ता छ।

बरु बूढा प्रोफेसर हिजो चिन्तनमा थिए। उनका विद्यार्थीले हिजो जुन नोट भट्टयाइरहेका थिए तिनमा के चेतना थियो, मैले बुझ्न पाइनँ।

नानीकी आमाले थाहा नपाउने गरी म बाङ्गिँदै उभिएर उनको कपी हेर्छु– पहाडको एउटा टुप्पोमै सिसाकलमको चुच्चो जोतिएको छ।

उनकी आमाले आँखा उचाल्न लागेको आभास पाउनासाथ आफ्नो शरीरलाई रामदेवको योग शिष्यझैँ बङ्ग्याएर कुर्सीमा यथावत फर्काउँछु। लाजका सर्काहरू ओठमा किन रत्तिन्छन्, मैले बुझेको छैन। वा आँखामा किन सर्किन्छन् !

मैले सरी भनेको उनी सुन्दिनन् किनभने म आफैँले पनि सुनिनँ !

तपाईं अब केही बेर पन्ना बन्द गर्न सक्नुहुन्छ।

आराम गर्नुहोस् ।

ब्रेकफास्ट लिनुभयो ? वा लन्च वा डिनर ? पानीपुरी वा चटपटे ? हट चकलेट वा मिल्कसेक ? गौवामा राखेको मही छ भने तपाईं मस्ती गर्न खप्पिस हुनुहुन्छ ।

जौपानी ज्यादा उत्तम । पढ्दापढ्दै राँकिएको आँत भिजाउन ढोका खोलेर करेसाबारी जानुहोस् र कागतीको बोटबाट एउटा गुच्चा टिप्नुहोस् ।

औषधि नछर्केको बोटले किन कागती राम्रो फलाउँदैन ? वा विषादी ।

बोट रित्तो छ भने कपडाको झोला लिएर पसल जानुहोस् । गोटाको दस रुपैयाँ, पन्ध्र रुपैयाँ वा बीस वा पच्चीस । आफूले फलाउन नसक्दा अरूले कति महँगो पार्छन् ! झर्किंदै, फनफनिँदै फर्किनुहोस् ।

कागती एकफेर सफा पानीले पखालेर काट्नुहोस् । आधा चानालाई औंला रगडेर निचोर्नुहोस् र गिलासमा तपतपाउनुहोस् । आँखाभन्दा अघि नाकमा केही भनक आउँछ ।

जिब्रो रसायो भने कस्तो मुस्किलले रस पसेको कागतीले तपाईंलाई कस्तरी सह्राउँछ ! पानी उमाल्न बिर्सनुभयो भने चिसो पानीले ठन्डाराम पार्न सक्छ । जाडो छ; कित्ली कता राख्नुभयो, हेर्नुहोस् ।

थोरै मरीच औंलाको चेपबाट झार्नुभए हुन्छ । बिरे नुनको बानी लागेकै बेस । अलिकति छर्किनुहोस् र थपक्क टेबलमा फर्किनुहोस् ।

पहिलो सुरुपपछि पन्ना आफैं पल्टिनेछ ।

हतारका पन्ना पल्टाए झैं म योन्ही फर्किन्छु ।

त्रिपाल तयार छ तर कुनै सुरसार छैन । कतिखेर बेलुका होला भन्ने लाग्छ भने तपाईंको आँत फेरि हरहरायो ।

क्रिसमस आउँदै छ र तातो वाइनले हामीलाई स्वागत गर्दै छ। तातो वाइन सेवन गर्न क्रिसमस नआई हुँदैन। के हामीले क्रिसमसका लागि तातो वाइन पिउनुपर्ने हो ?

सुत्केरीलाई ज्वानोको झोल, अनशनकारीलाई जुस, होटलका गेस्टलाई हातबाट फ्याट्ट खस्न सक्ने डिजाइन ग्लासमा वेलकम ड्रिङ्क, सगुनको प्याला, ज्वाइँखट्टे, ब्राउनीमा चकलेट सिरप, ठूलो एकादशीमा जौको सर्बत।

त्रिपालभित्र निहुरेर लामो टेबल तानेको हेरें। फुलदानीमा मेरो झ्यालबाहिरका राता फूल सिउरिइएका छन्। मेरो झ्यालबाहिरको गमला बुच्चो पार्दै त्रिपालमुनि फूलदानी चिटिक्क सजिएको छ।

मानौं, फूलदानी गमलाको अर्को अवतार हो। गमला माटाको।

माटोबाट गमलामा सारिएका बिरुवा डीभी चिट्ठा परेर उडेका अभिभावकका छोरा होइनन्। न छोरी। न तपाईंले हुर्काइरहेका टुहुरा भदाहा वा भतिजी।

प्रत्यक्ष परिवारजनबाहेकले भिसा पाउँदैनन्। अरूलाई आसपासका नातेदारकहाँ छाडिदिनुपर्ने हुन्छ। वा मीत छोरो वा छोरी। तपाईंलाई घरधन्दा सघाउने बालिका।

उसलाई बालकल्याण समितिको संरक्षण केन्द्रतिर सम्पर्क गराएर मात्र तपाईं हवाई टिकट काट्नुहुन्छ वा चिनजान वा साथीभाइकहाँ सारिदिनुहुन्छ। राम्रो त, तपाईंले डबल चाबी झुन्ड्याएर ढोका बन्द गरी सधैंका लागि जानुभन्दा उसैलाई घर जिम्मा लगाउन सक्नुहुन्छ। नामसारी गरिदिनुपर्ने कुनै कानुन छैन।

निमेक भर्ने किसानको घैया किनेर ल्याईवरी तपाईंले काठमाडौंमा अङ्ग्रेजी नाम गरेको पसलभित्र चिप्ला पारदर्शी खोलभित्र अङ्ग्रेजी नाम दिएर टल्काउनुभएको छ भने गमला भर्सेस फूलदानी बुझ्नुहुन्छ। वा विदेश पठाउनुभयो भने।

तपाईंले गाउँले सडक उचाल्दा मासिएको, उकालोमा ठसठस्ती कन्दै भारी बोक्नेहरू केही बेर सुस्ताउने चौतारो देख्नुभएको छ भने माटो भर्सेस गमला बुझ्न सक्नुहुन्छ।

भरियाले तोक्मामा अडेसिएर उभिनुपरेको छ भने उसले कहिल्यै काठमाडौँमा चार आनाको सपना देखे मारिदिनु। तिनकै सपनाहरू सोहोरेर हामी आनाको कति लाख वा दस वा पन्ध्र वा बीस हिसाब गर्दै करोडको नाम काढ्छौँ।

करोड घटी तपाईं के ठड्याउन सक्नुहुन्छ? कतापट्टि छ तपाईंले बनाएको घर? कुन एरिया?

हरि नाम हुँदैमा कोही कङ्गाल हुनुपर्दैन। तपाईंले आफ्नै आँखाले कति हरिकुमार देख्नुभएको छ; हरिप्रसाद, हरिहर वा हरिदेव वा ह्यारी; नाम लिनुहोस् र तिनका तीन पुस्ताको सम्पत्ति विवरण सार्वजनिक गर्न लगाउनुहोस्। नभए बैङ्क डिटेल खोज्न सक्नुहुन्छ। हुन्डी कारोबार रोक्न कसैले सोच्यो भने पनि सरुवा भइजानेछ।

बाबुआमाले बनाएकामै जयराम वा भोलेराम वा मस्तराम हुनुहुन्छ भने तपाईं भरिया, पिठ्यूँ, किसान, घैया, गमला, फूलदानी, माटो र गुलाबी रङको कुनै फूल कसैले छिमलेर लगेको चासोको पासोमा फस्नुपर्दैन। बढ्ता चासो, बेचैनीको पासो।

बरु आउनुहोस्, म नयाँ साथीहरूसँग भेट्टाउँछु। बाँकी लेखकहरू आइपुगेका छन्। हात खल्तीबाट झिक्नुहोस्। लम्काउनुहोस्। कोही त नचिनेकालाई पनि चिने झैँ अँगालो कस्न हुत्तिहाल्छन्! कानमा मुख जोतेर भन्न सक्नुहुन्छ– आई ह्याभ रिड योर बुक।

हेलो, हाई, हाउ डु यु डु? ह्वेन डिड यु अराइभ? नाइस मिटिङ यु। वन्डरफुल टु बी हियर विथ यु। हाउ मेनी बुक्स ह्याभ यु रिटन?

आर यु रिलिजिङ अ न्यु वान ? उपन्यास लेख्नुहुन्छ कि कथा ? वा कविता वा नाटक वा संस्मरण वा वृत्तान्त ?

कति लामो यात्रा भयो ? निद्रा पुग्यो ? कस्तो लाग्यो यो ठाउँ ?

अतिथि लेखकहरू सबै आइपुगेपछि लीले मलाई एकल साथ दिन सकिनन् ।

उनले हामी हरेकलाई दोभाषे भिडाइदिइन् र आफू चाहिँ अलक्क बसिन् । हामी आसपासको गल्लीबाट गुज्रिँदै अग्लो ठाउँतिर चढ्छौँ । मेरी दोभाषेलाई पन्छाउँदै लीकी एउटी साथी मसँग ढेपिँदै हिँड्न खोज्छिन् ।

'म विश्वविद्यालयमा साहित्य अध्ययन गर्दै छु,' उनले भनिन् ।

'जाती भो ।'

'कोरियाली साहित्यमा सल्लाको रूख सधैँ हरियो रहन्छ ।'

'भन्नाले ?'

'सधैँ एउटै रङका हुन्छन् नि त !'

'भनेको ?'

अलमलिए जस्तो गरेपछि उनले हिँड्दाहिँड्दै मोबाइल निकालेर गुगल गरिन् । 'ए, यस्तो रहेछ,' उनले भनिन्, 'दृढताको प्रतीक मानिँदो रहेछ ।'

'मौसमपिच्छे फरक रङ देखिनेलाई के भन्छन् नि ?'

'खोइ, मैले तपाईंको प्रश्न बुझिनँ,' उनले भनिन् ।

मोबाइलमा फेरि गुगल गर्न थालेपछि मैले 'पर्दैन, पर्दैन' भन्दै पन्छाएँ । हामी सल्लाका रूखहरू छलेर रङ बदलिँदै गरेको थुम्काको बगैँचातिर उक्लिसकेका थियौँ ।

'कसरी बुझ्नुभएन र ?'

'म अङ्ग्रेजी सिक्दै छु ।'

दुइटा थुम्कालाई जोड्ने पुल हुँदै तल हेऱ्यौँ। तल सडकमा कारहरू गुडिरहेतिर नगई एउटा सानो हरियो बस हाम्रै बाटो उक्लियो।

'सडकअनुसारका बस चल्छन्,' उनले भनिन्।

'भन्नाले ?'

'यो लोकल बस हो,' उनले भनिन्, 'सानो भएकाले सानो सडकमा चल्छ।'

'गाउँले बस ?'

'जिल्लास्तरीय बसको रङ नीलो हुन्छ,' उनले भनिन्।

'सोल सहरभरि चहार्ने चाहिँ ?'

'त्यो त रातो हुन्छ,' उनले भनिन्, 'त्यसले टाढा पुऱ्याउँछ।'

'कति टाढा ?'

'जति टाढा तपाईं पुग्न चाहनुहुन्छ,' उनले भनिन्।

'सोल ठूलो भएर ?'

'होला, होला,' उनले ठूलो हाँसो गर्दै भनिन्।

एक छिन है भन्दै लिपस्टिक र विन्डक्रिमका लाम्चा र डल्ला बट्टा निकालिन्।

मैले मोबाइलबाट क्यामराको बटन थिच्न लाग्दा उनले लम्किँदै 'यो क्रिसन्थेनम फूल' भनिन्।

'जापानको राष्ट्रिय फूल,' मैले भनेँ।

'ओ,' उनले भनिन्, 'जापानको कुरा नल्याउनू।'

'किन र ?'

'उनीहरू फरक जात।'

'कस्तो ?'

'हामी कोरियाली जे सोच्छौँ, फ्याट्ट बोल्छौँ,' उनले भनिन्, 'उनीहरू बोल्दैनन्।'

'कुरा चपाउँछन् ?'

'चुप बस्छन् ।'

'किन होला त त्यस्तो ?'

'उनीहरू समुद्रले घेरिएर टापुभित्र बस्ने भएर होला,' उनले भनिन् ।

'अनि चिनियाँ चाहिँ ?'

'ओ,' उनले भनिन्, 'ती त धेरै हल्ला गर्छन् ।'

'देश ठूलो भएर होला कि ?'

'खोइ, म के जानुँ !'

'भनेपछि, तपाईंहरू धेरै हल्ला गर्ने र चुप बस्ने दुई छिमेकीबीच आफ्नो कुरा बोल्नुहुन्छ ?'

'धन्न, टिकेका छौँ भन्नुहोस् न !'

हामीले रङ बदल्दै गरेका रूखहरूलाई पर्दा र बगैँचालाई स्टुडियो बनाएर समूह तस्बिर खिच्यौँ ।

लीकी साथी पनि के कम ? हातमा एउटा पाँचऔँले आकारको फूल हो कि पात लिएर हिँडिरहिन् । मैले कतिखेर उनको फोटो खिचिदिन सक्छु भन्ने लागेर हुनुपर्छ ।

मेरो मोबाइल आफूतिर सोझिनासाथ उनी त्यही फूल वा पातले आफ्ना नाक र आँखा ढाक्ने गर्थिन् । दायाँ हातका औँलाले भने 'चीऽऽज' गर्थिन् ।

त्यो फूल वा पात हातबाट खसेको मौका मैले छोपेँ भने उनी दुवै हातको अञ्जुली पारेर मेरो मोबाइल खिट्ट गर्ने बेला अनुहार ढाकिहाल्थिन् ।

'मेकअप गर्नुभएको छ त !'

'कसरी थाहा पाउनुभयो ?'

'मुस्कान नै सबभन्दा राम्रो मेकअप,' मैले भनैं, 'होइन र ?'

'होला र ?' भने झैँ एकनासको हिहिहि गर्दै उनले एउटा पाखुरा मेरो ढाडमा जोतिन्, पहाडको अक्करभित्र रूख ढलेको एकलासको आवाजझैँ ।

'राम्री हुनुहुन्छ त !'

'बुद्धिमान् देखिन चाहन्छु ।'

'हुनुहुन्छ,' मैले भनें, 'अझ बढी त चलाख ।'

'होला क्यारे' भन्ने भावमा ओठ लेब्र्याइन् । त्यसो गर्दा आँखा झिम्क्याइन् । आफैंतिर ।

हाम्रो पङ्क्तिलाई हिँडाइ पुगिसकेको थियो । दिदी र आमा उमेरका इन्डोनेसियाली र भियतनामी लेखिकाहरूका गोडा गलिसकेका थिए ।

हलुवाबेदका दाना जुठो पार्न भँगेराहरू फुत्ती पर्न थालेको घामको ओरालो हामी तर्किन थाल्दा उनले मलाई रोकिन् । 'यो त भीआईपी एरिया,' उनले भनिन्, 'पूर्वराष्ट्रपतिहरू बस्छन् ।'

पूर्वराष्ट्रपति भन्नेबित्तिकै मलाई चस्का पर्छ । कोरियामा राष्ट्रपति कि मारिएका छन्, कि महाभियोग लागेर गलहत्त्याइएका । नभए काण्डहरूमा फसेका छन् । संविधानअनुसार पाँचवर्षे अवधि सकिएपछि पुनः निर्वाचित हुन पाउँदैनन् । तैपनि अवकाशपछि चैनले बस्न पाएका छैनन्; प्रायः हरेकलाई भ्रष्टाचार मुद्दा लागेको छ ।

सानसौकतको ब्लु हाउसबाट निस्केपछि तारेख धाउँछन् ।

यो राष्ट्रपतीय प्रणाली नै उस्तै भन्ने विश्लेषण पढ्छु । विकसित देशमध्ये यस्तो व्यवस्था संयुक्त राज्य अमेरिकामा मात्र छ । तानाशाहविरुद्ध लडेर ल्याएको लोकतन्त्रभित्र पनि एउटै व्यक्तिमा अनियन्त्रित शक्ति थुपार्नुको गल्ती भन्छन् ।

बरु संसदीय व्यवस्था ठीक । कम्तीमा आफ्नो लोकप्रियताको जाँच संसद्मा भइरहन्छ ! वा अलोकप्रियताको । सीधै सडकमा ठोक्किन पुग्दैन ।

नयाँ राष्ट्रपतिले त्यो विचारेका छन् । उनले कार्यकाललाई चारवर्षे बनाएर दुई पदावधिसम्म चल्ने राष्ट्रपतिका लागि संविधान संशोधन चाहेका छन् । त्यसले कम्तीमा जनतामाझ जानलाई एकपल्ट मौका दिन्छ । नभए

त ठूलठूला लोकतान्त्रिक सङ्घर्षका नेताहरू पनि ब्लु हाउसबाट रुझेको मुसो भएर निस्कन बाध्य भएका छन् ।

मैले एकपल्ट सोलबाटै सानदार सम्बोधन सुनेर समाचार बनाएका लोकतान्त्रिक आन्दोलनका नेता राष्ट्रपति रो मु हिउन सम्झिएँ । विश्वभरिबाट जम्मा भएका सयौँ सम्पादकलाई पत्रकारिताप्रति थप आश्वस्त पार्न उनले स्वतन्त्रताको शक्तिमाथि जोड दिएका थिए ।

अवकाशपछि भ्रष्टाचार अभियोग लाग्यो । अबगाल सहन नसकी आत्महत्या गरे, दक्षिण कोरियाको पनि दक्षिणी गाउँको आफ्नै निवासपछाडि पहाडबाट हामफालेर ।

'पूर्वराष्ट्रपतिहरू कता बस्छन् भन्नुभएको ?'

'मैले त देखेकी छैन,' उनले भनिन्, 'पुरानो योन्ही दरबार पनि आसपासमै कतै छ । तेह्रौँचौधौँ शताब्दीतिरको ।'

'त्यति पुरानो ?'

'योन्ही भन्ने नाम त्यहीँबाट त आएको हो नि !'

'माने के हो ?'

'पुराना नामको माने थाहा पाउन,' उनले भनिन्, 'चिनियाँ बुझ्नुपर्छ ।'

उनले गुगल गर्न खुट्टा जाम गरेपछि मैले 'पर्दैन' भन्दै फेरि हिँडाएँ ।

क्रिस्चियन मिसनरीहरू र दुइटा विश्वविद्यालय पनि आसपासमै रहेको उनले खुलाउन थाल्दा हामी आफ्नो आश्रमभन्दा परको अर्कै बाटो हिँडिसकेका थियौँ । मिसनरीहरू त कोरियाको पहिचानै हुन थालेका छन् । अमेरिकापछि सबभन्दा बढी मिसनरी निर्यात गर्ने मुलुक ।

हाम्रो मिसन कुनै रेस्टुरेन्ट थियो जसतिर तेर्सिसकेका थियौँ । लन्च गराएर मात्र हामीलाई फर्काइनेछ ।

'कति शान्त ठाउँ घुमियो भने !'

'भीआईपी एरियाजस्तो लागेन ?'

'लाग्यो,' मैले भनेँ, 'हल्ला सुनिएन नि त !'

'हजुर ?' उनले कान टाठा बनाउँदै मतिर हेरिन्।

लन्च टेबलमा लेखकपिच्छे दोभाषे नारिएर बस्नुपर्ने भएकाले हामीबीच बाँसका सुइराले नै कुराकानी गर्न थाले। भियतनामी लेखिकासँग बोल्नुपर्‍यो भने उनकी दोभाषेतिर हेर्नुपर्‍यो।

अङ्ग्रेजीमा सुझाएपछि उल्था गरीवरी भियतनामीबाट फेरि अङ्ग्रेजीमै फर्काउँदा कत्तिकत्ति लस्ट इन ट्रान्सलेसन !

हाम्रो टेबलमा थाई, भियतनामी, इन्डोनेसियाली र कोरियालीसहित अङ्ग्रेजी मिसमास कक्षा चले जस्तो भयो।

प्यालेस्टाइनीले मलाई सोधिन्, 'तपाईंकी दोभाषेले नेपाली बुझ्छिन् त ?'

'उनीहरूले नेपाली दोभाषे चाहिन्छ कि भनेर सोधेका थिए, मैले पर्दैन भनेँ।'

'मैले पनि त्यही भनेँ।'

उनलाई त दोभाषे पनि चाहिन्थेन !

उनका कति धेरै कोरियाली लेखक साथी रहेछन् ! जो पनि आएर उनलाई हामीमाझबाट टिपेर बाहिर लैजाने ! कतै साँझ हामी डिनरमा बस्यौँ भने पनि उनी मध्यरातसम्म बाहिर साथीहरूसँग डुल्न जान्थिन्।

एक रात त बाहिर सहरभरिका ड्रिङ्क बुत्याए कैँ बिहानीपख सुत्न फर्किइन् र हामीसँग कक्षामा बस्न आँखा मिच्दै ढिलो आइन्। बर्लिनमा बस्ने र अन्तर्राष्ट्रिय लेखक कार्यशाला वा शिविरहरूतिर रत्तिने भएकाले उनी साथीसम्पन्न रहिछन्।

लेखक भनेकै साथीभाइ। अन्तर्राष्ट्रिय नेटवर्किङ। कोही न कोही कहीँ न कहीँ भेट भएको हुन्छ। वा नभेटे पनि कहीँ न कहीँ कुनै न कुनै सम्पर्क। कोही न कोही कसै न कसैको सम्पर्कमा हुनेछ। छैन भने तपाईं एक्लो बन्नुहोस्। आफैँसँग सम्पर्कमा बस्नू।

कति लेखक त कोहीसँग पनि सम्पर्क गर्दैनन्। सम्पर्कमा बस्नेहरू साधना गर्न सक्दैनन् भन्छन्। लेखन एकल साधना हो, सतत लेखन

फगत आफैँसँग फतफत । के लेखेको हो, आफैँ नबोल्नू; लेखनले आफैँ
बोल्छ । स्वलेखन भनेकै स्वबोलन । पाठकसँग सम्पर्क आफैँले गर्ने होइन,
अक्षरहरूले गर्छन् ।

तपाईं बढ्ता जान्ने हुने होइन; अक्षरहरू आफ्ना कुरा आफैँ भन्न
जान्दछन् । तपाईंको अस्तित्व अस्थायी हो, अक्षरको स्थायी । तपाईं माटामा
बिलाउनुहुनेछ वा आगोमा; तपाईंका अक्षरहरू उड्दैनन् । संसारका सबै
अक्षरलाई डिलिट गर्न अणुबम नै खसाल्नुपर्छ । उत्तरतिर कुनै अज्ञात
पहाडमुनि किमले भूमिगत परीक्षण फेरि गराएका छन् । अहिले त
वायुमण्डलमै ।

त्यस्ता परीक्षणबाट बेखबर कोही छैन । छ भने तलिम । आश्रम
फर्किंदा लीकी साथीले तलिमलाई बोकेर अँगालोमा बेरिन् ।

'यो वेल्स कर्गी जातको हो,' उनले च्वाप्पचुप्प म्वाइँ खाईवरी भुइँमा
झार्दै भनिन्, 'रानी एलिजाबेथ द्वितीयाले बत्तीसवटा पालेकी छन् ।'

'हगि !' मैले सानी एलिजाबेथ बनेकी लीकी साथीलाई हेरेँ ।

साना खुट्टा तर लामो शरीर तन्काउँदै तलिम पर गएपछि मलाई भनिन्,
'हिजो तपाईंले चढेको पहाडको नाम थाहा छ ?'

'अर्थ थाहा छैन ।'

'चिनियाँ भाषामा आन भनेको डेस्क,' उनले भनिन् ।

'सान भनेको पहाड, हगि ?'

'कसरी थाहा पाउनुभयो ?'

'मैले पनि गुगल गरिसकेँ ।'

गुगलले भूगोल नामेट पारिदिएको छ र हामी सबैलाई सम्पर्कमा
बाँधिदिएको छ ।

११

म आशा गर्छु, तपाईंले यो किताब अब एकपल्ट टकटक्याउनुहुनेछ।

धूलो झर्नुहोस्; कतै नजिक कुचो चल्दा कसिङ्गर आएर थपक्क कुनै पन्नाभित्र बसेको हुन सक्छ।

कचेरा आँखामा बसेको तपाईं ऐनामा देख्नुहुन्छ वा कसैले तपाईंलाई एक्सक्युज मी भन्दै पुछ्ने रुमाल दिएको हुन सक्छ।

मगमगाउने वेट पेपरको पाप्रा खोलेर नजिकको साथीले एउटा पिस दिएको छैन भने ट्वाइलेट पेपरको रोलबाट अर्कोले एक बित्ता च्वाट्ट छिनेर ल्याइदिनेछ। थ्याङ्क्यु भन्न नबिर्सनू।

कति त औंलामा थूक दलेर आँखा मिच्छन्! अझ कति त प्रेम परेको प्रमाण दिन थूक साट्छन्! एकार्कालाई हेरिरहन्छन्। अरू कोही आयो भने हेरिरहनु हुँदैन भन्ने ठान्छन् र बोले फैं गर्छन्। बोल्दा हेरेको स्वाङ पार्छन्।

हेर्दाको आनन्द बोलीले पुग्दैन। ठाकठुक त पर्छ नै। होइन र? रिस उठेपछि थुइक्क भन्दै हिँड्छन्।

तपाईंले बिर्सनुभएको छ भने अरूलाई देख्दा सम्झिनुहुन्छ। कसैलाई हेर्नु, आफैंलाई सम्झिनु।

मीत लाउन टीको साट्छन् र टाउको ठोक्छन्। वा मितिनी।

तपाईंले मीत वा मितिनी बनाउन पाउनुभएको छैन किनभने तपाईंसँग फेसबुकभरि कहिल्यै कसम खुवाउनु नपर्ने साथीहरू छन्।

तपाईं उनीहरूका जन्मदिन ख्याल राख्नुहोस्; थला पर्दा शीघ्र स्वास्थ्यलाभको कामना गर्नुहोस्।

तुरुन्त रगत चाहिए कुन समूह हो, बुझेर आफ्नो टाइमलाइनमा पोस्ट गरिदिनू। ब्लड बैङ्क, हेल्थ पोस्ट, अस्पताल वा नर्सिङ होम वा क्लिनिक।

मोटरसाइकल दुर्घटनामा परेपछि प्लास्टर गरेको खुट्टाका लागि केही दिन काखी लौरो चाहिन्छ। बेतको लौरो कुन पसलमा पाइन्छ, बुझिदिनू। ह्विलचेयर चाहिने भए सम्पर्क ठेगाना जुटाइदिनू।

कसैलाई हेलिकप्टरमा उद्धार गरी अस्पतालको छतमा ओराल्नु मात्रै पर्छ, पत्रकारहरू पहिल्यै क्यामरा तेर्स्याइसक्छन् किनभने विद्युतीय भऱ्याङको गति उच्च हुन्छ; एउटा कतै अड्कियो भने पनि अर्को आइहाल्छ।

बन्दै गरेको आठतले होटल रङ्ग्याउन बाँसको भऱ्याङ चढ्ने मजदुर लड्यो भने च्वच्च भनिदिने पनि कोही हुँदैन। उसका परिवारजन टाढा हुन्छन्। साथीहरू अर्को भित्ताको भऱ्याङमा।

मजदुरका साथी पनि मजदुर नै हुन्छन् वा ठेला चलाउँछन् वा आगो हम्किँदै मकै पोलिरहेका हुन्छन् वा कतै टेम्पो हुइँक्याइरहेका।

उसको खबर पोस्ट हुनेछैन। ऊ फेसबुकमा हुँदैन; भए पनि त्यहाँ वाइफाई हुँदैन। नजिकको फ्री पासवर्ड टिप्यो भने पनि कन्फर्म बटन थिच्न उसले जानेको हुँदैन वा आफ्नो खबर पोस्ट गर्न।

निधनमा आरआईपी लेख्नुहोस्। र, दुःखी अनुहारको स्टिकर पनि टाँसिदिनुभए हुन्छ। फेसबुके समाजमा बसेपछि असामाजिक हुनु हुँदैन।

जस्तै सुग्घर सहरका कस्तै अग्ला तलाका काउच आडका रिडिङ टेबलमा पनि धूलो आफ्नै सङ्घर्ष र प्रयत्नले पुगेको हुन्छ। र, थपक्क आराम गरिरहेको हुन्छ।

तपाईंले राखेको फूलदानी, हजुरबा वा आमाको ब्ल्याक एन्ड ह्वाइट फ्रेम, ग्र्याजुएसन गर्दा पहिरिएको गाउनमा गमक्क तपाईंको तस्बिर धूलोले ताकिसकेको हुन्छ।

राजाबाट गोरखादक्षिणबाहु बक्सँदा नारायणहिटीका आधिकारिक छायाकारले उपलब्ध गराएको फोटो। वा राष्ट्रपतिबाट हालसालै हासिल गरेको तक्मा। हरेकपल्ट मानका खातिर मान पाउन कसैका छातीहरू बढी नै लायक हुन्छन्।

तपाईंको दराजभित्र सानो राष्ट्रिय झन्डा, माथिल्लोपट्टिको खल्तीबाहिर चित्राङ्कित कोट वा भित्तामा झुन्ड्याइएका क्रस खुकुरी।

तपाईं सफा पानीमा भिजाएको रुमाल कोठा पुछपाछ गरीवरी धाराको टुटी खोलेर मिच्नुहुन्छ र धूलो तल बगाइदिनुहुन्छ।

ढल वा नालाबाट केही बेर बगेपछि घाम लाग्दा वा हावाले सुकाउँदा ज्यान तङ्ग्र्याएर फेरि चङ्गा बन्दै उडेर अघि आराम गरिरहेको रिडिङ टेबलको किताबको पन्नामा फर्किरहेको हुन्छ।

भ्याकुम क्लिनरले सोसेको धूलोले पनि जहाँ मिल्काइयो त्यहीँबाट आफ्नो फिर्ती यात्रा तय गर्नेछ।

तपाईं जति सफा गर्नुहुन्छ उति धूलोले रिटर्न टिकट बुक गरिसकेको देख्नुहुन्न। कति त बिजनेस क्लास वा फस्ट क्लासकै ! त्यसले उडानको माइलेज बम्पर धेरै पाउने गर्छ।

माइलेज कार्ड बनाउनुभएको छ र पर्समै छ भने पनि एकपल्ट फुत्त तानेर औँलाले पुछ्नुहोस्, वा टिस्यु पेपरले। अर्कोपल्ट चेक इन काउन्टरमा कसैले छिः नगरोस्।

तपाईं धूलो फाल्ने निर्णय गर्न सक्नुहुन्छ; धूलो फर्किने निर्णय रोक्न सक्नुहुन्न।

आफ्नो जीवनकालमा फर्किन भ्याएन भने आफ्ना परिवारजन वा शाखासन्तानलाई आफ्नो अधुरो सपना सुम्पेर जानेछ। बाबुबज्यैका सपना पूरा गर्न त्यो हरेक दिन हावाको गति लिएर उक्लिनेछ।

तपाईं विद्युतीय भऱ्याङभित्र पसेपछि आफ्नो तलाको नम्बर थिचेर सिसाको ढोका बन्द गर्नुहुन्छ र निमेषभरमै आफ्नो अपार्टमेन्ट पुग्नुहुन्छ। धूलोले पनि स्वचालित हवाई लिफ्ट लिइसकेको हुनेछ।

तपाईंले बन्द गरेको ढोकाबाटै उसलाई छिर्नुपर्दैन। धूलोका लागि कुनै ढोका चाहिँदैन।

धूलो हावाको छाया हो। तपाईं धूलिकण गन्ने निर्णय गर्न सक्नुहुन्छ; गन्न सक्नुहुन्न। तपाईंको मनमा चलिरहेका तर्कना पनि तपाईं गन्ने निर्णय गर्न सक्नुहुन्छ; गन्न सक्नुहुन्न।

तपाईं 'पेट्स नट अलाउड' लेख्न सक्नुहुन्छ। वा नो स्मोकिङ प्लिज। तपाईंको विधान तपाईं आफैंले बनाउनुभएको हो।

धूलोको जीवन र जीवको कल्पनाका लागि कुनै निषेध क्षेत्र हुँदैन। जीवमध्ये पनि सबभन्दा कल्पनाशील जुन छ त्यसैले जिउन पाएको छ।

त्यसो त पुतलीहरू पनि पक्का कल्पना गर्छन्, फूल फुलेको वा घाम छ्याङ्ग लागेको न्यानो हावासँगै लहरिन पाएको वा चराहरूका लागि बिजुलीका लट्ठाहरू लम्बिँदै सहरबाट जङ्गलतिर नगएको।

अब मोबाइल साइलेन्ट मोडमा राख्नुहोला। नभए अफ गर्न सक्नुहुन्छ।

म तपाईंलाई पुतली उड्ने बाटो थुम्काको माथिल्लोपट्टि लैजाँदै छु। पुस्तकालयभित्र जहाँ नदेखिने धूलोसँगै सबै लेखक डाउन ज्याकेट टकटक्याउँदै जम्मा भएका छन्।

हामीभन्दा दोब्बर सङ्ख्यामा कोरियाली लेखकहरूले ज्याकेट खोलखाल पारी कुर्सी नार्छन्। मेरो कुर्सीले कुनामा स्थानीय लेखिकाको कुर्सीसँग मीत लाएको छ। अर्कोपट्टि मेरो कानसँग मीत लाउन मेरी दोभाषे ओठ नजिक ल्याउँछिन्।

लेखिकाहरूको सङ्ख्या धेरै हुनु, कथाहरू धेरै हुनु।

ती इतिहासबाट धूलोसँगै उब्रेर आएका समाजका व्यथाहरू भन्छन्। गाथा कहन्छन्।

डिजाइनर आई लाइनरले बिहानै वा छिनछिनमा परेला लिपिक्क पारेका छन् र लिप लाइनरले ओठ चिटिक्क। आँखीभौं मिलाएका छन्। प्लास्टिक सर्जरी कति लोकप्रिय छ भन्ने बुझ्नुभएको छ भने आफैं खुलेका अनुहारहरू झन् कतिसम्म प्रकाशित हुन सक्छन्, चाल पाउनुहुन्छ।

म अरूले चाल नपाउने गरी चपल आँखा चलाइरहन्छु। कति विधि किताब लेखिसकेका अनुहार पनि भर्खर सिक्दै गरेको भान पार्छन् र तपाईंतिर आँखा टाठा पार्छन् भने तपाईं चिप्लिनुहुन्छ।

पुस्तकैपुस्तकलाई पृष्ठभूमि पारेर हामी आफ्ना पुस्तक कसरी लेख्छौं भन्ने परिचयात्मक सत्र चल्नु छ।

सत्र सुस्त चल्नुपर्नेछ किनभने हरेक लेखकले दोभाषेलाई दोब्बर समय दिनुपर्छ।

'हामी एसियालीहरू आफूलाई भन्दा बढी पश्चिमा साहित्यकारलाई चिन्छौं; उनीहरूलाई पढ्छौं; उनीहरूलाई बुझ्छौं,' सुन्तले ज्याकेट खोलेर कस्सिएको स्वेटरको पनि बाहुला खिच्दै लेखक किम नाम इलले भने।

किमलाई अब तपाईंले पनि चिन्नुपर्नेछ। किनभने उनले तपाईंलाई चिन्दैनन्।

तपाईं चिन्ने निर्णय गर्न सक्नुहुन्छ तर चिन्न सक्नुहुन्न। किनभने उनले आफैंलाई चिनाउन किताब लेख्नुपरेको छ।

किमले हाम्रो अध्यक्षता गर्ने रहेछन्। केही वर्ष स्वास्थ्योपचारमा लाग्नुपर्दा लेखन टुटेकामा पछुतो मान्दै उनले भने, 'हामी एसियालीहरूले आफूले आफूलाई चिनौं भन्ने प्रयासको कडी हो यो कार्यशाला।'

गोलो पारेर राखिएका कुर्सीमध्ये घडीको सुईको दिशाबाट चलाउने कि उल्टो भन्दै उनले त्यहीं एउटा थिति थाले।

पहिला एकसरो परिचय गराए अनि हरेकलाई बोल्न उक्साए। मेरो पालामा पनि उनले कोरियालीमा परिचयको उकेरा लाएर मलाई उभ्याए।

'तपाईंले मेराबारे पनि धेरै बोल्नुभए जस्तो छ, किम,' मैले भनेँ, 'म त सङ्घर्षरत लेखक हुँ।'

'मैले सङ्घर्ष गरिसकेँ त कसले भन्छ होला र?' उनले अनुहार उज्यालो पार्दै भने।

सायद त्यस्तै केही भने। त्यस्तै केही भनेको मैले लख काटेँ। म लख काट्ने निर्णय गर्न सक्छु; मेख नमार्ने निर्णय गर्न सक्दिनँ।

त्यही भएर त लेखकहरू भन्छन्– मैले जानेको छैन; त्यही कारण मैले लेख्नुपर्छ। मैले थाहा पाएको छैन; त्यही कारण लेख्छु।

'म आफूले थाहा पाएको चाहिँ समाचार लेख्छु किनभने म पत्रकार हुँ,' मैले थपेँ, 'थाहा नपाएको चाहिँ पात्र खडा गरेर कथा लेख्छु।'

अरूभन्दा खुलेर हाँस्ने भएकाले किम हाम्रा नाइके हामीलाई खुल्न प्रेरित गर्नलाई बनेका थिए कि? आफू नहाँस्नेले अरूलाई हँसाउन सक्दैन।

कोही त फिटिक्कै नहाँसी अरूलाई खितखित-खितखित पारिदिन्छन्। खितखिताउनु, आफूभित्रका गुम्फनहरूलाई निकास दिनु।

फिल्म हलमा एग्जिट सङ्केत देख्नुभएको हुनुपर्छ; डोन्ट रन, वक। हलबाट दौडिनुपर्ने फिल्म किन बनाउँछन्, मैले बुझेको छैन।

कपाल सीधै आँखातिर लर्काएर हात घरीघरी चिउँडोमा लपक्क टाँस्ने किमले कोरियाली लेखकहरूलाई भने केके भन्दै हँसाउँदै उकासिरहे।

तपाईं आफू नहाँस्ने निर्णय गर्न सक्नुहुन्छ; हाँसो रोक्ने निर्णय गर्न सक्नुहुन्न। गर्न खोज्नुभयो भने तपाईंले ओठमा पुऱ्याएको हातले हाँसो थामेको देखाए पनि आँखाले ढाँट्न सक्दैनन्। कोही त हाँस्दाहाँस्दै आँखा पुछ्न पनि थाल्छन्।

मेरो आडकी दोभाषेले मेरो कानमा खुसखुस जति उल्थ्याए पनि स्थानीय छेडछाड, घोचपेच र खासखुस ठाडो अनुवादबाट हासिल हुन सक्थेन अनुवाद बुझ्न भाषा ठम्याएर पुग्ने होइन। भाषाले मात्र सञ्चारको भार थेग्दैन।

भाषा सायद झ्याल मात्र हो; चियाउन अन्तर्दृष्टि चाहिन्छ। अन्तर्दृष्टि एकै रात आर्जन हुँदैन। समाजका अन्तरकुन्तर चाल पाएको हुनुपर्छ।

बिरालोझैँ घुसेको हुनुपर्छ, समाजले थाहा नपाउने गरी। कुकुरझैँ घुमेको हुनुपर्छ, समाजको देखभाल गर्ने गरी।

लेखक भनेको बिरालो बन्नु र कुकुर भुक्नु, दुवै। लेखक भनेको दायित्व। तपाईं लेखक भएको दाबी गर्न सक्नुहुन्छ तर लेखकीय दायित्व पूरा कसरी गर्नुहुन्छ ?

एकै छिनलाई भने पनि टेबलमुनि बस्न आउने कुकुर वा टेबलमाथि कुन बेला बस्न आएको बिरालो सम्झिनुहोस्। उनीहरूलाई झगडा गर्न दिनुहोस्।

तर यताका कुकुर भुकेको सुनिँदैन। उनीहरूलाई सुमरेर राखे जस्तो छ। या नभुक्ने जातका कुकुर धेरै हुर्काउँछन्। हाइब्रिड तयार गर्छन्।

भुस्याहा कुकुरहरू त हरेक विकासोन्मुख सहरका प्रारम्भिक आतिथेय हुन्। नगरपालिका बनेपछि पहिलो काम कुकुर तह लगाउनु हुन्छ। नगरको मर्यादाका खातिर कुकुरहरूलाई ट्र्याक्टरमा कोचीवरी नगरपालिकाको सीमाबाहिर डाँडापारि पुऱ्याइदिन्छन्। अहिले पो जता पनि नगरपालिका !

विकसित सहरमा भने कुकुरले भोट हाल्ने अधिकार मात्र पाउँदैनन्। कस्तो विधि लाडप्यार पाउँछन् !

आफूसँगै सुताउँछन्। ऊ सुतेको देखेपछि निदाउँछन्। वा निदाउँछिन्। वा तपाईं निदाएको थाहा पाएपछि मात्र ऊ निदाउँछ।

बच्चा कम जन्माउन थालेका छन् भनेको, कुकुरले उनीहरूको साथ

थेगेको छ। कुकुर पाल्ने मानिस ज्ञानी हुन्छ; हेरचाह गर्न कुशल हुन्छ। प्रेम गर्न निपुण हुन्छ भन्छन्।

तपाईं आफूलाई बिर्सन सक्नुहुन्छ तर तपाईंको प्रिय जनावरको खाना खाने टाइम ख्याल गर्नुपर्ने हुन्छ। उसलाई मर्निङ वाकमा बाहिर डुलाउनुपर्ने हुन्छ। लिस बाँध्न नबिर्सनुहोस् र हातमा आची सोहोर्ने सानो थैलो।

कोही त आफ्नै कोठाको कमोडमा मात्र शौच गर्न वा आची फाल्न मन गर्छन्। बाहिर अनकनाउँछन् वा घिनाउँछन्।

धेरै बेर बाहिर नभौंतारिनुहोस्। उसले तपाईं आउने समय ख्याल गरिरहेको हुन्छ।

तपाईं साँझ कसलाई अँगालो कस्दै ढोका खोल्नुहुन्छ, उसले थाहा पाइसक्छ। उसलाई सुताउने बेडमै तपाईं अरूसँग लाडिनुभएको छ भने उसले लाजले भुतुक्क भई खाटमुन्तिर सुत्दा पनि छड्के आँखा तपाईंतिरै पारिरहेको हुनेछ।

तपाईंलाई डिस्टर्ब भयो भने उसलाई अँगालोमा बेरेर अर्को कोठामा पुर्‍याइदिनुहोस् र थुपुक्क गलैंचामा बसाइदिनुहोस्। रात तपाईंको। बिहान उसको। दिन अफिसको वा राष्ट्रिय कम्पनीको। वा बहुराष्ट्रिय।

यस्तैयस्तै सोचिबस्दा म हिउँले पुरिएको योन्ही सिर्जनशील कार्यशालास्थलको सचित्र गाताभित्रका पन्नामा खारखुर कलम चलाइरहन्छु।

कलम चलाउनु लेख्नु होइन। अक्षर नबनेसम्म अर्थ हुँदैन। अर्थ आफैँमा अभिप्राय हुँदैन। लेखकले जे अर्थ्याउन लेखेको हो, त्यसको अभिप्रायको अधिकार पाठकको हो।

तपाईं लेख्ने निर्णय गर्न सक्नुहुन्छ; बुझाउने निर्णय गर्न सक्नुहुन्न।

लेखिएको पुस्तक पुस्तक होइन, पढिएको पुस्तक पुस्तक हो।

पाठकले पढेपछि मात्र पुस्तकको प्रक्रिया पूरा हुन्छ। लेखक पचास प्रतिशत हो भने बाँकी पाठक। बीचमा सम्झना-बिर्सना। कति त उडेर जान्छ।

जस्तो– तपाईं पढ्दापढ्दै निदाउनुभयो वा उँघ्नुभयो वा ध्यान अन्तै मोड्नुभयो वा कुनै कल लिनुभयो वा कसैलाई कलब्याक गर्नुभयो। वा कसैले 'भरे मिसकल दिनू है' भनेर तपाईंलाई अलमल्याइदिन सक्छ। त्यस्तो बेला अक्षरहरू उडेनन् भने पनि अर्थहरू बाफ बनिसक्छन्। बाफ रोक्न सकिँदैन।

पुस्तक आफैँमा निर्जीव हो। खालि पन्नाको सङ्ग्रह। पाठकले पल्टाएपछि मात्र त्यसमा कथा भेट्न सक्छ। वा कुथुङ्ग्री। वा कविता। वा निबन्ध।

निबन्धसङ्ग्रहलाई त प्रकाशन उद्योगले सौताको छोराको व्यवहार गर्छ भन्छन्। वा छोरीको। निबन्ध लेखकको सोचाइको फरक पदयात्रा हो। वा हवाईयात्रा। यसमा त झन् लेखकको सोचाइको प्रक्रिया सुन्न सकिन्छ भन्छन्।

पात्रहरू सलबलाउँछन्। फूलहरू फुल्छन्। फलहरू रसाउँछन्। हिउँ परेपछि कुनैकुनै कविता त्यसमा बिलाउँछन्।

पुस्तक बीउ हो; पाठकको मस्तिष्कमा परेपछि मात्र त्यो बेर्ना बन्न सक्छ। पाठकको माटो मलिलो परे अङ्कुराउँछ; झाँगिन्छ; फुल्छ; फल्छ। फल्नका लागि फुल्नैपर्ने किन हो, मैले बुझेको छैन।

आफ्नै करेसा हेर्नुहोस्। वा बगैँचा। दुबो छाँट्नुभयो ?

आफ्नो कपाल लामो भए त तपाईं हजामकहाँ पस्नुहुन्छ र ऐना हेरीहेरी मिल्यो-मिलेन भन्नुहुन्छ। हजाम पार्लरमा हिउँ पर देखिने हरियालीसहितको सुरम्य स्विट्जरल्यान्डको भूदृश्य पोस्टर किन टाँस्छन्, मैले बुझेको छैन।

हिरो-हिरोइन, मोडल, रङ्गीन साप्ताहिकका ब्लो अप, दाह्री वा कपाल वा दुवै काटेछाँटेको र मुडुल्याएको मूल्यसूची टाँस्छन्।

मालिस गर्नुहुन्छ ? कुन तेल प्रयोग गर्ने ? तपाईंका पाखुरा, टाउको र गर्धन मर्काईवरी, औँलाहरूका कापमा आफ्ना औँला छिराएर तपाईंलाई

सङ्काइदिन्छन्। तपाईं तन्दुरुस्त उभिएर आङ आफैं मर्काउनुहुन्छ र रुपैयाँ गनीवरी बाहिर निस्कनुहुन्छ।

हामीले लेख्ने पुस्तक कति त बीउ अङ्कुराउनुपहिल्यै अक्षरको शुष्क माटोभित्र बिलाउँछन्। सोचाइ अगतिशील परे केमिकलले उजाडेको माटोभित्र गलेर आफैं गोता खान्छन्।

अक्षरमा खिया पर्नु हुँदैन। अक्षरमा खिया पर्न नदिन लेखक सधैं विचारको जिमखाना धाउँदै तन्दुरुस्त हुन सक्नुपर्छ। अक्षरले जैविक आँत पाए मात्र कथाले जीउ हाल्छ। जीवनको बेर्ना दिन्छ।

मैले खारखुर कलम चलाएको पन्नामा बेर्ना कोरिएको छ भने बसिबियाँलो देखिएला भन्दै कलममा बिर्को लगाएँ। चनाखो टोपलिन किमतिर हेरेँ। उनी आफ्ना सहधर्मीहरूसँग ठट्यौली गर्दै नै थिए।

दोभाषेले मेरो कानछेउ फुसफुसाउन नछाडेको होस गरेँ। कत्ति न बुझे झैं मुन्टो हल्लाइरहेको रहेछु! मुन्टो आफैं हल्लिरहेको छ भने सरसर हावा चलेको हुनुपर्छ जसरी मेरो कानमा दोभाषेको खुसखुस। मेरी दोभाषे खासखुस गर्दै खुसखुसको पार लाउन पारङ्गत छिन्।

अब केही बेर चियापान। कसो होला? बाहिर निस्कन्छु र लट्ठ परेका सल्लाका हाँगालाई स्याँठले झारफुक गर्दै हल्लाइरहेको देख्छु।

स्याँठले मन्त्र फुकिसकेपछि बुटी बानिदिनेछ। बढी हल्लिएका ओरालोका हाँगाले अर्कोलाई छोएर सिलौटो पिसेको आवाज दिँदै छन्। सिलौटामा तपाईंले लसुन र अदुवा पिस्नुभएको छ भने झारफुक गर्नेले पिन्ने जडीबुटीलाई बुझ्न सक्नुहुन्छ।

सबैको बोल्ने र सबैलाई बोल्न लगाउने घान सकिएपछि किम हामीलाई बेलुकाको निम्ता दिन चुक्दैनन्।

त्रिपालमुनि रसरङ। हामी त्रिपालको कपडे ढोका उधार्दै भित्र पस्छौं।

इटालियाली होममेड परिकार। र क्या त, तातो वाइन!

टेबलमा बसिसकेपछि किमले हाँस्न र हँसाउन छाडेनन्। तर उनको उल्था गरिमाग्न हरेकपल्ट सजिलो हुँदैन। मेरी दोभाषे प्यालेस्टाइनीकी पनि दोभाषे। म उनलाई पर्खिन्नँ। किम र उनका साथीहरूलाई हेरिबस्छु। किनभने वाइन एक्लै पिउँदा त तातो छ भने दुक्लै वा तिक्लै वा चक्लै गर्दा भतभत पोल्न सक्छ !

किमले म तात्दै गएको देख्छन्। टेबलपारिबाट मलाई निसाना गर्छन्। आफ्ना साथीहरूलाई सुनाउँछन्– यिनको देश म गएको छु।

नेपाल ?

हो।

'म नेपाल किन जान्छु भने हिमालयतिर जाँदा मनको शान्ति भेट्छु' भन्दा रहेछन्। शान्ति उनको मनमै थियो तर उनले नेपालमा मात्र भेटे। त्यो पनि ठीकै छ। हाम्रो पर्यटनका हिसाबले त्यसो हुनु ठीकै हो।

म आफूलाई रोक्छु। वाइनले मलाई बोल्न कर गरिसकेको थियो, 'तपाईंको मनको शान्ति कोरियामा हुँदा तपाईंसँग छुट्टिएर बस्छ, नेपाल जाँदा भने टाँसिन्छ, हगि ?'

नेपालमा अग्ला अक्करहरू हुन्छन् नि त ! जीवनका सुस्केराहरू पहाडका अक्करहरूसँग सुस्ताउनू। पहाडहरूसँगै हाम्रा दुःख बिसाउनू। हाम्रा सङ्घर्षका कथाहरूलाई चिसो हावासँगै बहन दिनू।

मलाई फेरि टेबलपारिबाट किमले बोलाए। केही बोल्न उक्साए।

मैले बोल्न लागेको अनुहार बनाएँ भने उनी चिउँडोमा हात राखेर सुन्न थाल्थे। मानौँ, म केही बोल्दै छु। म बोल्दिनँ किनभने म लेख्छु भन्न सकेको भए पनि मैले सुख पाउने थिइनँ।

उनले त मलाई यसरी बोल्न लगाउन खोजे, मानौँ नेपाली पहाडबाट मैले लगेका सम्झनाहरूले उनलाई शीतल बनाउँछन्।

'शिवा रिउलाई चिन्नुहुन्छ ?'

'ओ,' उनले भने, 'उनलाई कसले चिन्दैन ?'

'तपाईंका साथी हुन् ?'

'कहाँ पाएर हुनु ! उनी त लोकप्रिय कवि हुन्,' उनले भने ।

'कति लोकप्रिय ?'

'उनको कविताका किताब नै लाखौं प्रति बिक्छन्,' उनले भने, 'रकस्टारजस्तै हुन् ।'

'मलाई थाहा थिएन ।'

'तपाईंले किन नाम लिनुभयो ?' उनले मलाई सोधे ।

'मैले भेटेको छु,' मैले भनें ।

'शिवा रिउलाई ?'

'हजुर ।'

'कसरी ?'

'उनैले त हो *पल्पसा क्याफे* कोरिया ल्याएको,' मैले भनें, 'उनैले प्रकाशकलाई दिएर अनुवाद गर्न लगाएका हुन् ।'

'ए, सबै जना यता हेर्नुहोस् त !' किमले कोरियाली साथीहरूको ध्यानाकर्षण गराउँदै भने, 'यी सज्जन त शिवा रिउका साथी पो रहेछन् !'

'शिवा रिउका ?' अरूले पनि आँखीभौं उचाले । शिवा रिउको साथी भएकाले मक्ख पर्दै तातो वाइन थपेर म थप जान्न उत्सुक भएँ ।

'तर उनका कविता आध्यात्मिक हुन्छन्,' किमले भने, 'जीवनजगत्लाई उनी अर्कै दृष्टिले हेर्छन् । उनी किन त्यसो गर्छन्, म भेउ पाउन्नँ । उनका कविता म बुझ्दिनँ ।'

'तपाईं प्रगतिशील पर्नुभयो ।'

'हाम्रा पाठक त्यस्तै रुचाउँछन्,' उनले भने, 'नबुझिने पढ्न । हामी भने पाठकले के बुझ्नुपर्छ, लेख्छौं ।'

साँझ ढल्किँदै जाँदा हामी हल्लिन थालेका थियौँ सायद। म फुर्किँदै गएका बेला ली भने विदेशी लेखिकाहरूलाई मेराविरुद्ध सन्काउँदै थिइन्।

टेबलपारिबाट भियतनामी डा नानले मलाई सोधिन्, 'तिमी कति वर्षका भयौ ?'

'तपाईं अनुमान गर्नुहोस् न !'

उनी अकमकिएपछि लीले टाँसिँदै कानेखुसी गरिन्। अनि मतिर सीधा मुन्टो गर्दै भनिन्, 'सत्तरी ?'

आफ्नो अगाडि टेबलमा स्याउका डल्लाछेउ राखेको चक्कु उज्याउँदै मैले भनेँ, 'तपाईंको उमेर मलाई दिने दोषी मैले चिनिसकेको छु।'

'होइन र ?' उनले सोधिन्।

'हो,' मैले भनेँ, 'बीस वर्षपछि।'

नेपाली आमा भएकी भए उनले मजेत्रोको सप्कोले ओठ ढाक्ने थिइन्। भियतनाम युद्ध जिएर पत्रकारितासमेत गरेकी डा नानले घृणालाई जित्न चाहिने मिलापमाथि दिउँसो कत्रो मन्तव्य राखेकी थिइन् !

'तपाईं र मेरो युद्ध खासमा छाया मात्र हो; मेरो युद्ध कोसँग हो, मलाई थाहा छ,' मैले चक्कु पन्छाउँदै भनेँ, 'तर युद्धले जित्दैन डा, प्रेमले जित्छ।'

डाले लीसँग कुम ठोकिन्। मैले चक्कु टेबलमा फर्काएपछि शिवा रिउको हंस पाए झैँ हरफ मनमनै गुनगुनाएँ।

कोही प्रेममा युद्ध गर्छन्

कोही गर्छन् युद्धमा प्रेम

म चक्कुको धारमा कविता लेख्छु

रिस थामिएपछि हातमा स्याउको चाना पर्छ।

'एउटा नेपाली गीत जाओस् न !' किमले पल्लापट्टिबाट मलाई फेरि ताके।

'रेसम फिरिरि फर्माइस नगर्नुहोस्,' मैले भनें ।

'मैले सुनेको त त्यही हो,' उनले भने, 'तपाईंका तिर रातिराति यही गाउँछन् त !'

रातिराति जसले जे गाउँछ त्यही गाउनुपर्ने रीत घोषणा गरीवरी किम उभिए, मानौँ टोलीनेता उभिएपछि रात रोकिन्छ ।

तर रमझमका रातहरू कहिल्यै रोकिँदैनन् र जहिल्यै हतार गर्छन्, मानौँ बतासले थाहा पाउनुअघि बिहान उठिहाल्नुपर्छ ।

जसरी भनिन्छ नि– लेखकहरू लेख्छन्; लेखन आफैँ दुःखी प्रक्रिया हो र दुःखबाट पार पाउनै पनि लेख्छन् ।

उनीहरू किन लेख्छन् भने नलेखेको भए झन् दुःखी हुने थिए । उनीहरू त्यस्तो सोचेर पनि लेख्छन्; उनीहरूले नलेखेका भए त्यसबारे पाठकलाई थाहै हुने थिएन ।

किम नाम इलले नलेखेका भए कम्तीमा मैले उनका बारे थाहा पाउने थिइनँ । न उनले देखेको कोरियाबारे ।

कोरियाली सङ्घर्षमा धूलो पारेर रछ्यानमा मिल्काइएका किमहरूले कसरी जऱ्याकजुरुक उठेर फेरि यात्रा थाले ! आफैँले नभ्याए अर्को पुस्तालाई काँध थपाए । सङ्घर्षको कुनै एउटै मार्गरेखा वा कुनै भऱ्याङ वा विद्युतीय लिफ्ट हुँदैन । सङ्घर्ष सपनाजस्तै हो; कतिखेर सुरु भयो, थाहा हुँदैन ।

१२

खराब मौसम झ्यालबाट झन् खराब देखिन्छ भन्छन् कुनै कवि।

टेलिभिजनले संसारलाई डरमर्दो देखाउँछ भने तपाईं कोठाको पर्दा बन्द गरेर आवाज रोक्न सक्नुहुन्न।

कविता पढ्नू। कति कवि त मन्दिरको घण्टी रोकिएपछि पनि फूलहरूमा बजिरहेको सुन्छन्!

माछा पौडिरहेको हेर्दैनन्; छप्ल्याङछुप्लुङ सुन्छन् र तैरिएको पानीको सतहमा गहिरो आवाज पर्गेल्छन्।

जीवनको आनन्द लिनू, जसरी तपाईं फूल हेर्नुहुन्छ। फूलले तपाईंलाई केही भनिरहेको तपाईं बुझ्नुहुन्न भने आफ्नै दुखेको घाउ हेर्नू।

नभए किम नाम इललाई सोध्नू।

अरूलाई हँसाउने हरेक व्यक्तिभित्र चहऱ्याउने घाउहरू हुन्छन्।

फूल कति कष्टसाध्य कोपिला प्रक्रियाबाट फक्रिन्छ!

मौसम अदलीबदली, बताससँगको भनाभन, अग्लो रूखको चिसो छिमेकी ओझेल, उर्वरा हराएर शुष्क भएको माटोले गर्न थालेको नाकाबन्दी वा बहुराष्ट्रिय एक्स्काभेटरले लतारेर छाडेको कान्लो वा आफ्नो साम्राज्य आफैं विस्तार गर्ने डोजरले फूलहरूको गाँज उधिनेर रसाउने मूल टालिदिएको पखेरा।

हामी गमलामा बेर्ना साररिराखेर फूलको संसार साँघुरो बनाइदिन्छौँ र पहरा वा पखेरा वा पाखातिर तन्किँदै-फैलिँदै आफ्नो पहिचानको प्रदेश आफैँ बनाउने उसको साँघु भत्काइदिन्छौँ ।

आँत मिलेका दौँतरी बिरुवालाई छुट्ट्याएर एउटा गमला र अर्को गमला भरिदिन्छौँ भने किम नाम इललाई बुझ्न सक्छौँ ।

उनलाई जाँच्न दुई कोरियाको दसगजा जानुपर्दैन । पान्मुनजोम जहाँ डिमिलिटराइज्ड जोन (डीएमजेड) मा सत्तरी वर्षदेखिका शत्रु देशका सैनिकहरू कसरी अहोरात्र एकार्काप्रति हतियार सोझ्याइरहेका छन् !

सैनिकहरूको पहराले दुवै देशलाई सुरक्षित पार्न खोजिएको छ भने लडाइँ टुङ्गिएको छैन । युद्ध सकिएको उहिल्यै हो भनेर ढुक्क हुनु हुँदैन ।

लडाइँ नसकिँदा अर्को युद्ध कहिले हो भन्ने सोच्नुहुन्छ भने तपाईं कोरियातिरै हुनुहुन्छ । वा कहीँबाट पनि समाचार हेर्दै हुनुहुन्छ ।

टेलिभिजनको भोलुम घटाउँदैमा युद्धको सम्भावना टर्दैन ।

किम नाम इल हामीलाई भेला पारेर बसतिर जान इसारा गरिरहेका छन् जसरी दशकौँअघि उनी आफ्ना स्थानीय लेखक साथीहरूसँग भेलिएर अन्तरकोरिया सम्मेलन तयारीको बस चढेका थिए ।

लेखकहरूलाई तल सडकमा किनार लागेर कुरिरहेको बस तपाईंले काठमाडौँमा चढ्ने लोकल बस होइन ।

सिट छ; आउनुहोस् । लिमोजिन बस ।

इकोनोमिक क्लास होइन । बिजनेस क्लास पनि होइन । फस्ट क्लास यात्रुहरूलाई खुट्टा फट्टाएर जता पनि पुऱ्याउन सक्ने स्पेस तपाईं पाउनुहुन्छ । हरेक सिट आयल सिट ।

परिचारिका छैनन् भने कुनै ड्रिङ्क अफर गर्ने छैनन् । न वेट टावेल, न बदामका प्याकेट, न *न्युयोर्क टाइम्स*, न *कोरिया टाइम्स*, न *इकोनोमिस्ट* । सिटपिच्छे स्क्रिन छैन भने सबैले हेर्न सकिने उचाइमा अमेरिका-उत्तर कोरियाको धम्कीको साटफेर ।

किम हामीलाई कतै लैजाँदै छन् जहाँ छिमेकका कुनै लेखकले इतिहासको परिवेश वा परिवेशको इतिहास वर्णन गर्नेछन्। वा कवि वा निबन्धकार वा नाटककार वा उपन्यासकार। हरेकसँग कथा छ।

कोही लेख्छन्, कोही लेख्दैनन् भने पनि तिनले नलेखेका अक्षरहरूलाई हेला गर्नु हुँदैन।

नलेखिएका अक्षरहरूका बियाँ जम्मा गरेर तपाईं अलिखित शीतभण्डार बनाउन सक्नुहुन्छ र तिनको जैविक गुण जोगाउन।

बोल-कबोल गर्नुहोस्। स्टक मार्केटको इन्डेक्समा उच्च ग्राफ भएको फोर्ब्स सूचीको कम्पनी आउनेछ। उसको स्थानीय एजेन्ट प्राय: किन बिचौलिया बन्न पुग्छ, मैले बुझेको छैन।

हाम्रा विचारका बियाँहरू हामीले थाहा नपाउने गरी बिचौलियाले सबभन्दा पहिला हात पार्छन्। तपाईंका तर्किएका विचारहरू पनि सोलीमा सोहोरेर लैजान्छन्।

'सबै जना आइपुग्नुभयो ?' भन्दै ड्राइभरको सिटपछाडि उभिएका किम हाम्रो टाउको गनिरहेका भए पनि उनले भाउ तोक्ने होइन।

कसको पुर्पुरोमा के लेखिएको छ वा कसले कति लेख्न सक्छ, उनले भेउ पाउन सक्नेछैनन्।

उनको पुर्पुरोमा उठेको फुलो प्रहरीको पिटाइ हो भन्ने देख्नासाथ थाहा हुँदैन। किनभने उनी हाँसिरहेका हुन्छन्।

प्रहरीको कटबाँस र करेन्टले उनको ढाड अझै सीधा सोझिन सकेको छैन भन्ने तपाईंलाई ख्याल हुँदैन। किनभने उनी हँसिलो अनुहारमा तपाईंलाई केही भन्न खोजिरहेका हुन्छन्।

सङ्घर्षले खारिएका ज्यानहरू जति खिरिला भए पनि दर्बिला बनेर अरूलाई जीवनप्रति भरोसा दिइरहेका हुन्छन् भन्ने लाग्छ भने मैले पछ्याइरहेका लेखक सही हुन्।

लौ, सबै जना ओर्लिनुहोस् । केही बेर हिँड्नुहोस् । स्थानीय लेखक वा कवि वा निबन्धकार वा उपन्यासकार आफ्नो ठाउँको गाइड गर्न उः त्यहाँ टोप उनेर उभिइरहेका छन् ।

हातमा गाइड पुस्तक छैन । लेखकका लागि पर्यटक गाइड पुस्तक जरुरी हुँदैन । उनीहरूले भोगेको भूगोल अरूले देख्न नसक्ने खगोल हो ।

लेखकहरू पर्यटकझैँ घुम्दैनन् । उनीहरू अरूले तय गरेको बाटो हिँड्दैनन् । त्यही बाटो परे पनि अलग्गै यात्रा गर्छन् ।

तिनका विचारको अन्तरिक्ष विचरण गर्न पन्नाहरूको यानमा चढ्नुपर्छ । वा ओर्लिनु वा बस्नु वा सुत्नु वा सुँघ्नुपर्छ । कति त पन्ना सुँघेर पनि लेखकका विचार कति सुग्घर छन्, ठम्याउन खोज्छन् ।

अक्षरहरू आफैँ बोल्दैनन् । अक्षरहरूबीचको शून्यतामा पनि यात्रा हुन्छ । केही बेरको अक्षरपछि केही बेरको शून्यताले तपाईंलाई कल्पना गर्ने ठाउँ दिन्छ ।

अक्षर र शून्यता एउटै सिक्काका दुई मोहडा हुन् भन्ने सोच्नुभयो भने अल्पभाषी किताबले पूरै कहानी भरेको कल्पनुहुनेछ ।

चराहरूलाई यता उड भनेर हुँदैन, न पुतलीलाई । तिनले बाकटे हान्ने आकाश पाइलटले खियाए झैँ निर्धारित हुँदैन । पाइलटहरू निर्धारित यात्रामा हामीलाई निर्धक्क पार्छन् । उनीहरू ओर्लिंदा र उक्लिँदा मात्र सजग हुन्छन्, अरू बेला ककपिटलाई अटो पाइलट मोडमा राखिदिन्छन् । ओर्लिने बेला एयर ट्राफिक कन्ट्रोलरको निर्देशन पर्खिन्छन् ।

'ओहो,' किम भन्छन्, 'यो ठाउँ त म पहिलो पटक टेक्दै छु !'

तपाईं बुझ्न सक्नुहुन्न त्यो ठाउँमा के छ जसमा उनको पहिलो पाइला परेको छ ।

त्यो पहाड, त्यो गल्ली, त्यो भग्नावशेष, त्यो पुरानो दरबार, त्यो पुरानो किल्ला, त्यो पुरानो राजकीय केन्द्र, त्यो पुरानो अवशेषले लिएको नयाँ आधुनिक भवनको अवतार जहाँ कफी हातमा लिएर पुरानो समय सम्झिन सक्नुहुन्छ ।

कफीमा के कुरा छ जसले पुराना सम्झनालाई बाफको बास्ना दिन्छ ? बुझ्दिनँ भने पनि अर्को सुरुप नतान्न म धर पाउन्नँ ।

कफीपारखीले आफ्नै मग लिएर हिँड्नु जाती, रिसाइकल नहुने प्लास्टिकको गिलास प्रकृतिलाई नाश ।

केही बेर हिँडौँ । देख्नुभयो त सोल कहाँसम्म फैलिएको छ ?

लौ, फेरि बसमा फर्किनुहोस् । आफ्नो आसन जमाउनुहोस् । अब हामी मध्य सहरतिर फर्किंदै छौँ ।

पुराना बस्ती भनेका पर्यटकीय सामग्रीहरू सजाउने पुराना घर । पुराना घर भनेका पुराना छानामुनि वातानुकूलित चिटिक्क आन्तरिक सज्जा । यी घरहरू त के, पूरै बस्ती अधिग्रहण भएर अब कुनै कम्पनीले लिजमा चलाउँदै छ ।

'यी छाना र बलेसी अर्को वर्ष तपाईं आउनुभयो भने देख्न पाउनुहुनेछैन,' गाइड लेखक भन्छन्, 'कम्पनीले अर्कै बनाउनेछ ।'

कोरिया भनेको कम्पनी । कम्पनी नै कम्पनी । कर्पोरेट र कारखाना । कतै काम पाउनुभएन भने बेरोजगारीको कारावास । स्वनिर्वासन ।

तपाईंको कुनै कम्पनी छैन वा कुनै कर्पोरेटमा काम गर्नुहुन्न भने तपाईंको कुनै काम छैन । स्थानीय, राष्ट्रिय वा बहुराष्ट्रिय । त्यसो त पारिवारिक कम्पनीहरू सबभन्दा शक्तिशाली छन् । नाम चलेको कुनै ब्रान्ड सम्झिनुहोस् । घराना कम्पनीहरूको नामै काफी– चेबोल ।

सामसुङ, एलजी, हुन्डाई, लोत्ते । दर्जनौँ चेबोलले अर्थतन्त्र अँठ्याएका छन् ।

हातको मोबाइल वा स्टेयरिङ वा चिप्स वा घडी वा मग वा कलम वा कपी वा कुची वा कुचो वा टिस्यु पेपर वा भर्खर दलेको विन्डक्रिम वा अघि क्याफे पस्नासाथ छुस्स दलेको ह्यान्ड स्यानिटाइजर वा तपाईंले काचकुच पारेर फालेको छड्के प्रेमपत्रको सिरानमा अङ्कित कुनै चिह्न ।

कहीं न कहीं कुनै न कुनै चेबोलको चिह्न तपाईंको कोरियाका निसानी हुनेछन्।

कुनै नेता वा कर्मचारी घूसखोरीमा पक्राउ खायो भने ऊसँगै हिरासतमा जाकिने कुनै न कुनै चेबोलको साहूजी नभए महाप्रबन्धक नभए उपमहाप्रबन्धक नभए सीईओ कोही न कोही हुनेछ। फरक यत्ति हो– कम्पनीवालाहरू अलि छिटो छुट्छन्।

मूल्य धेरै हुन्छ; हरेक सामानमा आँखा नगाड्नुहोस्। किम्मती सामानका लागि विन्डो सपिङ सबभन्दा सस्तो किनमेल। आँखाले गर्ने किनमेलबाट खल्तीलाई खती हुँदैन।

'ओहो,' किमले फेरि भने, 'म यो ठाउँ त पहिलो पटक टेक्दै छु!'

मानिसको बोली कति थेगो र कति खाँट्टी अभिव्यक्ति, हत्तपत्त थाहा पाउन सकिँदैन। चाइन्जो क्यारे, के भन्दाखेरिन्, माने, त्याँबाड है, तेसका बाउले। किम भने जहाँ पुगे पनि 'म यो ठाउँ त पहिलो पटक टेक्दै छु' भन्न थालेका छन्।

होइन, तपाईं कस्तो कुरा गर्नुहुन्छ? के ब्लु हाउस पनि तपाईं पहिलोपल्ट आउँदै हुनुहुन्छ? ब्लु हाउस जसमा निर्वाचित कार्यकारी राष्ट्रपति बस्छन्। अस्तिसम्म बस्थिन्। पहिलो महिला राष्ट्रपति।

हामीले काटेको सडक सानो टुँडिखेलजत्रो छ र फराक सडक टाढासम्म पुगेकाले त्यहाँ महिनौँसम्म लाखौँलाख प्रदर्शनकारीले नित्य मैनबत्ती धर्ना कसेका थिए। जुन दिनसम्म ती अविवाहिता राष्ट्रपतिलाई संसद्ले महाभियोग लगाएन। प्रहरीले पक्रिएन। भ्रष्टाचार मुद्दा लागेन।

अब त उनी बीसौँ वर्ष कैदमा। उनीसँगै सत्तासँग अर्थको शक्ति मोलमोलाइ गरेबापत पक्राउ खाएका सामसुङका ठूले छोरा साहूजी भने निस्किए।

'भो,' किमले भने, 'म त त्यतापट्टि हेर्न पनि डराउँछु।'

'कता किम ?'

'ब्लु हाउस,' उनले भने ।

हत्तेरी, ब्लु हाउसको एकापट्टि सर्वसाधारणका लागि भर्खर खुलेको प्रवेशमार्ग छ, किन नजाने !

बाहिर बरु केही प्रदर्शनकारी बाँकी छन् । ती भने नयाँ राष्ट्रपतिलाई देखाउन हातमा अपुङ्गो प्लेकार्ड बोकेका एक्ला व्यक्ति हुन् ।

कोही कृषि उब्जनीको भाउ भएन भनेर दुखेसो गर्दै छन्; कोही मेरा सांसद भाइलाई अनावश्यक मुद्दा लाग्यो, रिहा गरिपाऊँ भन्दै छिन्; कोही मेरो सम्पत्ति हड्पियो भन्दै छन्; कोही कम्पनीले मेरो तनखा दिएन, असुल गरिपाऊँ; मेरो जग्गाको मुआब्जा भएन, क्षतिपूर्ति पाऊँ... ।

मेरी दोभाषे मलाई सबै उल्था गरिदिन्छिन् । उता किम भने ब्लु हाउसतिर आँखा नपरून् भनेर हामीतिर हेर्दै छन् ।

'किन र किम ?' मै सोधेँ ।

'म ब्लु हाउस हेर्न हिचकिचाउँछु,' उनले भने । म उनको समीप उभिन्छु ।

कसैले केही सुस्तरी भन्न चाहन्छ भने त्यो गुह्य कुरा हो । डाँको छाड्नु हल्ला हो । भाषण वा आश्वासन वा प्रतिबद्धतापत्र वा समझदारीपत्र वा वार्षिक नीति तथा कार्यक्रमको सम्बोधन जसका लागि शिखर पुरुष वा महिला उभिएको माइकछेउ मुद्रा राक्षसहरू सबै हटाईवरी टेलिप्रम्प्टरमा अक्षर ठूला पारिएका हुन्छन् ।

'त्यो त्रासको स्रोत थियो, साथी,' उनले भने, 'सैनिक शासनले हामीलाई कति सतायो !'

हगि, किम ?

'हो त,' उनले भने, 'पचासको दशकमा जन्मेकाहरू त्यसको कति भुक्तभोगी छन्, सोध्नुहोस् न !'

छोरी राष्ट्रपति पार्कको बहिर्गमनपछि पनि उनको हिचकिचाहट घटेको छैन। किनभने उनका बाबु जर्नेल राष्ट्रपति पार्कको लामो शासनमा उनको हुर्काइ हिरासतहरूमा भयो। वा प्रहरीबाट लुकीछिपी हिँड्दै। कहिले वारेन्ट आउँछ भन्दै कुम्लो सार्दै, डेरा फेर्दै।

जर्नेल राष्ट्रपति पार्क मारिए; लोकतान्त्रिक आन्दोलन चल्यो र लेखकहरू फेरि तङ्ग्रिए।

मार्च २७, १९८९ को दिन किम बिर्सन सक्दैनन्। किनभने त्यस दिन सत्ताइस जनै दक्षिण कोरियाली लेखकहरू रिजर्भ बसमा पान्मुनजोम जाँदै थिए जहाँ उत्तरबाट पनि लेखकहरू आउँदै थिए। दुई कोरियाली लेखकहरूको सम्मेलनको प्रारम्भिक बैठक गर्नु थियो।

उनले हामीलाई त्यही कथामा आधारित लघु कायाको आफ्नो आख्यान पढ्न दिएका छन्– कट्टु। अन्डरवेयर। कोरियालीमा कट्टुलाई के भन्छन्, म पढ्न सक्दिनँ। वा अन्डरवेयर।

एकापट्टिको पन्नामा कोरियाली पढ्न सक्नुहुन्न भनेर अर्कापट्टि अङ्ग्रेजी उल्था गराएका छन्। द्विभाषी संस्करण।

मैले अहिलेसम्म कोरियाली कट्टु लगाएको छैन। जहिले कोरिया आउँदा पनि कट्टु, गन्जी, मोजा, पन्जाको पनि विन्डो सपिङ नै गरेको छु र हरेकपल्ट खल्तीलाई खती हुनबाट बचाएको छु।

बरु लगाउने गरेको छु घर पायकका पसलमा मोलमोलाइ गर्दै किनेका वा फिक्स्ड प्राइस ट्याग लागेका। वा 'नो बार्गेन प्लिज'। नेपाली, भारतीय, चिनियाँ, अमेरिकी वा अमेरिकी भए पनि मेड इन बङ्गलादेश वा थाइल्यान्ड वा पाकिस्तान।

साटफेर छ भने मानिसले कट्टु हरेक दिन फेर्छन्, वा पेन्टी। बच्चालाई लँगौटी। शिशुलाई डायपर।

'कट्ट' को आवरणमा उनकै तस्बिर छ। उनको कपाल त्यसै गरी लर्केर तल झरेको छ, हात त्यसै गरी चिउँडोमा हालेका छन्। कतै हेरिरहेका छन् र आँखामा अत्यास छैन। बित्यास पनि छैन। हताशा पनि छैन। आँखाको उज्यालोले सङ्घर्षको सम्झना दिलाउँछ।

कट्टु उनको आफ्नै भुक्तमान। आत्मकथा भनेका छैनन् तर प्रहरी हिरासतका दुई दिन लेखकहरूले कस्तो सास्ती भेटे, त्यसको बेहोरा छ। सर्टह्यान्ड नोट टिप्न वा रेकर्ड गर्न वा सम्झनाशक्ति तेज भएका रिपोर्टरको झैँ विस्तृत बेहोरा भन्न सक्नुहुन्छ।

विवरणहरू कहिलेकाहीँ आफैँ शक्तिशाली हुन्छन्। यथार्थ कल्पनाभन्दा अविश्वासिलो हुन्छ। कल्पना सपनाभन्दा अपत्यारिलो हुन्छ। बिहानीपखको सपना कसरी सत्य हुन्छ भन्छन्, मैले पत्यार गरेको छैन।

तपाईंको बाक्लो वा पातलो निद्राको यकिन अवधिको तथ्याङ्क दिने डिजिटल नाडी घडीलाई सपना पनि रेकर्ड गर्ने एप किन बनाउन लगाउनुभएको छैन ?

किमको कट्टुले दोस्रो विश्वयुद्धपछि कोरियाको दीर्घ कथा भनेको विभाजन हो भन्ने दसी दिन्छ। कोरिया एकीकरण उनीहरूको साहित्यको एउटा मस्यौदा। मूल मक्सद।

साहित्यले जोड्न खोज्छ; राजनीतिले रोकिदिन्छ। राजनीतिमा जारी टकरावसामु उनीहरू हार खाइरहेका छन्।

लेखकहरू लर्को लागेर रिजर्भ बसमा सीमातिर जान खोज्छन्। उत्तरबाट पनि लेखकहरू आउँदै छन्। दुई देशका लेखकको संयुक्त सम्मेलन गर्नु छ। खासमा संयुक्त सम्मेलनको तयारी बैठक गर्नु छ।

राजनीति हावी हुन दिनु भएन; लेखकले बोल्नुपर्‍यो। लेखकहरू एकीकरणको कल्पना गर्छन् किनभने उनीहरू कल्पनाशील हुन्छन्। कल्पना गर्ने भएकैले उनीहरूले कलम समात्ने हुन्।

कलमको विकासपछि मात्र लेखकहरू जन्मिन थालेका होइनन्। कलमको

विकास हुनुअघि चराको प्वाँखबाट पनि लेखे। अँगारलाई मसी बनाए वा रूखको बोक्रा पिसेर रस निकाले। अक्षर बन्नुअघि आकार बनाए।

आकारले अलङ्कार दिन्छ। जस्तो– तपाईं दुइटा आँखा बनाएर माथि धर्सो तान्नुहोस्, बुद्ध बन्छन्। गोलो चस्मा लगाउने मुडुलो टाउको कोर्नुहोस्, महात्मा गान्धी बन्छन्। सुँडको नाक र पुट्ट भुँडी बनाउनुहोस्, गणेश बन्छन्। गणेश जहिले पनि बच्चा हुन्छन्। किशोर, वयस्क वा वृद्ध गणेशको कुनै पनि आकृति मैले देखेको छैन।

किम र उनका साथीहरूले कोरियालाई एकीकृत आकार दिने यात्राको श्रीगणेश गर्नु आफैँमा दुस्साहस थियो।

उनीहरू आफ्नो सरकारलाई नटेरी बस हुइँक्याउँछन्। सरकारलाई टेर्नुहुन्न भने प्रहरी परिचालन हुन्छ-हुन्छ।

एकीकृत कोरियाको कल्पना गर्ने लेखकहरूलाई पान्मुनजोम पुऱ्याउनुपर्ने बस प्रहरी थानाभित्र छिर्छ। प्रहरीहरू उनीहरूलाई ओराल्छन्। पक्रेर हिरासतमा कोच्छन्। ऐया-आत्थु हुने गरी अँध्यारो कालकोठरीमा थेचार्छन्।

'सिथर्ने हो !' प्रहरीको गालीगलौजपूर्ण हप्कीदप्की सुन्छन्, 'उत्तर कोरिया तिमीहरूको ओछ्यान हो ?'

'के हामी आफ्नै देश घुम्न पाउँदैनौं ?' उनीहरू सोध्छन्, 'यो सीमा कसले कोऱ्यो ?'

'साला, तिमेरु बढी जान्ने हुनुपर्ने ?' कम्युनिस्ट प्रतिरोधी विभागका कर्मचारीहरू हरेक लेखकको तीनपुस्ते टिप्दै कालो सूची बनाउँछन्।

हिरासतभित्र किम आफ्ना आँखाअगाडि एक सत्तरीवर्षे कविलाई केलाउँछन् जो चिच्याइरहेका छन्।

ती कवि जो बूढेसकालमा पनि कविता लेख्छन्। कविको काम कविता लेख्न नछाड्नु हो। कल्पना गर्न नछाड्नु हो। उनका लागि कविता के हो ? कविता के हुन सक्छ र के हुन सक्दैन ?

उनी यहाँ किन थुनिएका छन् अनि यस्तो सभ्य पुँजीवादी समाजभित्र

उनी किन रोइरहेका छन् ? एकीकरण कहिल्यै हुन नसक्ने कोरियाका लागि किन उनी यसरी चिच्याउँदै छन् ?

चरम यातनाबीच लेखकहरू धन्न कट्टु फेर्न पाउँछन् ! उनी साथीहरूका शरीर हेर्छन् । के एकीकरण माग्नु चट्टानमा अन्डा फुटाए जस्तै हो ? हामी कति अन्डा बनेर फुटिरहनुपर्ने हो ? अन्डाभित्रको सेतो र पहेँलो भाग छुट्ट्याए जस्तै पाँच जना लेखकलाई थप कोठरीमा थुन्न अरूलाई छाडिदिन्छन् ।

'त्यो त तीन दशकअघिको कहानी हो,' मैले भनेँ, 'एकीकरणबारे तपाईं अहिले के सोच्नुहुन्छ ?'

'खोइ, यो कुरा त अब गर्न पनि झिँजो लागिसक्यो, साथी,' उनले भने ।

'किन र किम ?'

'हामीले जे बेहोर्‍यौँ,' उनले भने, 'आजका युवाको सोचाइ त्योभन्दा बेग्लै छ । उनीहरू इतिहास इतिहासै रहोस् भन्ठान्छन् । हामी सोच्छौँ, इतिहास इतिहासकै रूपमा रहिरहँदैन । हाम्रो भविष्य इतिहासबाट आउँछ ।'

'तपाईंका युवा किन त्यस्तो सोच्दैनन् ? त्यस्तो, जस्तो तपाईं भन्नुहुन्छ, भविष्य इतिहासबाट आउँछ ।'

'पुँजीवाद,' उनले भने, 'हरेकलाई व्यक्तिवादी बनाइदिँदा उनीहरू आफैँप्रति लम्पट छन्; आफ्नै स्वार्थ, प्रतिस्पर्धा, जित्ने ध्याउन्न, हासिल गर्नैपर्ने होड । पुँजीवादले हाम्रो मानसिकता बदलिदियो ।'

हगि, किम ? म सही थाप्छु र उनलाई सुन्न कानलाई छत्रीजत्रो बनाउँछु । उनी नबोल्दा उनका पन्ना पल्टाउँछु ।

उनी धेरै भन्न सक्दैनन् । धेरै त उनका अक्षरहरूले भनिसकेका छन् । अक्षरमार्फत भनिसकेका कुरा किन हामी आवाजमा झार्न लेखकलाई कोट्ट्याइरहन्छौँ ? हलेदो कोट्ट्याए बेसार निस्कन्छ । लेखकलाई कोट्ट्याउँदा उसले लेखिसकेका अक्षरहरू आवाज भएर निस्कन्छन् ।

लेखकलाई सुन्नुभन्दा पढ्नू।

उनी फरक इतिहासमा जन्मिए। भविष्य सुरु हुनुभन्दा अगावै। भविष्य सुरु हुन्छ भन्ने लाग्नुभन्दा पहिल्यै।

अँ, साँच्चै, भविष्य कतिखेर सुरु हुन्छ वा इतिहास कतिखेर सिद्धिन्छ? भविष्यमा पाठकलाई पढ्न हुन्छ भनेर म यही हरफ लेख्न बस्दाबस्दै इतिहास लेखिरहेको हुन्छु।

इतिहासमा उनी लहरै सात सन्तानमध्ये जन्मिए। उनका दुई दिदी भने कोरियाली युद्धताक बिते।

उत्तर कोरियाले एक्कासि आक्रमण गरी दक्षिणमा आधिपत्य जमाउँदा कत्रो उथलपुथल भयो! भनिन्छ– तीन दक्षिण कोरियालीमध्ये एक जना घरबारविहीन हुन पुगे।

थातबास उठ्यो। परिवारहरू अलग्गिए। कम्युनिज्मप्रति आस्था भएका चेतनशीलमध्ये कति त पुँजीवादी दक्षिण छाडेर दुस्साहस मोल्दै उत्तरतिर भागे।

'मेरो भाइलाई भेट्दा' वा यस्तै एउटा उपन्यास पढेको मैले सुनाएँ। सिद्धान्तनिष्ठ बाबु उत्तर कोरिया भागेपछि सोलमा टुहुरो जीवन बाँचेको लेखकको कथा।

किमले एकपल्ट आफ्नो छेउ बस्नेलाई गुगल गर्न लगाएर त्यसका लेखक पत्ता लगाए। 'ए हो,' उनले लेखक चिने झैँ गरी मुन्टो हल्लाए।

उत्तर कोरियातिर भाग्नु अपराध मानियो। कम्युनिस्ट पार्टी खोल्न बन्देज लगाइयो। त्यसरी भागेकाहरूका परिवारले समाजमा मुन्टो ठड्याउन नसक्ने भए।

सामाजिक अवहेलना र सरकारी कोपभाजनबीच श्रापित जिन्दगी जिएका लेखकले थाहा पाए– उनका बाबुले उत्तर पुगेर अर्कै घरजम गरे। बाबु

त बिते तर उनका एक छोरा छन्। उनी ती भाइ भेट्न चाहन्छन् र बाबुबारे थाहा पाउन।

आफ्नो सरकारको आँखा छल्नु भनेको गुप्तचरहरूबाट जोगिनु। उनले सीमावर्ती चिनियाँ सहर पुगेर मानव ओसारपसारमा सघाउने व्यक्तिलाई पैसा खुवाईवरी उत्तरबाट आफ्ना भाइलाई झिकाए।

भाइलाई मुस्किलले भेटीवरी बाबुको अस्तु सेलाउन र सम्झनाको तलतल मेट्न उनले गरेको सास्ती त्यो उपन्यासको सार थियो।

दोस्रो विश्वयुद्ध विसर्जन हुँदा दुई फ्याक भएको कोरियाका परिवारहरू उत्तर र दक्षिणतिर बाँडिए। शान्तिवार्ता चल्दा कहिलेकाहीँ केही सदस्यलाई भेट्न छूट दिइन्छ र अब त अनुहार चाउरिसकेका परिवारजनका त्यस्ता भेटका अश्रुपूर्ण तस्बिरहरूले इतिहासको विभीषिकाको विवरण दिन्छन्।

संहारलगत्तैको सुनसानमा उनीहरूले विश्वविद्यालय जोडे। पहाडमा टहरा थापेरै कक्षाहरू चलाए।

किम विश्वविद्यालय पढ्दा डिप पर्पल, एरिक क्लाप्टनका सङ्गीतमा झुम्थे। टन्न रक्सी धोक्थे र नबिराई चुरोट फुक्थे। क्षयरोगले गाल्यो। उनले लेख्न थाले।

एउटा निबन्ध लेखे, कपाल लामो पाल्ने युवालाई प्रहरीले समात्दै कसरी छटाइदिन्छन् भन्नेबारे। एक जना उपन्यासकारले त्यसलाई सह्राए। उनी लेखनतर्फ आकर्षित भए।

देशमा अधिनायकवादी शासन थियो। विरोध प्रदर्शनमा विद्यार्थीकै अग्रसरता हुन्थ्यो। उनी जँ पल सार्त्रको उक्ति टाँसेर सडकमा हिँडे– 'मानिस स्वतन्त्र हुन बाध्य छ'।

प्रहरी धरपकडपछि हिरासतमा निर्घात चुटिए। देश विकासका नाममा राजनीति निषेधित सैनिककाल थियो। आफ्नै विश्वासका व्यक्तिको गोलीबाट मारिएपछि राष्ट्रपति पार्क चुङ हीको अठारवर्षे लामो शासनबाट देश मुक्त भयो। किम पनि हिरासतमुक्त भए।

सन् ८० को दशक उनी साहित्यमा जति आकर्षित थिए, उति देशको राजनीतिप्रति आक्रामक। ग्वाङ्ग्जुमा राजनीतिक प्रदर्शनकारीको नरसंहार भयो।

किम पनि प्रहरीको सूचीमा थिए। देशको उकुसमुकुसपूर्ण परिवेशमा उनी पुस्तकका पन्नाहरूबाट चैनको सास फेर्थे।

उनलाई लुकासको एउटा पुस्तकको पहिलो हरफले नै चित खुवाइदियो। त्यो हरफ जसमा लेखिएको थियो, 'त्यो नै खुसियालीपूर्ण समय हो जब ताराहरू झलमल्ल भएको आकाशमा सम्भावनाका बाटाहरूको नक्सा हुन्छ।'

त्यो वर्षायाम उनका एक साथीले लुकासको आर्थिक धारणाको आलोचना गरे, 'मानिस ब्रेडले मात्र बाँच्दैन।' उनले मानेनन्। उनले साहित्यलाई शक्तिहीनहरूको हतियार बनाउने अड्डी लिए।

त्यसैताक अमेरिकी राष्ट्रपति रोनाल्ड रेगनको भ्रमण पऱ्यो। विरोधमा उत्रिन सक्नेहरूको खोजबिन सुरु भयो। किमलाई प्रहरीले पुनः पक्राउसूचीमा राख्यो।

उनी गिरफ्तार भए। आँखा थुन्दै उनलाई त्यस्तो गोप्य ठाउँ लगियो जुन पछि गएर सशस्त्र प्रहरीको कुख्यात मुख्यालय हुन पुग्यो। उनी त्यस्ता ठाउँ पुग्दा अहिले पनि आँखा बन्द गर्छन्; नभए मुन्टो फर्काउँछन्; नभए 'म त्यतातिर हेर्दिनँ' भन्दै तर्किन्छन्।

त्यो गोप्य यातनालयभित्र एउटा ओछ्यानमा बाँधेर उनलाई निरन्तर कुटपिट गरियो। उनी चिच्याइरहे। केरकार अवधिभर उनले क्षमादान मागिरहे।

उनको आँत सुक्यो। त्यसपछि लामो समय उनी सडकमा भौंतारिरहे। त्यही सडककालमा धेरै मानिस मारिए।

मानिसको मर्यादाका खातिर सडक अन्तिम आश्रय थियो। उनले 'तन्नेरी डायरीहरू' शीर्षकमा पहिलो उपन्यास लेखे।

१९८७ मा बल्ल लोकतान्त्रिक आन्दोलन सफल भएको के थियो, त्यसको दुई वर्षमै बर्लिन पर्खाल ढल्यो; कम्युनिस्ट किल्लाहरू भत्किँदै गए। साहित्यप्रति उनको आस्था पनि डगमगायो।

साहित्य आफैँले क्रान्ति ल्याउन सक्दैन भन्ने निचोडमा पुगे। साहित्य यथार्थको एउटा छेउ मात्र रहेछ, टुप्पो होइन।

नयाँ सहस्राब्दी सुरु भएपछि मनको औडाहा मेट्न उनी भौँतारिन थाले। हिमालयतिर हिँड्न थाले। प्रायः, परिवार र लेखन छाडेर।

'त्यसपछि हो म नेपाल गएको,' उनले भने, 'अन्नपूर्णा हिमालको फेरो मारेँ।'

पहाड चढाइले उनलाई आत्मबल दियो। पहाडका मोहडा र खोँच, चट्टान र भन्ज्याङ। केही हासिल गर्नु, केही गुमाउनु। केही गुमाउनु, केही हासिल गर्नु। पसिना जति बग्यो, अठोट उति बढ्यो। शरीरमा फुर्ती भर्नु आँतमा कथाहरू। पहाडबाट झरेर उनी लुम्बिनी गए।

'पहाडबाट कसरी झर्ने' शीर्षकमा कथासङ्ग्रह तयार गरे। लेखन बढाए। चलाख खरायो आफ्नो अस्तित्वसँग कसरी सङ्घर्ष गर्छ, उपन्यास लेखे। बच्चाबच्ची, किशोरकिशोरीका लागि छुट्टाछुट्टै आख्यान लेखे अनि व्यक्तिका बायोग्राफी।

'कोरिया एकीकरणप्रति तपाईं किन विरक्त हुनुहुन्छ, मैले बुझ्न सकिनँ, किम ?' मैले सोधेँ, 'हँ, किम ? तपाईंहरूले त्यत्रो सङ्घर्ष गर्नुभयो !'

'हो, हजारौँ लेखक सम्मिलित सङ्घ सक्रिय भएकै हो,' उनले भने, 'तर एकीकरणको आशामुखी चर्चाले वाक्कदिक्क भएर हाम्रो सङ्घको नामबाट राष्ट्रवादी भन्ने विशेषण झिकिदियौँ।'

'किन वाक्क ?'

'दक्षिणपन्थी राष्ट्रपतिहरूका कारण दस वर्ष त बित्थामा खेर गयो,' उनले भने।

वार्ताका प्रयासहरू मात्र बिथोलिएनन्, पहिलेदेखि बन्दै आएका सम्पर्कसूत्रहरू पनि खलबलिए ।

'अमेरिका सायद चाहँदैन,' किमले भने, 'कोरिया प्रायद्वीप एसियामा खुट्टा राख्ने उनीहरूको ढोका हो ।'

त्यसो त कत्ति कोरियाली लेखकहरू हुर्केको समय विश्वविद्यालयका कक्षाहरू हुन् जहाँ प्राध्यापकहरू भन्थे– अमेरिका पुँजीवाद लादेर हामीलाई उपभोक्ता बनाउँछ र कोरिया एक हुन दिँदैन किनभने उसलाई हतियार बेच्नु छ ।

पुँजीको विकासले धन्य हुँदै गएका अभिभावक भने त्यसरी आफ्ना सन्तानलाई अमेरिकाविरोधी हुन दिँदैनथे । उनीहरू भन्थे– तिमीहरूले कम्युनिस्ट चिनेका छैनौ; हाम्रा शासकभन्दा ऊन् कता हो कता कठोर छन् ।

'चीन नि ?' मैले सोधेँ, 'चीन के चाहन्छ, हँ, किम ?'

'विश्व शक्ति सन्तुलनमा चीनको कति सामर्थ्य बढेको छ, थाहा छैन,' उनले भने, 'तर हाम्रोमा अमेरिकाकै भूमिका मुख्य हो । उसले चाहे हाम्रो एकीकरण असम्भव छैन ।'

अमेरिकाले दक्षिण कोरियामा तीस हजारभन्दा बढी सैनिक तैनाथ गरिरहेको छ । त्यो बेलादेखि जुन दिन आफ्नो अगुवाइमा राष्ट्रसङ्घीय छातामुनि बहुराष्ट्रिय सेना ल्याएर उत्तर कोरियालाई धपाउन लडाइँ थाल्यो ।

'उत्तर कोरियाली नेता किम नि ?' मैले सोधेँ, 'हँ, किम ?'

'उसलाई पनि के मतलब ? उसको शासन जोगिने होइन !' उनले भने, 'उसलाई पनि एकीकरण किन गर्नु छ र ?'

नवनिर्वाचित राष्ट्रपति मुन जाए इन भने प्रगतिशील खेमाका हुन् जसले आजीवन त्यसकै लागि सङ्घर्ष गरे । उनी आफैँ कोरियाली युद्धका बेला भागेर दक्षिण आइपुगेका उत्तर कोरियाली शरणार्थीका छोरा हुन् । शरणार्थी शिविरमा जन्मिएका ।

'कोरिया एकीकरण भयो भने,' उनले चुनाव प्रचार अभियानमा घोषणा गरेका थिए, 'म सबभन्दा पहिले आमालाई डोऱ्याएर उहाँको जन्मस्थान लिएर जानेछु ।'

आमालाई जन्मस्थान तीर्थ गराउने कबोल गरेर ब्लु हाउस बस्न थालेका मुन जाए इनलाई हामीले भेट्ने कार्यक्रम थिएन । तर उनकै निवास अर्थात् कार्यालय परिसरबाट हाम्रो बस अब अलि पर जानुपर्ने थियो ।

'यो ठाउँ पनि म पहिलो पटक टेक्दै छु,' किमले भने ।

उकालो सडकमा बस रोकिएपछि हामी बाहिर निस्केर सोल सहर प्रवेशको एउटा पुरानो गौँडामा उभिएका थियौँ ।

त्यो गौँडा जहाँ पहिला उत्तर कोरियाबाट कोही आयो भने जाँचबुझ गर्न प्रहरी बस्थे । ब्लु हाउसबाट केही पर ।

अर्का लेखक गाइडले भने, 'उः त्यहाँ देख्नुभयो ? त्यो प्रहरीको सालिक हो ।'

प्रहरीको सालिक म पहिलोपल्ट देख्दै थिएँ ।

'उत्तर कोरियाले हाम्रा राष्ट्रपतिको हत्या गर्न तालिमप्राप्त जासुसहरू पठाएको रहेछ, १९६८ मा,' उनले भने ।

हामी टाठिँदै उनीछेउ झुरुप्प भयौँ । उनले भने, 'हाम्रा प्रहरीले रोके । घण्टौँ गोलाबारुद भयो । त्यसको सबै विवरण सालिकसँगै छ । पढ्न सक्नुहुन्छ ? अङ्ग्रेजीमा पनि होला ।'

हगि ?

'आफू मारिए तर राष्ट्रपतिलाई बचाइदिए ।'

राष्ट्रपतिलाई जसले बचाए उनी सालिक भएर बाँच्न पाए । ड्यूटी परायण प्रहरीको प्राणमार्फत उनीहरूले इतिहास सम्झाउन स्तम्भ गाडेका रहेछन् ।

सालिकका प्रहरीका आँखा हेरेँ। म जन्मिएको वर्षको घटना। मैले आफूलाई हेर्न सालिकबाट आँखा हटाएर मोबाइललाई ऐना पारेँ। आँखीभौँ पनि किन फुल्छ, मैले बुझेको छैन।

लौ है, हामी फेरि हिँडौँ। फोटो खिच्न पुग्यो? शौच जानु छ भने उ: त्यहाँ सङ्केतचिह्न देख्नुभयो? खुल्छ-खुल्छ; ढोका त्यही हो।

हर्न नभएको बसमा फर्केर हामी उकालो तेर्सियौँ।

पर अर्को पहाडको भित्ताको उकालोमा कुनै गुम्बा छ जहाँ ग्यालरी छ र त्यहाँ हामी आज साँझ अरू कोरियाली लेखक वा कवि वा निबन्धकार वा उपन्यासकारहरूसँग सङ्गत गर्दै छौँ।

लेखकहरूसँग सङ्गत, इतिहासको सम्झना। वा सम्झनाको इतिहास। भविष्यको आकलन वा आकलनको भविष्य।

किमले बसतिर इसारा गरिरहेका छन् भने ढिलो गर्नु हुँदैन। सबैले देख्न सक्ने टेलिभिजनमा नयाँ धम्की स्क्रोल भइरहेको छ।

'आज प्रक्षेपण भएको क्षेप्यास्त्र ५ हजार ४७५ मिटर उचाइसम्म पुगेको छ, ५३ मिनेटमा ९५० किलोमिटर टाढा,' भन्ने समाचारलगत्तै किम जोङ उनले घोषणा गरेका छन्, 'हामी आणविक शक्ति राष्ट्र भएका छौँ।'

म सिटभन्दा शिर सीधा पारेर स्क्रिनमा हेर्छु, उत्तर कोरियाली 'सुप्रिम लिडर' भन्दै छन्, 'आज प्रक्षेपित क्षेप्यास्त्रले अमेरिकाका सबै भूभाग भ्याउन सक्छ।'

१३

झ्यालमा कुनै कीराले जाल बुन्न भ्याएको देख्नुभएन भने तपाईंको यात्रा छोटो भयो ।

कीराले कति दिन लगाएर धागो निकालेको हुन्छ र कति चित खाँदै आफ्नो बस्ने ठाउँ वा खेल्ने वा झुन्डिने वा तन्किने हवाई बाटो बनाएको हुन्छ, हामी ख्याल गर्दैनौँ ।

उसका प्रतिभा, सङ्घर्ष, शिल्प, कल्पना र कलाको कदर गर्नुहुन्न भने आफूले धीत मार्न कति ढाँचा पारेर लेख्न खोजेको कथा पनि केवल एउटा प्रयत्न ।

तपाईं आफ्नो घर चारैतिर डुल्नुहोस्, कहीं न कहीं कुनै न कुनै कीराले कति धागो बाट्दै कता बेरिरहेको हुन्छ, देख्नुहुन्छ ।

हामी माइलेज कार्ड लिएर संसार घुम्छौँ वा घुम्न चाहन्छौँ । चिडियाखाना वा म्युजियम वा वाटरपार्क वा फनपार्क वा सपिङ स्ट्रिट वा समर बिच वा नाइटक्लब वा क्यासिनो ।

गुगल साउन्ड बक्सलाई सोध्छौँ- एलेक्सा, अहिले कहाँ घुम्नु आनन्द ? कता केमा कति डिस्काउन्ट ? कसले दिन्छ प्याकेज डिल ?

तेरो र मेरोको मेहरोमै व्यस्त रहँदा आफ्नै घरको चौघेरोभित्रका अन्तरकुन्तर सरसर्ती हेर्नधरि कहिल्यै भ्याउँदैनौँ ।

कीराले अर्काको धागो चोरेर ल्याउने होइन। न कतै सपिङ गरेर। न अरूको थातबास उठाएर न हड्पेर। न अधिग्रहण।

गाडी पुतपुताउने कार्बन डाइअक्साइडले धानको प्रोटिन, आइरन र जिङ्कको मात्रा खुम्च्याएको हामी अनुसन्धान गर्छौं; कीराले आफ्नै शरीरबाट निकाल्ने धागोमा पर्यावरणीय असर केलाउँदैनौं। कीराको कुपोषण उही जानोस्।

पोषण नपुगेर पनि कीराले आफ्नै शरीरबाट धागो कातेको हुन्छ। जाल बुन्नु उसको सफलता। जाल उसको चक्रपथ। भित्रीले नपुगे बाहिरी चक्रपथ विस्तार गर्छ। नयाँ सेटेलाइट टाउन। त्यही उसको समृद्धि। प्रगति। विकास। समुन्नति।

तपाईंले औंलाले छूया गर्दै कोतर्नुअघिसम्म ऊ हरेक दिन समाजवाद उन्मुख हुन्छ। त्यही उसको केबलकार वा मोनो रेल वा बुलेट रेल।

जाल बुनिरहेको कीरालाई औंला चलाएर जिस्क्याउनु हुँदैन, न जाल भताभुङ्ग पारिदिनु।

रतिक्रीडामा लिप्त जोडीको तन्ना तान्नु, बेसोमती बन्नु। वा सोफामा ढल्किएको सिरानी। रतिबिना कीराको पनि जिन्दगी हुन्न भन्ने नसोच्नु तपाईंको आत्मरति।

कीराहरू पनि सफल हुन चाहन्छन्। उनीहरूको पनि आफ्नो स्वाभिमान हुन्छ, जीवन र स्वत्व। उनीहरू साबिकको जीवनलाई स्वर्ग बनाउन चाहन्छन्।

कीराहरू चौरासी हजार जुनीमा विश्वास गर्दैनन्। एकै बारको जुनीमा तपाईंको घरलाई नै राममन्दिर बनाउँछन् र धागाको टुप्पोरूपी धनुकाँड भिरेर गर्छन् नित्य परिक्रमा।

तपाईंको दहीको पित्को फरेको भान्सामा रङमङाउँछन् र कृष्णलीला गर्दै आफ्ना राधाहरूलाई चखाउँछन्।

ज्यालको सर्भे गर्छन् । वा बुइँगलको वा भित्ताको काप र सिलिङ्को । विस्तृत अध्ययन प्रतिवेदन तयार गर्छन्, आफ्नो ठेक्का आफैं लाउँछन्, आफ्नो श्रम आफैं गर्छन् । अरूलाई अधियाँ लाउँदैनन्, न मोही ।

जाल बुन्ने कुनै ज्याला हुँदैन ।

संन्यासीहरू आफ्नै साधनाबाट शक्ति पाउँछन् । साधकहरू तपस्याबाट । चित्रकारहरू सधैं जीवनलाई क्यानभासमा सोचाइका रङहरू दलिदिन्छन्, हामी कम्प्युटरमा काला अक्षरभित्र रङको वर्णन गर्छौं । कीराहरू ज्यालमा सेतो जाल फिँजाउँछन् ।

सबै कीरा माकुरा हुँदैनन्, न साङ्ला । साङ्ला जहाँ पनि जसरी पनि बाँच्न सक्छन् । सबैले कात्ने धागो बाक्लो हुँदैन ।

साना कीराका मसिना रेसाहरूले सबभन्दा सानो ठाउँमा केही न केही बुट्टा भरिरहेका हुन्छन् । साँझ तलतल मेट्न ह्विस्कीको ग्लास उठाउँदा तिनको चाल ज्यालको पातलो पर्दाभित्र देख्न सक्नुहुन्छ । वाइनको ग्लास वा बियर वा ठाडो घाँटी लाउने खोयाबिर्के ।

माथिबाट झरेका चराका प्वाँख, हावाले उडाएर ल्याएका पातला पतकर र किरणसरि धूलोका कणहरू तिनै बुट्टामा अल्झिन्छन् ।

ती कीराले आफ्ना कचिला बच्चालाई जोगाउन शत्रु कीरालाई पासो थापेका पनि हुन सक्छन् । वा आफ्नो सीमा कोरेका हुन सक्छन् ।

जसरी बाघको पन्जाले आफ्नो पकड क्षेत्रमा छाप हान्छ । त्यसकै सिको गरेर कुकुरले नङ्ग्रा धस्छ । अरू आए भुक्छ । जस्तो कि, टोले दादा वा स्थानीय डन । वा राष्ट्रिय । कति त अन्तर्राष्ट्रिय तार बिछ्याउँछन् । तिनले कति जाल फिँजाएर तपाईंसँग सेटिङ गर्छन् !

सानो र ठूलो तपाईंको सोचाइ ।

हाम्रो चित्त पनि त पित्तजत्तिकै पित्त्रुके छैन र ? कीराका आरामदायी घरहरू कुचोको एउटै आक्रोशले कुँढारिदिन्छ ।

कुचो आफैँ आक्रोशित हुँदैन जसरी कलम वा बन्दुक वा बन्चरो वा ५३ मिनेटमा ९५० किलोमिटर टाढा हुत्तिने क्षेप्यास्त्र।

कीराहरू तपाईंले पन्ध्रौँ तलाको अपार्टमेन्टको बार्दलीमा झुन्ड्याएको गमलाको माटोबाट पनि निस्कन्छन्। त्यसो त धरतीमा सबै प्राणीको उदय ब्याक्टेरियाबाट भएको हो भन्छन् वैज्ञानिक। हाम्रा असली पुर्खा ब्याक्टेरिया। ब्याक्टेरिया हाम्रो जीवन। ब्याक्टेरियाको जतन हाम्रो भविष्यको जुनी।

तल्लो तलाको स्विमिङ पुल हेर्नुहोस्। क्लोरिनले पानी कति सङ्लो पारेको छ! वा नीलो। लुगा धुने धूले साबुन वा डल्ले साबुन वा झोल साबुन। घर पुछ्न बाटामा मिसाउने रस वा टेबल पुछपाछ गर्ने रुमालमा छ्यापेको झोल वा झ्यालका डन्डी।

डन्डी सफा गर्न तपाईं हातमा पन्जा लगाउनुहुन्छ र नसा जोगाउनुहुन्छ, जाल बुन्ने कीराहरूलाई त्यही दशा।

तपाईंको खानामध्ये कुनमा एन्टिबायोटिक मिसाइएको छैन, हेर्नुहोस्। वा औषधि। ल्याब टेस्टमा देखिएन भने पनि हाम्रो पोषण र इन्जायमलाई एन्टिबायोटिकले कति कुटुकुटु खाइरहेको छ, गम्नुहोस्। तपाईं माटो छोएर होइन भन्न सक्नुहुन्न।

आज दिनभरिमा कतिपल्ट माटो छुनुभयो? ढुङ्गा, बालुवा वा गेगर? कति जनावरलाई स्नेह गर्नुभयो? कुन वनस्पतिलाई स्याहार्नुभयो? चरा वा पुतली कति देख्नुभयो? पुतली उड्दा छाया देख्नुभएन भने तपाईं प्रकृतिबाट टाढिनुभयो।

रकेटबाट अन्तरिक्ष यात्राको पहिलो परिकल्पना गर्ने कुनै रुसी स्वप्नजीवीले भनेथे, 'पृथ्वी हाम्रो कोक्रो हो तर हामी यही कोक्रोमा सधैँ रहन सक्नेछैनौँ।'

पृथ्वीले हाम्रो भार थेग्दैन भनेर अर्को ग्रह वा ब्रह्माण्डमा बस्ती बसाउन भविष्यवाणी गर्नेहरू के हामीलाई ब्याक्टेरियाविहीन सहरको

लोभ देखाउने हुन् ? कीरा-फट्याङ्ग्रा, पुतली, चरा, रूख, पात, पतकर, झरना, तलाउ, बगैँचा, बाँस निहुरिने खोल्सा, वरपीपल ठडिने भन्ज्याङको चौतारो ।

जति भन्ज्याङ पार गरे पनि बाटो तपाईंसँग तर्किरहेको हुन्छ भने यात्रा जारी राख्नुहोस् ।

यात्राको समय ख्यालख्यालका सोचाइको जाल बुनेर बित्छ ।

मैलाई हेर्नुहोस् न ! मौरीझैँ आफैँ व्यस्त हुन्छन् ठेगाना नखुलेका कल्पनाहरू ।

लीले मेरो रिडिङ टेबलमा राखिदिएका एक जोर पोस्टकार्ड छन् जसभित्र केही कवितामयी जाल बिछ्याएर कसैलाई म पोस्ट गरिदिन सक्छु । वा कसैलाई जालमा पार्न केही कोर्न सक्छु ।

म शब्दहरूको धागो कात्दै शत्रु भावनाहरू नियन्त्रण गर्छु वा रति उन्मादहरूको जाल बुन्छु । नजान्नेहरू आफ्नै जालमा फस्छन् ।

उनले सायद त्यस्तै केही ठानेर मलाई फाइलभित्र खुसुक्क उपहार दिएकी हुन् । वा मेरो आलस्य काट्ने मेलो । आलस्यको औषधि, लेख्नु । लेख्नु, कसैलाई सम्झिनु ।

यात्रुहरू जहाँ पुगे पनि कोही न कोहीलाई सम्झिरहन्छन् । कोही न कोही सम्झनामा आइरहन्छ । कसै न कसैको झल्को आउँछ । कोही अपरिचितलाई भेटे पनि उसको अनुहारमा कसैको झझल्को आउँछ ।

सम्झनाहरू हाम्रो कल्पनाका छाया हुन् । वा कल्पनाहरू हाम्रा सम्झनाका छाया ।

कुन कल्पना र कुन सम्झना ! कुन सपना र कुन विपना ! कुन भ्रम र कुन यथार्थ ! पत्रिका हात पार्नु वा पर्दामा हेर्नु । कुन ग्रेट न्युज र कुन फेक न्युज ! कुन सिसा र कुन ऐना !

हामी सिसाको समाज बनाएर पारदर्शी बन्न खोज्दै छौँ जसभित्र बसेर तपाईंले जतिसुकै गोपनीयता कायम गर्न खोजे पनि अर्को कसैले तपाईंलाई लाइभ कभर गरिरहेको हुन सक्छ।

तपाईंको कीराजस्तो व्यस्त दैनिकीको पनि अरूले चियो गरिरहेका हुन्छन्। वा कमिला वा मौरी वा पुतली।

कसैले तपाईंलाई चस्माबाट हेरिरहेको छ र चस्माको डन्डी बिस्तारै छोयो भने सोच्नुभए हुन्छ– उसले तपाईंको भिडियो रेकर्ड गरिरहेको छ।

कानमा बेरिएको तारको चिप्स बिस्तारै छोयो भने सोच्नुभए हुन्छ– उसले अडियो चेक गरिरहेको छ। नाडी घडीमा औँला चलायो भने नेटवर्कको सिग्नल मिलाइरहेको छ।

मेकअप गर्न भ्याउनुभएको छ भने मुस्काउनुहोस्। तपाईंको चालमाल र सोचविचार नजिकको प्रहरी चौकीमा मोनिटर भइरहेको हुनेछ।

कसैसँग भोगविलास कल्पिँदै हुनुहुन्छ भने कथाको कल्पना भनेर पन्छिन सक्नुहुन्छ। वा कविता वा उपन्यासको प्लट। छाडा सोचाइहरूबाट वशीभूत नहुनू, बरु वशमा ल्याउनू र लेख्नू।

आफ्नो वशमा केही हुँदैन। न सोचाइ न कल्पना न सम्झना।

बिहान दुधालु कफी र फर्सीको लतक्क ब्रेड। छायाभन्दा छिटो लम्किने छोटो गल्ली भ्रमण। दिउँसो किम्ची र सखरखण्ड नुडल्स सुप। लिमोजिन बसमा कुनै नयाँ गन्तव्य जहाँ अपराह्न साहित्य सङ्गत गर्नु छ।

साँझ सोजु र साके। फिर्ती बसको पर्दामा उत्तर कोरियाली क्षेप्यास्त्रको क्याप्सन।

सबैलाई गुड नाइट भनेपछि सिउसिउ गर्दै आफ्नो ढोकामा उभिनू।

चार अङ्कको पासवर्ड, जुत्ता राख्ने ऱ्याक, वासिङ मेसिनभित्र थन्केका लुगा, बाथरुमका ताता डन्डी। कोठाको तापक्रम जाँचेर पर्दा खरर्र तान्दै चराहरूको आवाज रोक्नू र बेडमा उत्तानो पल्टिनू।

फ्याट्ट केही सम्झेर रिडिङ टेबलतिर फर्किनू र रिडिङ लाइट थिच्नू। ल्यापटपलाई टेबलटप बनाएर अन गर्नू। अघि भेटिएकी लेखिकालाई इमेल गर्नू। तपाईंले मलाई दिएको किताब पढ्दै छु है भनेर पुलपुल्याउनू। वा कति सुन्दर लेखाइ भन्दै फस्ल्याङफुस्लुङ पार्नू।

किम मिन जुङले उपहार दिएको कहिल्यै नबिर्सिने कथाको द्विभाषी संस्करण सुमसुम्याउँछु जसको नेपालीमा अर्थ ओकल्न सकिन्छ– 'संसारको सबभन्दा महँगो उपन्यास'। द वर्ल्ड्स मोस्ट एक्सपेन्सिभ नोभल।

कतिका त शीर्षक आफैँ बोल्छन्। कतिका शीर्षकलाई बोल्न लगाउनुपर्छ। पूरै पढिभ्याउँदा पनि शीर्षक खुल्दैनन्। तपाईं पढ्दापढ्दै शीर्षासन लिन थाल्नुहुन्छ र पनि सर्का हान्दैनन्। यो शीर्षक भने ओछ्यानमा घोप्टासन लिएर पनि बुझ्न सकिन्छ।

बाक्लो कलेजी ज्याकेटसम्म उनको बाक्लो कालो कपाल फैलिएको आवरण छ जसमा उनका आँखा खुलेका छैनन्; ओठ र नाक चिनिन्छन्। उनका ओठमा एउटा बान्की छ जसले तपाईंलाई केही भनिरहेको सुन्नुभएन भने सोच्नुहुनेछ। कतिका त ओठहरू नखुलेर पनि बोलिरहेका हुन्छन्!

साहित्य संवादको अघिको साँझको सत्र उनी सञ्चालन गर्दै थिइन् जहाँ मैले देखेका उनका ओठ अघिल्ला कुनै सत्रमा सर्किसकेको सुनेको थिएँ। आँखा सुस्तरी निभाए झैँ केही भन्न खोजिरहेको देखेको थिएँ। खासमा उनी केही सुन्न खोजिरहेकी थिइन्।

'मिस किम,' मैले दर्शकदीर्घाबाट आफ्नो प्रश्नको जाल फ्याँकेको थिएँ, 'तपाईंले भन्नुभयो नि जस्तो, तपाईंको समाजमा पनि जातभात छ। कस्तो जात प्रथा छ तपाईंको समाजमा, हँ, मिस किम ?'

उनलाई त्यसरी बोल्न अर्को कसैले उक्साएको थियो। जस्तो– अर्की कुनै विदेशी लेखिकाले हिन्दू समाजको उचनीचको व्याख्या सकेपछि सौन्दर्यको अवधारणाको राजनीति खोतलिदिएकी थिइन्– स्त्रीलाई सुन्दरताको प्रतीक मान्नु ज्यादती हो; राजनीति हो। त्यसमा व्यापार मिसिएको छ, अभिसारको नियतले व्यभिचार।

स्त्री सुन्दर हुन्छन् र गोरा स्त्रीहरूको सुन्दरताको बखान गर्छन् भने तपाईंले बुझ्नुपर्छ, उनीहरू सौन्दर्य प्रसाधनका सामग्रीको पीआर गर्दै छन्। वा प्लास्टिक सर्जरीको पब्लिक रिलेसन्स। मिडियाको विस्तारित साम्राज्य पीआरको हतियार।

महिलाको सौन्दर्यलाई श्रम, सीप, प्रतिभा र सम्भावनासँग जोड्नुभएन भने तपाईंले सम्झौता गर्नुभयो। म त्यसको विरोध गर्छु; लेखेर विरोध गर्छु। कथाको प्राक्कथनमा त्यो कबोल राख्छु। उनले त्यस्तै केही भन्दै थिइन्; किमले जोडिन्, 'हो, कोरियामा अघोषित जात प्रथा छ।'

'बाबुआमाको शक्ति, तिनको प्रभाव, सम्पत्तिमा अधिकार,' उनले भनिन्, 'महिला आफैँमा एउटा जात। एउटा वर्ग। म मध्यम वर्गबारे लेख्छु किनभने त्यो महसुस गर्न सक्छु।'

उनले ओठ बन्द गर्दा-नगर्दै अर्की स्थानीय लेखिकाले हात उठाएर मतिर माइक सोज्याउँदै भनिन्, 'मेरा नेपाली लेखक साथी, तपाईं थाहा पाउनुहोस्, कोरियामा दुइटा शक्ति संरचना छन्– पितृसत्ता र पुँजीवाद।'

पितृसत्ता र पुँजीवादको सत्ता पुरुषवाद भन्ने भान पार्न थालेपछि मैले मञ्चकी मिस किमतिर फेरि हात हल्लाएँ। 'अनि क्यारे त्यसो भए त तपाईं आफ्नै अभिभावकसँग जुध्दै हुनुहुन्छ? कसरी, मिस किम?'

'हो, म सङ्घर्ष गर्दै छु,' उनले भनिन्, 'लेखेर।'

उनको सङ्घर्षको किताब वा किताबको सङ्घर्ष हात पारेपछि म अर्को हात हल्लाउँदै ग्यालरीमा झुन्डिएका चित्रहरू हेर्न उभिन्छु।

चित्रकार माथि अर्को तलामा छन्। चित्रकार सधैँ एकान्तमा तन्मय हुन्छन्। कता छन् उनी, म सोध्दै उक्लिन्छु।

चिप्लो काठे भऱ्याङमा पनि हिमालयका चित्रहरू छन्। हिमालयले चित्रकारहरूलाई किन मोहित पार्छ, मैले बुझेको छैन। वा फोटोग्राफरलाई। पर्यटकलाई वा पर्यावरणकर्मीलाई।

हिमालय वा पहाड वा भीरपाखा वा भन्ज्याङहरू भएर जाने बाटाहरूबाट चित्रकारहरूले रङ चोरेर ल्याउँछन्; आकार गनेर, गुनेर ओसार्छन्। पहाडी पुतलीहरू जम्मा गरी ल्याउँछन् र तिनका बुट्टाको सिको गर्दै कारखानाका उत्पादनमा चित्र डिजाइन गर्छन्।

'आन्यौङहासेयो,' मैले उनीसँग हात मिलाउँदै भनें, 'हामीले तल छलफल गरिरहेको ठाउँ त तपाईंको आर्ट ग्यालरी रहेछ। कस्तो विधि सजाउनुभएको, हगि !'

उनले मसँग मिलाएको हात तान्दै अर्को चित्र झुन्डिएको भित्तातिर लम्काए, 'नेपालको यो कुन ठाउँ, चिन्नुभयो होला नि ?'

सगरमाथा, अन्नपूर्णा, धौलागिरि, पोखरा उपत्यकाका ताल, काठमाडौँका मठमन्दिर, दूर पहाडी दुर्गहरू, भरियाले खुइय्य गर्ने उकाली, वरपीपलले शीतल हावा हम्किने क्यानभासहरू।

'तपाईं त निकै पहाड जानुहुन्छ जस्तो छ नि ?'

'कत्तिकत्ति !' उनले भने, 'तपाईंकोतिर धेरै यस्ता ठाउँ छन् जहाँ टुसुक्क बस्दा कुची आफैँ चल्छ।'

उनको त्यो आफैँ चल्ने कुची कता रहेछ, हेर्न स्टुडियो पनि पस्छु र क्यानभासमा तेल रङ मिसाएर आधीउधी छाडेका खाली ठाउँ हेर्छु। सानो स्टुडियो, उनको कीराको जाल। उनको कला, जालमा पहाड फसेको हेर्नु। वा पसेको।

पहाडको चित्र बनाउन सजिलो हुन्छ तर प्रकाश मिलाउन कति प्रयास गर्नुपर्छ, उनीहरू बुझ्छन्। पहाडमा प्रकाश कसरी प्रकट हुन्छ, चित्रकारका आँखाको ज्योतिले देख्छ। वा नानीले। उनीहरूको पाइन आँखाका नानीमा बसेको हुन्छ।

'कफी र कुकिज खान तल झर्नू है' भनेर कसैले ग्यालरीभित्र शून्यताको जालो तोड्छ। केक र फलफूलका चाना। बट्टाबाट जुस निचोर्नू र उनले

माथि बनाएका हिमालयमुनि पाखामा फल्ने सुन्तला, मुन्तला, स्याउ, अम्बा, अनार चुस्नू ।

ढोकामा जुत्ता उनेपछि म मिस किमको पछि लाग्छु । साथीहरू सराबरी भएपछि ओरालोमा मैले आफू पुच्छर लागेकी किमलाई कोट्याएँ, "तपाईंको यो क्यारे 'संसारको सबभन्दा महँगो उपन्यास' पाएपछि मेरो खर्चिलो यात्राको क्षतिपूर्ति भयो, मिस किम !"

'हँसाउनुहुन्छ तपाईं पनि !'

'आफैँ हाँसेको हुँ,' मैले भनेँ ।

हाम्रा छायाहरू साँझको भिरालो सडकमा आफैँ सर्छन् । छायाहरू साउती मार्छन् । आवाज तपाईं कल्पना गर्न सक्नुहुन्छ ।

'अघि ग्यालरीभित्र छलफलमा तपाईंले मलाई प्रश्न गर्नुभएकामा म प्रसन्न छु,' उनले भनिन्, उनको छाया पनि टक्क अडिन्छ ।

'म धन्य छु, मिस किम,' मैले भनेँ । मेरो छाया पनि टक्क अडियो । 'पितृसत्ता र पुँजीवाद, यी दुई शक्ति व्यवस्थाको व्याख्या सुन्न पाएँ ।'

हाम्रो रात्रिभोजका लागि टेबल रिजर्भ भएको कुनै रेस्टुरेन्ट आसपास छ । छिटो सर्किएका हाम्रा छायाहरू बाँकी सहयात्री लेखकलेखिकाका छायालाई पर्खिन्छन् । सडकको मधुरोमा किम नाम इलले अगुवाइ गरेका साथीहरूका छाया आइपुग्छन् ।

म मिस किमको सम्मुख मेचमा बसेर अघि ढोकाछेउ खिचेको ह्यान्ड स्यानिटाइजर हातमा दल्छु । उनी क्रिम दलेका हात टेबलमा राखेर मलाई हेर्छिन् ।

कोरियाली लेखकलेखिकाहरू नेपालबारे रुचि राख्छन् भने म कान ठाडा पारेर तिनका जिज्ञासा सुन्छु र हातको पाउर लाउँदै केही बताउन खोज्छु । साके र सोजुको तोडमा शब्दहरू खलबलिन्छन् भने आफ्नो दोष हुँदैन ।

'तपाईंको उपन्यासमा त्यो किन लेख्नुभयो, हँ, नेपाली लेखक ?' सिर्जनशील लेखन तथा अनुवाद विषयका एक जना प्राध्यापक मसँग

घरीघरी सोध्न आए, 'लेख्नुभयो नि बुद्ध आज जन्मेका भए बन्दुक भिर्ने थिए भनेर।'

'कसैले बोलेको मैले लेखेको हुँ,' मैले सफाइ दिन खोजेँ।

साके थपेर उनी फेरि मझेउ फर्किए, 'पात्रले बोलेको लेखकले लेखेर त हामीले थाहा पाउने हो नि!'

'हो, महोदय।'

'तर किन त्यसो लेख्नुभयो त?' उनी केरकार गर्न खोज्दै थिएनन् तर दोभाषे नराखी कुरा गर्दा त्यस्तै सुनिन गयो।

'त्यो त्यस्तै भयो,' मैले भनेँ, 'त्यो परिस्थितिको मनस्थिति जनाउन कसैको तर्क मेरो उपन्यासमा प्रवेश गऱ्यो।'

'तपाईंले त्यसो भनेर पार पाउन सक्नुहोला त?'

'सायद,' मैले ओठ सर्काएँ, 'सक्दिनँ होला त?'

'खै, ल थप्नुहोस् साके।'

उनी मेरो ग्लास भरिदिन बोतल अर्को टेबलबाट तानेर ल्याउँछन्।

मिस किम र अरू लेखिकालाई अर्को टेबलतिर सारेर किम नाम इल र ती प्राध्यापकसँगै म साके थप्छु।

हाम्रो टेबल त घुमीफिरी उही राष्ट्रपति ट्रम्प, सी चिनफिङ, मुन जाए इन, किम जोङ उनतिर फर्किन्छ।

'हामीले एकीकरणको धेरै सपना देख्यौँ, बिस्तारै तुहिँदै गए। अब त कुरा गर्न पनि ऊर्को लाग्छ,' किमले मलाई थपथप्याए, 'बरु लौ अर्को साके थप्नुहोस्।'

त्यसरी थपिन पुगेको साकेको सनकमा 'संसारको सबभन्दा महँगो उपन्यास' हाते ऐनाझैँ सोऱ्याउँछु र कहिले शीर्षासन त कहिले घोप्टासन गर्दै पढ्छु।

सायद मिस किमको आफ्नोजस्तै जीवन। किनभने सङ्घर्षरत एउटी युवा लेखिकाको कहानी।

जो सामसुङ रास्पबेरी नोटबुकमा उपन्यास खेस्रा गर्न खोज्छे र अक्षर केलाउँछे। आमा सोच्छिन्– यो छोरीले केही गरेर खाने भइन।

सबैका छोरीहरू काममा निस्कन्छन्; कुनभन्दा कुन सानको कार चढ्छन्; कुनै कम्पनी वा कर्पोरेटतिर निस्कन्छन्; नियमित तलब र बोनस बुझेर घर ल्याउँछन्।

'तपाईंकी छोरी कुन कम्पनी चलाउँछिन् वा कर्पोरेटमा काम गर्छिन्? आखिर के गर्छिन् तपाईंकी छोरी?' भन्ने साथीबहिनी वा समाजसामु उनी चुप रहन्छिन्।

मिस किमकी म पात्र एक-व्यक्ति-कम्पनी चलाउँछिन्, लेखन।

आफैं सीईओ, आफैं भुइँ सफा गर्ने सफाइ कर्मचारी। आफैं पीए वा पीआर। आफैं सबै थोक। एकल लेखन गोरखधन्दा। किमधन्दा। उनको हाते कम्प्युटर उनको एकहाते कम्पनी।

उनका भाइ भने सानो उमेरमै करोडौं डलरको लगानी परामर्शदाता कम्पनी हाँक्ने भइसकेका छन्। उनको कत्रो मान! लेखक दिदीको भने भुक्तमान मात्र।

भाइ दैनिक चौपट्ट व्यस्त, दिदी दैनिक घरमै बिनाकाम अस्तव्यस्त। कीराले कातेको धागोझैं अक्षरहरू कोरलिरहन्छिन्।

हिसाब गर्छिन्; यसो गमेर ल्याउँदा एक शब्दको एक सुका पनि आउँदैन। उनका भाइको करोडौं डलरको कम्पनीसँग दाँज्दा उनी हार खाँदिनन्। कीराहरू हार खाँदैनन्। एउटा कुनामा जाल बुन्न अनुकूल भएन भने अर्को कथाको सानो झ्याल बुन्छन् जहाँबाट समाज चियाउन सकिन्छ।

उनका भाइको कम्पनी ग्याङ्नम गुस्थित दोगोक दङमा छ जुन सोलकै महँगो जग्गा मूल्य भएको प्रसिद्ध ठाउँ हो। उनको अफिस आकाशजत्तिकै

अग्लिएको भवनमा छ जहाँ कर्पोरेसनका विश्लेषण विवरणहरू भरिएका पुस्तकका र्याक छन् ।

चार ठूला कम्प्युटर मोनिटरहरूको सीधा पङ्क्ति छ र ठूला सिसाका झ्यालबाट सर्लक्क देखिन्छ सामसुङ टावर दरबार ।

उनी लोत्ते ट्यान्जरिन जुस निखारेपछि गियोलम्येङ्जा चिया खन्याउँछिन् । नोटबुक कम्प्युटरमा काम गरून् कि किताब पढून् वा पत्रिका । खाना खाँदा पनि टीभीतिर आँखा लाउँछिन्; विज्ञापन हेर्छिन् ।

विज्ञापनमा नरम छाला भएकी अभिनेत्री ट्यान्जरिन जुस पिउँछिन्; सफा आँखाका लागि गियोलम्येङ्जा चिया पिउँछिन् ।

आँखा बन्द गर्छिन् र फेरि खोल्छिन् । पाँच घण्टा कम्प्युटरमा चियाइरहँदा आँखा सुक्खा हुन्छन् । गियोलम्येङ्जा चिया सुरुप्प पार्छिन् । तीतो स्वाद मुखमा बस्छ; आँखा चङ्ख हुन्छन् ।

हान्सालिम ब्रान्डको गियोलम्येङ्जा चिया अलि महँगै छ, आधा ग्रामकै पाँच डलर पर्छ तर चिन्ता नगरी पिउन सकिन्छ किनभने यो अर्ग्यानिक हो ।

विज्ञापन समाजअनुकूल आफ्नो बानी पार्दा पनि कम्प्युटर खोलेर लेख्न बस्दैमा कथा आउँदैन । कथाका लागि किन टाढाका विषय विचरण गर्नु ? उनी आफ्नै भदाहा ली जाए योङका लागि लेख्नेबारे सोच्छिन् ।

उनले पीएचडी सकेपछि पूर्णकालीन लेखक बन्छु भनेर घर बस्न थालेको वर्ष भदाहा जन्मिएका थिए । आफ्ना भाइका एक्ला छोरा जसलाई उनी महिनामा एकपल्ट भेट्छिन् ।

भदाहा जो हरेक दिन हुर्किंदै छन्, अहिले त उनको कुनै मूल्य छैन तर भोलि गएर उनको कत्रो भाउ हुनेछ ! पचास वर्षपछि उनी संयुक्त राष्ट्रसङ्घका महासचिव हुन सक्छन्, जुन उनका भाइ चाहन्छन् । संसारमा सबभन्दा बढी कमाउने अभिनेता हुन सक्छन् । फुटबल खेलाडी वा त्यस्तै केही ।

त्यस्तो सोचेर लेखेका तीन शब्द हिसाब गर्दा उनी भने पन्ध्र सुका मात्र आउने सोच्छिन्।

भदाहाको नामका तीन शब्द 'ली जाए योङ' लेख्दा उनी ख्याल गर्छिन्– पाठकले त सामसुङ इलेक्ट्रोनिक्सका उपाध्यक्ष सम्झिनेछन्। मूल्यवान् अनुहार, गमक्क अभिव्यञ्जना, ह्यान्डसम, फेसनचेत भएका राजकुमार, सामसुङ समूहका सीईओका एक्ला छोरा। संसारको सातौँ उच्च भाउ भएको ब्रान्डका मालिक।

अस्तिताक सामसुङ अस्पतालमा मर्स भाइरस प्रकरणपछि भने उनको पीआर स्वाटसुट्टै खस्केको छ।

बरु होटल शिलाकी सीईओ तथा लीकी बहिनी ली बु जिनको जनसम्पर्क छवि उकासिएको छ जसले मर्स भाइरस रोकथाममा व्यवस्थापकीय चतुऱ्याइँ पुऱ्याइन्। अब दाइ लीले आफ्नो छवि उकास्न आम मानिसबीच बढीभन्दा बढी देखिनु छ; आम मानिसलाई प्रभाव पार्नु छ। आम मानिसमाफ जसको नाम बढी सुनिन्छ, ऊ बिस्तारै परिवारको सदस्यजस्तो ख्याल हुन्छ।

पीआर पीआर पीआर...। प्रेसले ग्याली पिट्छ।

जस्तो– लेखिका आफ्नै भदाहाबारे घोत्लिन्छिन्। उनका बारेमा जानकारी लिन उनी तस्बिर र भिडियो क्लिपहरू हेर्न थाल्छिन्। अँ, परिवारका सदस्यहरूको च्याटरुम साइट काकाओटक खोल्छिन्। काकाओटकमा परिवारका सदस्यहरूले सानो क्लिकबाट पनि हेर्न मिल्ने परिवारका सम्झनाहरू सङ्गृहीत छन्।

उनका भदाहालाई होटल शिलाको आँपका चानाहरूको बरफे डिजर्ट मन पर्छ। बर्बेरी चेक कोट पहिरिन। हरेकलाई काक्का भनेर बोलाउँछन्। काक्का हजुरआमासँग सदस्य मात्रले प्रवेश पाउने फिटनेस क्लब भान्टमा गल्फ खेल्ने अभ्यास गर्छन्। आमाले बीएमडब्लु खेलौना कारमा हुइँक्याइदिएको रुचाउँछन्। बेन्सिमन किड्स नीला जुत्ता... र अहिले अचेल चित्र कोर्नतिर चित्त लाउँछन्।

लेखिका सोच्छिन्– मेरा भाइमा व्यापारिक गुण छ, सस्तो कम्पनी वा ब्रान्ड किनेर उच्च मूल्यमा बेचिदिने। तर उनी श्रमको सम्मान गर्छन्। त्यसो भनेर अन्तर्वार्ता दिएको टेलिभिजनमा हेरेकी थिइन्। सफल व्यवसायीहरूका अन्तर्वार्ता प्राय: आउने गर्छन् जहाँ उनीहरूका जीवन दर्शन जनताले थाहा पाउनु श्रेयस्कर हुन्छ।

भाइकै छोराका लागि लेखेर किन उनैलाई उपन्यास नबेचिदिने? प्रतिशब्द एक सुकाका दरले लेखे पनि भाइले मेरो श्रमको सम्मान गर्नेछन्। उनले यसलाई उच्च मूल्यको कदर पुऱ्याउनेछन्। उनका लागि आफ्ना छोरामाथि जति पनि खर्च गर्न पुगेको छ। छोराका लागि उनले जति पनि खर्च गर्नेछन्।

संसारको सबभन्दा महँगो चित्र पनि कुनै एक जनाले त्यसै गरी बेचिदिएको थियो। रोमका पोपले संरक्षकत्व नदिएको भए त्यो सुनजडित चित्र त्यसरी मूल्यवान् दरिन सक्ने थिएन।

मेरा भाइले पनि कलाको सम्मान गर्छन्; श्रमको मर्यादा गर्छन्। उनी प्रतिभाशाली छन् जो अवमूल्यन भएको कुनै पनि कम्पनी वा ब्रान्ड ग्रहण गरिदिन्छन् र सम्पूर्ण क्षमता प्रयोग गरी मूल्य अधिकतम पारिदिन्छन्।

यति सानो उमेरमा तपाईं यति सफल कसरी हुन सक्नुभयो भन्ने प्रश्न गर्दा उनले एउटा टीभी अन्तर्वार्तामा भनेका थिए, 'सजिलो छ। मूल्य कम भएको स्टक खरिद गर्नु र सही दाममा बेचिदिनु।'

आफ्नो लगानी मन्त्रबारे बोल्दा भाइको अनुहार प्रफुल्ल थियो। त्यो मन्त्र उनले वारेन बफेटलाई गुरु थापेर पाए जस्तो थियो। किनभने वारेन बफेटबारेको किताबमा त्यही गोप्य मन्त्र छ। थोरै तिर र मूल्य बढाऊ। सधैँ थोरै तिर र उच्च मूल्य कायम गर।

थोरै तिरेर उच्च मूल्य कायम गर्ने लगानी सूत्रले सम्पन्न भएका भाइले आफ्नै छोराबारे लेखिएको उपन्यासको संरक्षकत्व लिन किन नसक्लान् त?

उपन्यासलाई प्रतिशब्द सुकाका दरले बजारमा खुला बिक्री गर्न राख्नुको सट्टा कसैले संरक्षकत्व प्रदान गरे कलाको कदर हुनेछ। उनले लेख्दै गरेको उपन्यास भविष्यमा संसारको सबभन्दा महँगोमा बिक्री हुनेछ।

यस्तै-उस्तै मनोभावसाथ मिस किमले लेखेको कथा तुऱ्याएर म शीर्षासनमा फर्किन्छु।

सोच्छु– मैले पनि लेख्दै आएका शब्दहरू भोलि वाक्यका रूपमा गठन भए, किताबका रूपमा पठन भए भने बजारबाट असुल्ने पैसाले मेरो गुजारा चल्नेछ। लेखकको गुजारा बजारको अभिभारा हो भने पुँजी र पुस्तकको भाइचारा तोडिनेछैन।

तपाईंले भन्न खोजेको यही हो, मिस किम? म न्यानो ओढ्नेभित्र लुटपुटिँदै सोचमग्न बन्छु– हँ, मिस किम?

मैले बुझेको छैन, लेखकहरू केही भन्न नै किन खोज्छन्? कथा लेख्नु केही भन्नु हो कि केही देखाउनु? भन्नु देखाउनु हो कि देखाउनु भन्नु?

जेसुकै होस्, कथा कथै हो।

किताब पढ्दा कथा पढिन्छ; पत्रिका पढ्दा भने तपाईं केकेमा अलमलिनुहुन्छ! मैले बुझेको छैन, तपाईं पत्रिका पल्टाउनासाथ सबभन्दा पहिला राशिफल किन हेर्नुहुन्छ।

त्यसपछि श्रद्धासुमन समर्पित समवेदनाका शब्दहरूभित्रको श्याम/श्वेत तस्बिर। वा वर्गीकृत विज्ञापन जहाँ सेकेन्ड ह्यान्ड कारको भाउ सस्तिएको छ।

समाचारमा नवनिर्मित 'रेडी टु मुभ' बङ्गला सचित्र हेर्नुहुन्छ जसको बर्सेनि बढ्ने ईएमआईको सूचना तपाईंको मोबाइलमा टेक्स्ट मेसेज आउँदा बैङ्कको कर्मचारीले विनम्रतापूर्वक बजारमा मौद्रिक तरलताको सन्देश पनि पठाउँछिन्।

सम्पादकीय कमैले पढ्छन् तर सम्पादकहरू सबभन्दा बढी कन्दै त्यही लेख्छन्।

किताबमा कथा लेखकले लेखेका हुन्छन् तर पाठकहरू सबभन्दा बेसी आवरण हेर्छन्, नभए पुछारको पन्ना जहाँ लेखक वा किताबबारे फूलबुट्टा भरिएको हुन्छ। लेखकको प्रोफाइल पिक्चर प्रायः सोचमग्न हुन्छ।

म मिस किमको किताबको आवरणभित्र पहिलो पन्नामा उनले बुट्टा भरिदिएको अटो हेर्छु। इमेल अङ्ग्रेजीमा लेखिए पनि अर्थोक आफ्नै भाषामा छ जसको बुझाइ मलाई कोरियामा सबभन्दा महँगो पर्नेछ।

उनले मेरो मन हर्ने केही अक्षर लेखिदिएकी छन् जुन म पढ्न सक्दिनँ।

१४

कान समातेर उठबस गरिरहे झैँ हाँगाहरू हल्लिएको बाटो तपाईंले हेर्नुभयो भने चराले ताकेको आकाश धमिलो पाउनुहुनेछ।

आकाश धमिलिनु, आँखा साँघुरिनु। आकाश सधैँ सफा रहने भए हाम्रा आकाङ्क्षाहरू पनि स्थिर हुने थिए। अक्षरहरू आफैँ टक्क अडिने थिए।

आकाङ्क्षाहरू अक्षरलाई आकार दिन सधैँ आकाश हेर्न खोज्छन्। आकाशले हामीलाई कुनै शब्दको आकार दिँदैन, बरु भावको प्रकाश दिन्छ। अब निदाऊ भनेर डाँडाबाट घडी हेरी निभाइदिन्छ।

गड्याङगुडुङ गर्दै कहिले बिल तेर्स्याइदिन्छ र म्यादभित्र ई-सेवाबाट चुक्ता नगरे चट्याङचुटुङ पारिदिन्छ। छाता नओढे झरी पठाएर दपेटिदिन्छ। मुसोरुझाइले नपुगे असिना। हिउँदको असिना हिउँ। पहिले फुरफुर, पछि दगुरादगुर।

आफैँलाई खोज्न निस्के झैँ म बाहिर जुत्ता टकटक्याउँदै ओरालो झर्छु र तलिमलाई बोलाउँछु। ऊ मेरो काख आउँदैन र कविताका अक्षरझैँ क्वारक्वार्ती हेर्दै हाम्रै साथीलाई पहिलोपल्ट देखे झैँ गर्छ।

तन्नेरी थाई साथीले ओभरकोटको बाहुलाभित्र चुरोटको चोसो निकालेर एस्ट्रेको कुनो खोज्दै गरेको तपाईंले देखेको भए उनको हाँसेको जुँगा

हल्लिएको थाहा पाउनुहुने थियो। राति अबेर उनले सायद ढोकाको पासवर्ड बिर्सेर कति बेर ढकढक्याएका थिए !

'राति हिउँ परेको थियो ?' मैले सोधेँ।

'किन र ?'

ढोकाबाहिर निस्लोट उभिँदा उनले टाउकामा हिउँ थापे झैँ कपालको जुरोमा सेतो अडिएको थियो।

'यो त मैले डिजाइन गरेको हुँ,' उनले सेतो रङ छ्यापेर रातारात बदलेको कपालमा औँला तह लाउँदै भने, 'अहिलेको फेसन देख्नुभएको छैन र ?'

'फेसन पो !' मैले भनेँ, 'म त पहाडको मान्छे, उहिल्यैदेखि सर्लप्पै हिउँ बोक्दै हिँडेको छु।'

थाइल्यान्डमा हिउँ पर्ने पहाड छैनन् भन्दै उनी धूवाँ विसर्जन गर्छन् र मौरीले चुस्न लागेको फूलझैँ हाँस्छन्। राति सायद आसपासको सौन्दर्य प्रसाधन पार्लरमा सेतिएको उनको कपालको कर्ली जुरो पनि मतिर फर्केर हाँस्छ।

साँच्चै, आज हिउँ पर्ला जस्तो छ है ! कोही फटफटाउँदै हिँडे झैँ हावाको सर्कोले मलाई गालामा ग्याप्प हान्छ र म रन्थनिँदै अझ तल झर्छु।

यस्तो बेला मनभित्र इत्रिएका कुरा निफन्नुपर्छ। कति केलाउनु, टिप्नु, चुँड्नु, चाल्नु र सोचाइको कराहीमा ग्वाइँय्य पार्नुपर्छ।

अलिकति तेल चुहाउनु, मेथी फुराउनु, बेसार छर्किनु, अदुवा र लसुन पिसेर नपुगे मसला मिसाउनु र आँखाले चलाउनु।

लीसँग बात मार्न खोज्नु, उनलाई अलमल्याउनु। 'कति चटारो छ आफूलाई !' अफिसधन्दाले हस्याङफस्याङ गर्दै स्वाट्ट आफ्नो कोठामा पस्नुअघि उनले भन्न भ्याइन्, 'तपाईंहरूको आज आखिरी साँझ।'

हाम्रो आखिरी साँझ किन उनी कोरीबाटी चिटिक्क मेकअपमा छिन् र कसैलाई नभएको हतार उनैलाई लछारपछार गर्दै तेर्सिएको छ ?

आखिरी साँझ क्याफेमा आफ्ना रचना वाचन। पाँचै जना अतिथि लेखकलेखिका अनि स्थानीय कविहरू। केही बेर केही स्थानीय गीतका अन्तरामा अस्थायी ट्याङटुङ।

आखिरी साँझ सिन्चोस्थित क्याफे पास्टेलमा विशेष सञ्चालिका हुनेछिन् एउटी अभिनेत्री। यु जङ आ।

'तपाईंहरूको आखिरी साँझका सबै टिकट सोल्ड आउट भइसके है,' लीले फुसफुसाएको सम्झिन्छु।

बोल्ने ओठ ओझेल परिसकेका छन्, आवाज मात्र हावामा लहराउँछ भने त्यो आखिरी खबर हो। जस्तो– प्रेम पर्न लागेका बेला कसैले छुट्टिने हात मिलाउँदै वा अँगालोमा बेर्दै केही भनेको हुन्छ, जुन आफूसँगै हावामा झुत्ती खेलिरहन्छ।

भन्छन् नि, आई विल मिस यु।

त्यो क्षण तपाईं रिप्ले गर्न सक्नुहुन्न।

मिस यु भनेर कानमा फुसफुसाएको हावा पोको पारेर खल्तीमा राखिरहन मन लाग्छ भने तपाईं प्रेममा हुनुहुन्छ। वा भ्रम। वा भावनाका भमरा।

प्रेममा चुर्लुम्म हुनुभयो भने कसरी फुरुङ्ग पर्नुहुन्छ, चराले सिकाउनुपर्दैन। कसरी उड्ने, पुतली हेर्नुपर्दैन। कसरी रमाउने, स्न्यापच्याटमा कुनै च्याट साट्नुपर्दैन। नाचे झैँ कसरी हिँड्ने, आजका स्कुले छोरीहरू तपाईंको मोबाइल हातमा लिएर म्युजिकल्ली साइटमा आफ्नै नृत्य पोज नित्य पोस्ट गरिरहेका हुन्छन्।

प्रेममा पर्दा पनि रुनुभएन भने आफ्ना असफलता बुझ्न सक्नुभएन।

सफल प्रेमले पनि बगाएको आँसुका भलमा चिप्लिनुभएन भने तपाईंले आफैँलाई चिन्नुभएन । वा तपाईंले आँखा स्वचालित रोबोटसँग साट्नुभयो ।

आफूभित्रको अभाव कसैले मेटिदिन लागेको महसुस हुँदैन भने तपाईंले ख्याल गर्नुभएको छैन– कोही पनि एक्लै पूरा हुँदैन ।

तपाईंले प्रेम गरेको वा गर्न लागेको वा प्रेम परिरहेको तर तपाईंलाई थाहा नभएको व्यक्तिसँग त्यस्तो कुनै गुण छ जसले तपाईंलाई उत्साही बनाउँछ । व्यक्तिले होइन, उसको कुनै स्वभावले जुन तपाईंसँग छैन ।

तपाईं त्यो सुवास आफू ग्रहण गर्न चाहनुहुन्छ, हासिल गर्न र आफूलाई बलियो बनाउन । तपाईंले अरूलाई प्रेम गरेको होइन, आफैँलाई । गर्न लागेको वा खोजेको वा भइरहेको तर तपाईंलाई थाहा नभएको ।

अव्यक्त प्रेमहरू सबभन्दा स्वस्थ हुन्छन् जसलाई बोलीले होइन, व्यवहारले खिचिरहेको हुन्छ । कहिले त औँलाहरूले । कसैका हातभित्र लुपुक्क औँला पनि तपाईंले औँठी लगाइदिन खोजे झैँ खुसुक्क आफ्नो एउटै औँलाले तान्नुभयो भने पनि कान रातो हुन्छ । औँठीको सुन वा पित्तल वा कुश होइन, तपाईंको मस्तिष्कको पत्थरीमा स्पर्श हुन्छ ।

बिजुलीको बल्बले कीरालाई बोलेर बोलाउँदैन, न फूलले भमरालाई । वा तपाईंले आऊ भनेको बोली नफुटेको बच्चाले बुझ्दैन तर हात तन्काएर पन्जा कोप्रो पार्नुभयो भने ऊ लडीबुडी गर्दै आउनेछ ।

काखमा लिनुहोस् वा काँध थाप्नुहोस्; बुई चढाउँदै डुल्नुहोस् । उसले तपाईंको कान समात्छ; आँखा किन झिमझिम गर्छन् हेर्छ; ओठमा औँला राखिदिन्छ; उः भन्दै चरा उडेतिर देखाउँछ भन्नु, तपाईं अरू हिँड्नुहोस् । उनीहरूलाई कुनै चिन्ता हुँदैन किनभने हरेक चीजले कौतूहल बनाउँछ । तपाईं कौतूहल बनिरहनुभएन भने संसारलाई कोलाहल मात्र देख्नुहुन्छ । उनीहरू कोलाहल होइन, चित्रहरूको क्यानभास हेर्छन् । वा आवाजहरूको कोलाज ।

बच्चालाई हिँडाउँदा वा डुलाउँदा वा गुडाउँदा पनि थाक्नुभयो भने तपाईंलाई बुढ्यौली लाग्यो। बुढ्यौलीमा जन्मेका सन्तानले बढी स्नेह पाउँछन् भनेको होइन र? प्रेम वयस्क नहुँदै बैंसमै बच्चा जन्माउनेहरू आफैं लजाइरहेका हुन्छन्।

ती अभिनेत्री जसले आज साँझ हामीलाई आखिरी जमघटमा दर्शकमाझ उभ्याएर रचना पाठ गराउन लगाउनेछिन्, उनको पछिल्लो फिल्म हेर्नुभएको छैन भने तपाईंले मिस गर्नुभयो।

'ओल्ड लभ'। पुरानो प्रेम बिरानो बह। नयाँ फिल्म जसले पुरानो सम्झना दिलाउँछ।

अघिल्लो नयाँ वर्ष जतिखेर राष्ट्रपति सुश्री पार्कविरुद्ध सोल सहर मैनबत्ती बालेर महिनौं जगमगाएको थियो।

इन्चोन विमानस्थलको एउटा टर्मिनलबाहिर नायिका यु चुरोट तान्दै बसेकी छन्। बिरामी आमा स्याहार्न अढाई दशकपछि क्यानाडाबाट फर्केकी।

कुनै परिचित आवाज सुन्छिन्। त्यो बिरानो आवाज उनको विद्यार्थीकालको प्रेमीको थियो जोसँग उनले रङ्गमञ्चमा हुर्किंदा कति बह साटेकी थिइन्! कस्तो भविष्य साझा गर्न खोजेकी थिइन्!

कुनै कारणवश छुट्टिए। आआफ्नै घरजम गरे। हुन्छ नि जस्तो, सबै प्रेम सफल हुँदैनन्।

सबै प्रेम सफल नहुने भएकैले हाम्रा जीवन हरेक प्रकारका क्लाइमेक्सका कथाहरूले भरिन्छन्। हरेकको कथाको क्लाइमेक्स बेग्लै हुन्छ।

एउटै क्लाइमेक्सले काम चल्ने भए कथाहरू सबै कारखानामा लेखिने थिए। कथा कारखानामा रोबोटहरूले अपुङ्गे कम्प्युटरमा अक्षर कोतर्ने थिए। कुन कथामा के पाकेको हुन्छ वा के पोलेको, स्वाद पहिल्यै थाहा हुने थियो।

फ्राइनेको कविता वा बफाएको उपन्यास वा तारेको नाटक। उसिनेको निबन्ध वा उमालेको नियात्रा। हम्किँदै, फूफू गर्दै, थूक निल्दै, आँखा पुतपुताउँदै, मन चिस्याउँदै, तन तताउँदै तन्काएका शब्दहरू।

रेफ्रिजेरेटरको डिप फ्रिजमा ढाडिएका वाक्यहरू निकालेर तपाईं जसरी धूवाँ नलागोस् भनेर घरबाहिर ग्यास चुलोका डन्डीहरूमा बार्बिक्यु गर्नुहुन्छ। ओल्टाइपल्टाइ गर्नुहुन्छ। डढ्न दिनुहुन्न, न कतै काँचै रहेको छाड्नुहुन्छ। शाकाहारी हुनुहुन्छ भने करेला वा भन्टा वा भिन्डीको सिकार गर्नु। लौका वा फर्सी। माटो खोस्रेर निकालिएका तरुल वा सखरखण्ड वा पिँडालु वा आलु।

जस्तो– तपाईं जुन पसल जानुहोस् र जुन प्याकेट लिनुहोस्; नुनिलो, गुलियो, अमिलो, टर्रो संसारभरि एउटै पाउनुहुनेछ। प्याकेटको ब्रान्ड हेर्नुहोस्। कुन ब्रान्डको रोबोटले कुन ब्रान्डको कम्प्युटरमा लेखेको हो; अक्षरको बान्की पनि एउटै हुनेछ। एउटै डिको हालेको हुन्छ। उस्तै रेफ। ठ्याक्क मिलेका हरफ। अनुच्छेद। आँ गर्दा तपाईं अलङ्कार बुझ्न सक्नुहुन्छ।

अहङ्कारको औषधि सोल त के, संसारको कुनै फार्मेसीमा पाइँदैन।

सफल प्रेमकै पनि पोया फोड्यो भने प्याजका पत्रहरू निकाले झैँ हुनेछन्। तपाईंका आँखा पिरपिराउँछन्; ओठ रसाउँछन्।

ती प्रेमी आफ्नी छोरीलाई अमेरिकी कलेज पठाउन विमानस्थल आइपुगेका छन्। विमानस्थलका टर्मिनलहरू यात्रुको आतेजातेले व्यस्त हुन्छन् जहाँ पुराना प्रेमहरू अस्तव्यस्त हुन्छन्, नयाँ प्रेमको खोजीमा अलमस्त।

कहिले त पुराना प्रेमको पनि नवीकरण।

यु र उनका प्रेमीका आफ्नै जीवन, आफ्नै तनाव, आफ्नै सङ्घर्ष, आफ्नै भोगाइ छन्। युले चरित्र निर्वाह गरेकी पात्रकी आमालाई अल्जाइमर्स लागेको छ। उनी बिर्सने रोगकी आमा सुसार्न परदेशबाट आइपुग्दा घर जाने बस कुर्दै छिन्।

पुराना प्रेमीहरू भेटिनासाथ छुट्टिँदैनन् । प्रेमहरू कहिल्यै छुट्टिँदैनन्; सम्झनाको अँगालोले सधैँ बेरिएका हुन्छन् । विमानस्थलका टर्मिनलहरू छुट्टिने ठाउँ मात्र होइनन्, जोडिने पनि हुन् । जोडिनु, छुट्टिनु । छुट्टिनु, जोडिनु ।

हिउँदे सोलका सडकमा उनीहरू हिँड्छन्; राष्ट्रपतिविरुद्ध प्रदर्शन जारी छ । उनीहरू बोल्दैनन् । नबोली हिँडिरहन्छन् । हिँडिरहनु पनि बात मार्नु । नबोली-नबोली कुरा गर्नु । कुरा गर्न कट्टी गर्नु पनि बोल्नु । मौनताको आवाजको बल कति हुन्छ, प्रेमीहरू बुझ्छन् ।

तपाईंले प्रेममा पर्दा हरेक कुरा बोलेर टार्नुभयो त ? कति कुरा नबोली-नबोली टर्छन् । शब्दहरूले तपाईंलाई सधैँ टेर्दैनन् । मनका कुरा मनमै रहन्छन् । तपाईंलाई आफ्नै मनले पनि टेरपुच्छर लाउँदैन ।

'हामी किन नबोलेको ?' तपाईं कसैलाई डीएम गर्न सक्नुहुन्छ ।

'हाम्रो कट्टी भा' छ,' जवाफ आउन सक्छ ।

'कहिले खुल्छ ?'

'खोइ !'

त्यसपछि मौनता । संसारमा आज जति आवाज छन् तीभन्दा धेरै काम मौनताले फत्ते गरिरहेको हुन्छ । जस्तो– लोकतन्त्र आवाजहरूको व्यवस्था । जनताको मतको जडौरी भिरेर हिँड्दा पनि नेताहरू आफ्नै डङ्का पिट्छन् । चर्को, च्याँट्ठिएको आवाजले बहाल नतिर्ने गरी अर्काको घरलाई डेरा गर्छ; अरू थुप्रै आवाज चेपिन्छन्, च्यापिन्छन् । साना आवाजहरूले त च्याँ पनि गर्न पाउँदैनन् !

प्रेमका आँखाहरू सबभन्दा चोखा हुन्छन् । एकार्कालाई चियाउनु, आफूभित्र बन्न नसकेका शब्द प्रकट गर्नु । पुराना दिन बिर्सनु, आफ्ना वेदना लुकाउनु ।

पुस्ताहरू बदलिए । समाज फेरियो । प्रदर्शन जारी छ । हिउँ बसिँदै छ । नयाँ वर्ष आउँदै छ । नयाँ पुस्ता बेग्लै सोच्छ । कोरिया सधैँको

एउटा ट्रान्जिट वा पुस्ताहरू आउनेजाने टर्मिनल। एक ठाउँ प्रेमी भन्छन्, 'म जहाँ जाऊँ अतिथि हुँ।'

जीवनभर पाहुना रहने अधबैंसे पात्रहरूमार्फत फिल्मले पुस्तान्तरको भेद मात्र खुलाउन खोजेको छैन, त्यो उमेरका मानिस पैसा र स्वास्थ्यप्रति मुख्य सरोकार राख्छन् भन्ने पनि प्रस्ट्याउँछ। अझ पैसा।

पैसा आजको मूल मन्त्र। गुरु। हामीलाई गोरु बनाएर नार्दै सधैं जोताइरहेको हुन्छ। दिनको एक हल मेलो।

कति त ओभरटाइम नगरे रेमिट घर पठाउन सक्दैनन्। बैङ्क ट्रान्सफर गर्न नसके हुन्डी।

दुई हल मेलो चल्ने पाखा धरौटी राखेर ऋणले रेटिँदै आएका तन्नेरीहरू कति त कारखानामा जोतिँदा कुनै फित्तामा बेरिन्छन्; कति मेसिनमै पस्छन्, फस्छन्, सेरिन्छन्, अङ्गभङ्ग हुन्छन्! रोबोटलाई बरु हातगोडा तानतुन गर्दै बचाउन सकिन्छ! तारहरूले बेरिएको जीवन जिउनेहरू अजर हुन्छन्।

अनिदा सिरानीमुनि आँसुले भिजाएर राखेका पत्र वा छोराछोरीका कपाल कोरिदिन किनेका काइँयो घर पठाउन नभ्याई कतिको त अस्पतालको बास हुन्छ र डाक्टरको बस नचले बाकसमा स्वदेश फिर्ती हुन्छन्।

तिनलाई रङ्गीचङ्गी राष्ट्रिय झन्डा ओढाउन विमानस्थलमा वैदेशिक रोजगार मन्त्री आउँदैनन्। पहाड वा देहातबाट रात्रिबसमा अनिदै आइपुगेका फुस्रा परिवारजन थोत्रा झुम्राहरू भरिएका झोलाबाट सेता वा पहेँला वस्त्र निकाल्छन्।

घरमा आफैं एक्लै हुर्किऊन् भनेर छाडिएका छोरा वा छोरी वा छोराछोरी छन् भने टुहुरा टाउका देखाउँदै सुँक्कसुँक्क गर्न नछाडी हजुरबा वा आमाको हात समातिरहेका हुन्छन्। वा मामा। वा माइज्यू। फुपू पनि नभए फुपाजु। कतिका जेठाजु वा जेठानी। सालासाली, दिदीभेना। मीत बा वा आमा। मीत दाइ वा मितिनी वा मीत बहिनी।

पुराना मान्यतामा हुर्केका अधबैंसेहरू समाजमा विस्तारित नयाँ मूल्यहरूबाट बेखबर होइन, बेदखल हुन्छन्। ती खासमा दुई पुस्ताबीचको स्यान्डविच हुन् भन्ने चित्रण गर्न चलचित्रले चाहेको छ।

'कोरियाली समाज आज कति धेरै आकाङ्क्षाबाट निर्देशित छ!' फिल्मबारे निर्देशक सफाइ दिन्छन्, 'शालीन जीवन बिताऊ भन्ने पुरानो मान्यता र आफ्ना आकाङ्क्षा जसरी हुन्छ पूरा गर भन्ने नयाँ धारणाको घर्षण देख्नुभएकै छ।'

'तपाईं कस्तो समाज चाहनुहुन्छ त पुराना प्रेमका नयाँ निर्देशक? हँ, डाइरेक्टरसा'ब?' भनेर पत्रकारले प्रश्न गर्दा उनले भनेका छन्, 'मैले पाए आजको शिक्षा पद्धति बदलिदिने थिएँ।'

हरेकलाई सफल बन्न दौडाउने शिक्षा। हरेकलाई आज सफल हुनुपरेको छ। सफलता नै परिवारको संस्कार, नभए दुत्कार। समाजको। राष्ट्रको। कम्पनीको। पार्टीको। सरकारको। विपक्षीको। युवकको। युवतीको। प्रेमीको। प्रेमिकाको। रोबोटको।

रोबोटहरूलाई कारखानामा आठ घण्टाको ड्युटीले पुग्दैन। घोटिरहनु।

रोबोटका हाड धातुले बनेका हुन्छन्। रोबोटलाई कुनै वैज्ञानिकले जन्माएको होइन। एक जना चेक लेखकले आफ्नो नाटकमा झन्डै सय वर्षअघि कल्पनाको नाम दिएका थिए। लेखकहरू वैज्ञानिकभन्दा अघि हुन्छन्। उनीहरू नाम दिन्छन् र कल्पना गर्छन्। विज्ञान कल्पनाबाट सुरु हुन्छ। साहित्यबाट।

साहित्यबाट विज्ञान, विज्ञानबाट प्रविधि। प्रविधिले हामीलाई रोबोट बनाउँछ। राखनधरन गर्छ; खटनपटन गर्छ।

रोबोट, आज हाम्रो कान समात्दै छोराछोरीलाई यो पढ र त्यो बन भन्न लाउने प्रणाली। हेर, अल्बर्ट आइन्स्टाइनले के गरे? स्टेफेन हकिङले के सोचे? बिल गेट्सले कसरी पैसा कमाए? वा वारेन बफेटले? सामसुङ कम्पनी कसरी हुर्कियो? वा लोत्ते वा हुन्डाई वा एसके वा एलजी?

तपाईं अन्डरग्राउन्ड वा बेसमेन्टमा रोबोटहरूलाई उत्पादन गर्न लगाउनुहुन्छ; माथिल्लो तलामा बसेर व्यापार, खपत, बजार, आयातनिर्यात, स्टक मार्केट, आर्थिक नीति केलाउनुहुन्छ र क्यालकुलेटरमा निस्केको डिजिटल मुद्रा खुसुक्क ब्लु हाउस लगेर दाम चढाउनुहुन्छ। वा बैङ्क ट्रान्सफर। वा कोही आफन्ती वा ब्रोकरको खातामा घोटिदिनुहुन्छ। घोप्ट्याइदिनुहुन्छ।

राष्ट्रपति सुश्री पार्कविरुद्ध प्रदर्शन जारी छ। रोबोटहरू चलाएर आर्जेको अकुत रकम कर्पोरेट हाउसबाट सुट्क्याउने साथीसँगको उठबसले राष्ट्रपति उठ्नु न बस्नु हुन पुगेकी छन्। उनी अब ब्लु हाउसबाट ननिस्केसम्म जोसिला सोलवासीले सडकमा डेराबास गरिरहनेछन्।

सफल बनाउने शिक्षाको सट्टा सार्थक जीवनको संस्कार खोजिबस्ने निर्देशक आफ्नो सोचाइलाई चित्रमा फनफनी घुमाउँछन्। कसरी घुमाउँछन् त उनी ? हँ, पुराना प्रेमका नयाँ निर्देशक ? हँ, डाइरेक्टरसा'ब ?

उनले ती दुई पुराना प्रेमीलाई निर्देशन गर्दा पनि कथाको संरचना मात्र बुझाएका थिए। संवादहरू स्वस्फूर्त सोच्न; हाउभाउ, कटाक्ष, भङ्गिमा, अभिव्यक्ति, प्रतिक्रिया आफैं जनाउन स्वतन्त्र छाडिदिएका थिए।

पुराना प्रेमी अढाई दशकपछि भेटिँदा तपाईं के गर्नुहुन्थ्यो भनेर उनी कलाकारहरूलाई आफैं सोच्न छाडिदिन्छन्। सोच्नु, अभिनय गर्नु। स्वाङ पार्नु। स्वाङ तपाईंको खल्तीबाट ल्वाङ्कै निस्किँदैन। निकाल्न पनि सोच्नुपर्छ। सोच्नु, आफैंलाई सम्झिनु। सम्झिएको अभिनय गर्नु। अभिनय गर्नु, कुनै चरित्र वरण गर्नु।

'म उनीहरूलाई हरेक बिहान आज के गर्ने भन्थें तर कथामा अब के हुन्छ भन्थिनँ,' निर्देशक भन्छन्, 'फिल्म कसरी सकिन्छ, म बताउँथिनँ।'

कलाकारहरूलाई कथा थाहा दिनु तर पटकथाको पाठ आफैं पट्टयाउन दिनु ताकि उनीहरू आफ्नै मनले बोलून्। वा सोचले। कथाभित्र कथा आफैं बढाऊन्। 'मेरा लागि फिल्म एउटा जीव हो जुन जहिल्यै बदलिरहेको हुन्छ,' उनी भन्छन्।

जस्तो– मौसम वा प्रेम। प्रेमका सबभन्दा ज्ञाता बसका अनुभवी ड्राइभर हुन्छन् जो आफ्ना पाङ्ग्रामाथि लेखाउँछन्– *रुमाल साटे दुई दिनलाई, आँसु साटे जुनीभरिलाई।*

त्यसो गर्दा कलाकारहरू आफैँ नभए आफ्नो वरिपरिका वा आफन्तजन सम्भिन्छन्। वा बसका छोटा कविता। वा ट्रकका। वा टेम्पो। जहाजहरूमा भने पाइलटले त्यसरी लेखाउन पाउँदैनन्।

जसको पनि जीवनमा थकान, सम्भनाहरूका पोकाभित्र व्यवसायमा असफलता, पारपाचुके, परिवारको विग्रह र मृत्युका क्षण भलभली हुन्छन्। प्रेम र सपनाहरूको शोक।

जीवनमा जो पनि अनेकपल्ट नभए एक न एकपल्ट मलामी गएकै हुन्छ। नवजात शिशु काखमा लिएकै हुन्छ। भविष्यमा कुनै न कुनै वर्ष कुनै न कुनै महिना कुनै न कुनै दिन कुनै न कुनै क्षण मर्छु भनेर कसैले बच्चा जन्माउन छाड्दैन। कपाल कोरिदिँदा कति सन्चो मान्छन् भन्ने सोचेर तपाईंले काइँयो किनिदिँदा कति आनन्द मान्नुहुन्छ, ख्याल गर्नुहोस्।

नागरिकता प्रमाणपत्र बुझ्दा नागरिकको असल चालचलन निर्वाह गर्छु, त्यहीअनुसारको चरित्र पूरा गर्छु भन्ने शपथ लिनुहुन्छ। अंश पाउन असल छोराछोरीको कर्तव्य पूरा गर्छु भन्ने कसम खानुहुन्छ। अफिसमा रोजगारदाताका टर्म्स एन्ड कन्डिसन्स पालना गर्छु भन्ने करारनामा गर्नुहुन्छ; पत्रकार बने आचारसंहिता पालना गर्छु भन्नुहुन्छ। वा वकिल वा डाक्टर।

तपाईं जे गर्दा पनि रुद्रघण्टी छोएर वाचा गर्नुहुन्छ, जनैले पानी अचाएर वा सुन चोबलिएको पानी हातमा राखेर। वा छातीमा हात। त्यस्तो बेला कसैले पुर्पुरोमा किन हात राख्नुपर्दैन, मैले बुझेको छैन।

कसैको निधारमा कुनै क्लाइमेक्स लेखिएको हुँदैन। बरु तपाईं निरोगी बन्ने आरोग्य खोज्नुहुन्छ। आराम गर्नुहुन्छ; विराम गर्न नचाहे पनि गर्न

पुग्नुहुन्छ। तपाईंले चाहेको होइन, अरूले भनेको हो। राज्यले, कानुनले, प्रशासनले, समाजले, मान्यताले।

मान्यजनहरू भन्यजन हुन् भन्दै तपाईं आफूले गर्न चाहेको जसरी हुन्छ गर्नै चाहेर धन्यजन हुन खोज्नुहुन्छ किनभने तपाईंको मस्तिष्कमा कम्पनीले जोडिदिएको तार हुँदैन जसलाई ड्युटी अफिसर वा सीईओले रिमोटले चलाओस्।

तपाईं केही बेर खुट्टा तताउन हिँड्नुहोस्; केही बेर ढाड सुस्ताउन अडेस लाग्नुहोस्। कसैले तपाईंतिर सीसीटीभी नसोज्याओस्।

तपाईं आफ्नो आँतको ब्याट्री आफैं रिचार्ज गर्न सफल हुनुभएन भने अरू कसैले अर्कै कम्पनीको ब्याट्री फेरिदिन सक्छ जसलाई रि चार्ज गर्न तपाईं उसका सर्तनामा मन्जुर छ भन्दै सही धस्काउन बाध्य हुनुहुनेछ। अपरेसन थिएटरमा पस्नुअघि तपाईं आफैंले नगरे परिवारको कोही न कोहीले कागजमा केही न केही कबोल गरेकै हुनुपर्छ।

जीवन एउटा अभिनय। यात्रा। कथा। संवाद। हाउभाउ। स्वाङ। हामी आफ्नो चरित्र आफैं निर्वाह गर्न सक्दैनौं। स्वार्थले, समाजले, आकाङ्क्षाले, लोकल वा ग्लोकल सरकारले हामीलाई कथा दिइरहेको हुन्छ।

पटकथा हामी आफैं तय गर्छौं। मूलकथा निर्देशकले कट गर्ने गर्छ। निर्देशकहरू सुटिङस्थलमा किन टोप धारण गर्छन्, मैले बुझेको छैन। प्रधानमन्त्रीलाई तपाईं जहिल्यै दौरा-सुरुवालमाथि कोट ढल्काएको र हात लम्काएको देख्नुहुन्छ। बेलुकासम्मको लाइभ कास्टमा जे थियो, भोलि बिहान त्यही। वा मन्त्री। उनीहरूका गन्जी, कट्टु, रुमाल, मोजा र थैली देखाउने थ्रीडी क्यामरा चल्ने भए चस्मा लगाएर हेर्नुपर्ने कथा सधैं थ्रिलर हुने थियो।

अभिनेत्री युलाई साँझ भेटेर कुरा गर्न सकिन्छ। तर आज टिकट सोल्ड आउट भएको समारोहमा उनले हामीलाई आफ्ना रचना पाठ गर्न

लगाउनेछिन् र हामीलाई नै केही प्रश्न गर्नेछिन्। हामीले उनलाई प्रश्न गर्न पाउनेछैनौं। कलाकारहरू अरूलाई कठघरामा उभ्याउँछन्। उनीहरूले अरूलाई नियालेर आफ्नो अभिनयमा निखार ल्याउनुपर्छ।

कलाकार हाम्रा ऐना हुन्।

लौ, मैले त म्याप पो बिर्सेको ! म फेरि रिसोर्ट फर्किन उकालो लाग्छु र कुन कामले बाहिर निस्केकी लीलाई भेट्छु।

'होइन, तपाईं त कता जाने भन्दै हुनुहुन्थ्यो, होइन र ?'

'हो र ?'

'अनि के त !'

'त्यही त !'

'घुम्न नजाने ?'

'जाने भन्या त हो,' टाउको कन्याउँदै मैले भनें। चिन्ता नगर्नू; लिखा छैन।

'अनि त्यो क्यारे पर्यटकहरूले जे खोजे पाउने किनमेल इलाका कहाँ हो रे ?'

'म्योङदोङ सपिङ डिस्ट्रिक्ट,' उनले मेरो खल्ती नोटबुकमा केरकार गर्दै नवनिर्मित नक्सा दिइन्, 'तपाईंले खोजेको भिक्षु काठे बटुका पनि पाइन्छ; सोध्दै जानू।'

बाजा बजाएर सोध्दै गए के नपाइँदो होला त बजारमा ? भिक्षुका प्रिय बुद्ध परिकारहरू पस्किने एउटा रेस्टुरेन्टमा खुवाएपछि लीलाई मैले सोधेको थिएँ, 'यस्तै बटुका म किनेर लैजान्छु।'

काठे बटुकामा खाँदैमा कोही भिक्षु बन्दैन र शाकाहार पस्किँदैमा कुनै बुद्ध परिकार हुँदैन। सिरानीमा बुद्ध प्रतिमा राखेर सुत्दैमा सपनामा बुद्ध आउँदैनन्। न उनका पहिला शिष्य एक जोर मृगका सालिक ठड्याउँदैमा गुम्बाभित्र मृग पस्छन्।

कोरियालीले केही बनाउन बाँकी राखेका छैनन् न बेच्न ठानेर काठे बटुका कसो नपाइएला भन्दै म लीले रेखिदिएको नोटकपी खल्तीमा हाल्छु र सुमसुम्याउँछु ।

'अनि यो बटुकामा के खानुहुन्छ त नेपाल गएर, मिस्टर वाग्ले ?' उनले सोधिन्, 'के खानुहुन्छ, हँ ?'

के कोरियाली बटुका लैजाँदामै नेपाली खाना लिन नमिल्ने हो र ? मेरो मर्जी ! 'म यसमा उवाको सातु मल्छु र बुक्याउँछु, मिस ली,' मैले भनें । नभए जौको । वा चनाको । मालुवा केरा मल्नेछु । म बुद्ध बन्न सक्नेछैन, न भिक्षु ।

भिक्षुको अभिनय गर्न सकिनँ भने पनि खाना खान कसैले सिकाउनुपर्दैन । भोकले मलाई अभिनय सिकाउनेछ । पुराना प्रेमका प्रिय नयाँ निर्देशकज्यू, हामी आफ्नो अभिनय गर्न आफैं सक्षम छौं । शोकले, रोगले, प्यासले, तृष्णाले, जिज्ञासाले, असन्तोषले, अप्राप्तिले, अतृप्तिले, जिम्मेवारीले, सरकारले, कानुन मन्त्रालयले मस्यौदा बनाएर संसद् पठाएको विधेयकले, समाजले, परिवारले, बैङ्कले, बिमा कम्पनीले, ट्राफिक प्रहरीले, ट्राफिक लाइटले हामीलाई हरेक दिन हरेक प्रहर हरेक मोड लघारिरहेका हुन्छन् ।

'आन्यौङहासेयो' भन्दै एउटा ट्याक्सीभित्र पसेर लीको हस्ताक्षरसहितको रेखाचित्रभित्रका अक्षर देखाउँछु ।

ट्याक्सी गुडेको हर्न बजेन, पाङ्ग्राबाट धूलो उडेन र सानो ढुङ्गा निस्केन भने पनि तपाईं गुडिरहनुभएको हुनेछ । कहाँ पुग्नुभयो, झ्यालबाहिर अक्षरहरू पढ्नुहोस् ।

कोरियाली नसिकी कोरिया आउनु, आफैँ थाहा पाउन नसक्नु । आफैँ थाहा पाउन नसक्नु, अरूलाई सोध्नु । ट्याक्सीले गन्तव्य पुगेको खबर आफैँ दिनेछ; स्टेयरिङ आडको सानो मेसिनबाट तपाईंको बिल प्रिन्ट भएको सुन्नुहुनेछ र त्यो चिनाजति लामो हुँदैन तर खसखस झरिरहेको थाहा पाउन सक्नुहुनेछ ।

म्योङदोङ सपिङ डिस्ट्रिक्ट चप्पाचप्पा चहार्नुभयो भने तपाईंले संसार घुम्नुपर्दैन। संसार आफैं घुमेर तपाईंको पैतालामुनि आश्रय लिन आइपुग्छ। संसारका सबै ब्रान्ड पाइने लहरै स्टोरहरूमा तपाईंको खल्तीभित्रको चिप्लो कार्ड स्वचालित मेसिनले चुम्बक बनेर टाढैबाट घोटिदिन सक्छन्।

खल्ती खलास पार्न यस्ता बजार खप्पिस हुन्छन् भन्ने थाहा पाउनुअघि विन्डो सपिङ गर्नुहोस्। हरेक आकर्षक वस्तुलाई छोइनहाल्नू; कतै न कतै कुनै न कुनै कुनाबाट क्यामराका आँखाका नानीले हेरिरहेका हुनेछन्। ती नानीका तार जोडिएको नेटवर्कमार्फत म्यानेजरको ठूलो कम्प्युटर स्क्रिनमा तपाईंको खल्ती वा गच्छे वा ल्याकत वा आयकरको प्यान वा तीनपुस्ते विवरणसहितको व्यक्तिगत डाटा खररर आइरहेको हुन सक्छ।

आज अलि हतार छ भनी सोच्न विदेशी पर्यटकहरूको हूलमा हाहू गर्दै हिँड्नुभए हुन्छ। विदेशी पर्यटक आजकल बढी चिनियाँ हुन्छन् भन्ने थाहा पाउन तपाईंले अलिकति भाषा बुझेको जाती। अङ्ग्रेजी अक्षर फुटाउँदैमा संसार घुम्न सकिँदैन। न बुझ्न, चिन्न, चियाउन, चियो गर्न वा चर्चा गर्न। उदाउँदो चीनलाई नचिनी आज संसारको कुनै कुनाको चाल पाउन सकिँदैन। तपाईंले किन्न रोजेको सामानको दर मिलाउन खोज्नुभयो भने आफ्नै पछाडि चराझैं च्याँचुँ गरिरहेको बथानले आएर क्याप्प उठाइसकेको हुनेछ।

जति पैताला बजार्दा पनि धातुका बटुका जत्ति पाइन्छन् तर काठे बटुका फेला पार्न धाउन जान्ने बटुवा नै हुनुपर्छ। 'तपाईं भाग्यमानी हुनुहुँदो रहेछ,' एक जना पसलेले मलाई कुनाबाट एक जोर बटुका निकालिदिँदै भने, जुन मगमगाउँछन्। साल वा सल्ला वा चाँप।

खयर त होइन, हुन सक्छ कटुस। त्यस्तो रूख वातावरण दिवसमा प्रधानमन्त्रीले आफ्नो निवासभित्र रोपेका हुँदैनन्। न मन्त्रीले।

'तपाईंलाई आशिष लागोस्,' उनले तेर्स्याएको क्यालकुलेटरमा अलिकति यसोउसो भाउ झार्न खोज्दै मैले भनें।

'ओहोहोहो !' उनले जिब्रो लेब्याए र आँखा ठूला गरे। मानौँ भाउ घटाए कोरियाको अर्थतन्त्र नै टाट पल्टिन्छ।

कुनै पनि देशको अर्थतन्त्र तल पर्नु हुँदैन, त्यसले अर्को देशको अर्थतन्त्र पनि तानिदिन्छ। एउटा कम्पनी टाट पल्टिँदा देशकै अर्थतन्त्रमा सङ्कट पर्छ र एउटा देश फस्दा अरू पनि चौपट हुन्छन्। म पहिलोपल्ट कोरिया आउँदा ठीकठाक थियो; दोस्रो वर्ष एसियाली आर्थिक सङ्कट परेर हाम्रो एसियाली पत्रकार फेलोसिपै बन्द भयो। एउटा मोटर कम्पनी टाट पल्टिँदा अमेरिकाकै वित्त व्यवस्था उलटपुलट भयो। आज ग्रीस हेर्नुहोस् न !

चट्याङ पर्दा च्याँट्ठिएको कुकुरझैँ उनको क्यालकुलेटरको उज्यालोमा म धेरै बेर तर्सिनु हुन्थेन।

उनलाई नगदनारायणको नजराना बुझाएर एक जोर बटुका पोको पार्दै बाटो काट्न निस्कन्छु। होइन के भएको हो भन्ने सोच्नुपहिल्यै बाटाभरि सेता फूलहरू बर्सिन्छन्। सडकभरि, चोकभरि, हाम्रा थाप्लाभरि। हिउँदे फूलहरू अर्थात् हिउँहरू।

बुद्ध परिकारका लागि बटुका किन्नासाथ साइत शुभ हुन्छ भनेर कतै पढ्न पाउनुभएको छैन भने यही हरफ म तपाईंलाई तथास्तु गर्छु।

हिउँ पनि अन्त कतै नगएर म्योङदोङ सपिङ डिस्ट्रिक्टमा बर्सिनु, ठूलै सपिङको उद्देश्य गर्नु। सडकभरि संसारका कुनभन्दा कुन राम्रा छाता निस्कनु, कुनभन्दा कुन सुन्दर मोबाइल वा आइप्याडबाट फोटाहरू कुनभन्दा कुन छिटो सोसल साइटमा अपडेट हुनु, कुनभन्दा कुन आकर्षक पोजअनुकूल स्टोरलाई पृष्ठभूमि पारेर हिउँभित्र लुक्नु।

तपाईंको स्टोरको ढोकाको डिजाइन वर्गाकार छ भने इन्स्टाग्रामका लागि बेस्ट। नभए मोबाइलमा पोज एडिट गर्नू; नहाँसेका मुद्रा डिलिट गर्नू।

सिउसिउ गर्दै उभिन गाह्रो भए गलबन्दीहरू लहरै फिँजाएर प्लास्टिकको छाताभित्र जोगाएको पसल पुग्नू। कोरियाली लभस्टोरीमा अधबैंसे अभिनेताले

आफूलाई गमक्क पार्न घाँटी बेरेर छातीसम्म झुन्ड्याएको गाढा रङको ऊनको गलबन्दी छाम्दै उभिनू।

'तपाईंलाई त यो कस्तो सुहाउँछ!' भन्ने पसल्नीसँग आँखा नझिम्क्याई म उनको सिफारिस स्विकार्छु र हिउँसँगको प्रेम लुटपुट्याउँछु।

बर्कोजत्रो बाक्लो गलबन्दी दोबारेर उनी मेरो घाँटीमा हालिदिँदै स्वयंवर गर्छिन्। अनि म पर्स निकालेर सुटुक्क उनका औँलामा नोटको औँठी घुसारिदिन्छु।

प्रेमले दुई रुपैयाँ थपेर दिनुहोस्, पसलेको मुस्कानले दुई हात परसम्म तपाईंको हिउँको बाटो न्यानो बनाइरहन्छ।

अब पुरानो प्रेमको अभिनय गर्ने नायिकाले साँझ क्याफे पास्टेलमा उभ्याएर मलाई जेसुकै भनून्, म यही गलबन्दी भिरेर आफ्ना गुम्सिएका बहहरू पोख्नेछु।

मिस ली, गलबन्दीभरि हिउँका बुट्टा भरेर म अब फर्किंदै छु साँझ नायिका युका प्रश्नमा बेरिन। उनले जतिसुकै प्रश्नको पासोमा पार्न खोजून्, म अब गोडा पसारेर बस्दिनँ।

'साँच्चै हो?'

'ढाँट्नु केलाई छ र?'

जगत्लाई ढाँट्न सकिन्छ तर लुगलुग काँप्नुअघि आफ्नो ज्यानलाई गलबन्दीले बेरिदिनु बेस। पक्का ऊनीको छ भने एउटै गलबन्दीले सोलको हिउँ जाडो सजिलै छिचोल्नेछ।

१५

नायिका यु, तपाईं कता हुनुहुन्छ, हामी त यता तयार भइसक्यौँ भन्ने छाँट पार्दै योन्ही कला शिविरको आँगनमा सन्ध्या प्रहरका अपुङ्गे रङका पुतलीझैँ सगबगाउँछौँ ।

हामी सराबरी दोभाषे बहिनीहरू रङमङाउँदै गुजमुज्ज उभिँदा कोही थाई बोलिरहेकी छन्, कोही इन्डोनेसियाली, कोही भियतनामी त कोही अङ्ग्रेजी र अँ पक्कै कोरियाली । कुनै शब्दको फाँको हाल्नु, अर्को भाषाको मुखभरिको अर्थको बुझो बक्नु ।

उनीहरू झन् सजिएका छन्, जसरी जन्तीमा बेहुली चिन्न नसकिने गरी दिदीबहिनी र सङ्गातीहरू वा बेहुला अनि जन्ते खसी खुइल्याउन जुठोपुरो चल्ने, जानी-नजानी सुर्केनी पारेका टाईधारी साथीहरू ।

बिहे आफ्ना लागि हुन्छ, बुहार्तन परिवारका लागि अनि बढाइँ छरछिमेक, मित्र र भूगोल बदलिइसके पनि सगोलमै रहेका इष्टहरूलाई ।

जुठा भाँडा खकाल्न महिनावारी आउने बहिनीहरू, वा दिदी पनि, गाजल भरिएका परेला चलाउँदै, छिटको गुन्युमा टल्किँदै र चुल्ठोमा फर्सीको फूल नभए गेवँरा वा तोरीको फूल पयाँलै सिउरेर फुरफुर परिरहेका हुन्छन् । वा भाइहरू पुराना बेहुलाका सफा जडौरी मयलपोस भिरिरहेका हुन्छन् । दाइहरू । वा उमेरले काकाहरू ।

हिउँले सिर्केनी हान्न छोएको बाटो आफैं उत्तिन्खेरै पखाली मिचेर सुकाए झैं हावासँगै हराएर माटोमा बिलाइसकेको छ र स्याँठले चराहरू इत्र्याउँदै हाँगाहरू हम्किरहेको छ ।

हामीले वरवधू मानेर रातो धागो बाँधिदिएका वरपीपलका रूख दशकौं के, शताब्दियौं बाँच्न र हाम्रो सम्बन्ध चिरायु राख्न उभिइरहन पाउँदैनन् । तपाईंले कुन ताकमा वर र वधूको अँगालो छुटाउन हाँगाहरू लछारेर नपुगे बन्चरो उध्याउनुहुन्छ, वा आराले सिनित्त फाँडेर आरामसाथ सडक फैलाउनुहुन्छ ।

मासिएको चौतारो पुगेर गालामा बेलुन फुलाउने नरसिङ्गा फुक्न बिर्सिए झैं कताकताबाट तलिम हाम्रो उत्सवित छायाबीच छड्किन्छ । त्यसले एकहाते जुँगाजस्ता पुच्छर हल्लाउँदा मसिना छायाले हामीलाई शुभकामना दिइरहेको हुन्छ ।

नायिका यु डोलीमा सजिएर होइन, डेउ वा किया वा हुन्डाईमा हुइँकिएर आफ्नै बाटो पुग्नेछिन् जसरी टिकट सोल्ड आउट भएको क्याफे पास्टेलका नजाने कस्ता अतिथिहरू नजाने कुन डिजिटल नक्सा पछ्याउँदै नजाने कुन सडक ।

हाम्रो चरीफुरी होइन, पुतलीफुरी हेर्दा जसलाई पनि लाग्छ– आज साँझ सोलभरिका साहित्यउत्सुकहरू हरेक सडकबाट क्याफे पास्टेलमा उत्साहसाथ जम्मा हुनेछन् ।

ब्लु हाउसको नजिक पर्दै, सामसुङ टावर दरबारको आसपासबाट गुज्रिँदै, कति त आनसान पहाडमाथि फुन्डिएको बादलको बाटो वा आनकासानमाथि टावर हेर्दै । हान नदीका सुस्केरा नसुनी त्यसैमाथि सुलुसुलु गाडी चिप्ल्याउँदै । वा रेल वा मोनोरेल । कति त पहाडहरूबाट केबलकार ।

क्याफे पास्टेल पुस्तकपसल हो जसभित्र लेखकहरूका लागि बोल्ने मञ्च हुनेछ, सुन्नेहरूका लागि लेख्ने टेबल ।

पुस्तकहरूलाई पृष्ठभूमिमा पारेर चिया-चमेना, कफी-कुकिज र मेलो सर्किएपछि क्याफे मेड पास्ता अनि सुटुक्क सगुन ग्लासमा स्याम्पेन। नभए सोजु, साके।

'तपाईंहरूको सेसन पूरै भिडियो रेकर्ड हुनेछ,' फेरि ओझेल पर्नुअघि मिस लीले सम्झाइन्। मानौँ जहाँ कुनै रिटेक गर्न पाइनेछैन, हेर्ने बेला उनीहरूले रिप्ले मात्र गर्न सक्नेछन्।

हाम्रा जीवनका सबभन्दा कृतकृत्याउने क्षणहरू दोहोऱ्याएर भोग्न पाइँदैन; सम्झिन मात्र जति पनि रिभाइन्ड गरे हुन्छ। मेमोरी कार्ड नभरिएसम्म जीवन हाम्रा लागि सम्भव भएसम्मका सम्झना, बिर्सना र तिर्सना।

साँझ झन् व्यस्त हुने सहरलाई मस्तीमै छाडेर हामीले क्याफे पास्टेलभित्र मच्चीमच्ची अभिनय गर्नुपर्नेछ। आफूले लेखेका कथाहरू। वा कविता वा निबन्ध। गजल वा कुनै तुक्का। नभए उखान।

उखानहरू हाम्रा सबभन्दा गहकिला सामूहिक सम्झनासङ्ग्रह हुन् जसलाई जति बखाने 'नि हुन्छ, बदल्न सकिन्न। इतिहास बदल्न सकिन्न; भविष्य त देखिएकै हुँदैन; वर्तमान कतिखेर भूत भइसक्छ, हामी त्यसको प्रेतसँग प्रेममा लिप्त भइरहेका हुन्छौँ। लिप्तीले तृप्ति दिँदैन। लिप्साले प्यास मेट्दैन।

हामीले समृद्धिका लागि एक्स्काभेटर लगाएर खनेको माटोमुनि आठ सय वर्ष पुराना सकल मूर्तिहरू ठुन्का पारेका हुन्छौँ।

जसरी हामी आफ्नो रचनागर्भको पुरातात्त्विक पाठ आफैँ गर्नेछौँ; कथामा एक्स्काभेटर चलाएर कट भन्न हामीमाझ हुनेछिन् नायिका यु। हामीले पढ्दापढ्दै उनले रोकिदिइन् भने हाम्रा पात्रहरूमा चोट पर्नेछ। पहेँलो टोप उनेर उनले निर्देशकको अभिनय गर्नेछिन्।

हाम्रा कथाहरू पनि पुराना सभ्यता हुन् जसलाई नयाँ मान्यताले पुरातात्त्विक तक्मा दिइरहेको हुन्छ। हाम्रा पात्रहरू टुप्पीसहितका टाउका वा मुजा परेका निधार छोप्ने पछ्यौरासहित परिवर्तनको गर्तभित्र लुकिरहेका हुन्छन्। पढ्नु, तिनलाई जीर्णोद्धार गर्नु। जसरी भिक्षु र भन्तेहरू पढ्छन् थ्यासबु।

नायिका बनाम निर्देशक युको खटनपटनमा हामीले आफ्नो संवाद, हाउभाउ, कटाक्ष, भावभङ्गिमामा स्वतन्त्र अभिनय गर्न पाउनेछौँ।

मिस लीले हामी हरेकलाई आफ्नो कथाको पाठ मुद्रण गरेको गाताभित्र हालेर खामबन्द दिइसकेकी छन् जसभित्र हाम्रा रचना छन्, टुसा पलाएको चनाझैँ उम्रिएका वा कति त पन्नामाथि उब्रेका अक्षर।

आफ्नो कथाका पात्रले बोलेको आफूले अभिनय देखाउनु, आफैँ उभिनु। आफैँ उदाङ्ग हुनु। लेख्नु, आफैँलाई पारदर्शी बनाउनु। इज्जत कमाउन निजत्व गुमाउनु। व्यक्तित्व बनाउन व्यक्ति बिलाउनु।

म आफूलाई यसरी प्रस्तुत गर्छु जसरी आफ्ना पात्रहरूलाई कथामा गरेको छु। वा निबन्धमा। उपन्यासमा।

पात्रहरूलाई जीवन दिन आफूले अभिनय गर्नु। अहोरात्र पात्रहरूले अभिनय गरेर लेखकलाई बनाइदिएका हुन्छन्। कहिलेकाहीँ पात्रहरूको निर्ब्याजी ऋण चुक्ता गर्न लगाउन नायिकाहरू निर्देशकको भूमिकामा आउँछन्।

जसरी क्याफे पास्टेलमा आउँदै छिन् यु।

उनलाई कतिखेर भेटूँ भइहालेको छ भने पनि साथीहरू मलाई न्यु पिन्च गर्दैनन्। उनीहरू म गमक्क परेको गलबन्दीको गलराज बुझ्दैनन् जसभित्र फुरफुर हिउँ परेका सम्झनाहरू कविताझैँ पग्लिएका छन्।

उनीहरूलाई लाग्दो हो, मैले आजकै साँझका लागि साता दिनदेखि सिरानीमुनि गुटमुट्याइरहेको थिएँ। हुन्छ नि जस्तो, बिहेमा सिलाएको सुट कति त हामी वर्षौं दराजमा लुकाइरहेका हुन्छौँ र ऐनमौकामा झिक्छौँ जसरी साइत छोप्न चिना।

हिउँ नपरेको भए मैले किन्ने थिइनँ।

हुन्छ नि, कति त बिहे नपरी सुट सिलाउँदैनन्! वा सुट सिलाउन पनि बिहे गर्छन्। कति त ससुरालीले सुट नहालिदिए जग्गेमै बस्न मान्दैनन्।

दाइलाई, भाइलाई, बुवालाई, काकालाई, मामालाई, भिनाजुलाई वा नाम टिपाएका र तिनका नापो टिपाएर नाम पठाएकालाई ।

गोडधुवामा तामाका कति गाग्री आए ? वा मोटरसाइकल वा कार वा सिलाबरका भाँडा । डाक्टर बेहुलाले स्टेथेस्कोप होइन, स्टेयरिङ समाउनुपर्छ । इन्जिनियर बेहुलाले पहेँलो ज्याकेट र हेल्मेट होइन, दाइजोको इन्जिन चेक गर्न पाउनुपर्छ । बैङ्कर भए बैङ्कक वा दुबईको हनिमुन प्याकेज । वा मरिसस नभए माल्दिभ्स ।

शिक्षक बेहुलालाई चक र डस्टर कुनै ससुरालीले दिँदैन, न ह्वाइट बोर्ड । न पत्रकार बेहुलालाई भूल सुधार गर्न अटो करेक्सनको एपसहित अडियो-भिडियोका बटन भएको सामसुङ ग्यालेक्सी एस सेभेन वा समकक्षी भर्जनको आइफोन ।

ठेलावाला आफ्नै आँतकी बेहुली छानेर तरतर पसिना चुहाउँदै पर्दा नभएको ढोकाभित्र ल्हास्सो भान्साघरमा बिहेभोजको दालभात एउटै थालबाट चराले झैँ फटाफट भरपेट टिप्छन् र काममा फर्किन्छन् ।

खाना देखे गौँथली गुत्थ परेर बस्दैनन् । तित्रे चराहरू तितरबितर हुँदैनन् । कागहरू कतै भातका सिता भेटे काऽकाऽ गर्दै अरूलाई खाऽखाऽ भन्ने खबर दिइरहेका हुन्छन् । एउटै सिता खेर फाल्दैनन् । चरालाई कहिल्यै पुगीसरी आउँदैन । चोखोनितो चाहिँदैन । घिनाउनु, अन्नलाई हियाउनु ।

चराले छाडे कीरालाई ।

म्योङदोङ सपिङ डिस्ट्रिक्ट नपुगेको भए पनि मैले देख्ने थिइनँ । म्योङदोङ सपिङ डिस्ट्रिक्ट पुग्दा हिउँ नबर्सिएको भए पनि मैले आँखा लाउने थिइनँ ।

साँझ नायिका यु नआउने भए पनि मैले पुरानो प्रेमको सप्कोले कसैलाई बेर्न त्यसरी गलबन्दी खोज्ने थिइनँ ।

गलबन्दीको सप्कोभित्र हाम्रा पुराना हिउँदे प्रेमहरू कति गुम्सिएका हुन्छन्! पहिलोपल्ट चुम्बन गर्दा ओठ लतपतिएको सम्झना आफूसँगै बग्रेल्ती बसिरहेको हुन्छ। वा आखिरी भेटको आँसु।

म बदलिएको देखेर तलिम घरीघरी मच्चिन्छ र समय घर्कियो तपाईंहरू गइहाल्नुहोस् भन्ने सन्देशसाथ आफ्नो मुकामतिर फर्किन्छ।

हामीलाई इसारा गर्नुपर्ने मिस ली भने आफैं बेसहारा भएको अनुहारमा बतासले हिर्काएका हाँगाझैं भित्रबाहिर गर्छिन्। मेकअप गरेको अनुहारमा तनावका रेखाहरू खजमजिएका छन्।

'खै, तपाईंको कथाको प्रिन्टआउट? हामी उहीं दिन्छौं' भन्दै फिर्ता लिन्छिन्। लेखिसकेका कथाको हकदार हामी हुँदैनौं। प्रकाशक हुन्छन्, मुद्रक, वितरक, बिक्रेता र पाठक। लेखिसकेपछि हाम्रो हक छिनिन्छ। कपिराइट कपीमा लेखेर हस्ताक्षर गरेको अक्षर मात्र हो। भविष्यका लागि। भविष्य इतिहासबाट सुरु हुन्छ।

हाम्रो खुसीका खातिर उनी कति भित्रबाहिर गर्छिन् भने, मानौं केही भित्र छुटेको छ र केही बाहिर!

बिहेको चटारोमा ढोकाभित्र र बाहिर गरिरहने दिदीबहिनी कतिखेर हातमा के लिइरहेका हुन्छन्, उत्तिन्खेरै बिर्सेर अघि मैले कहाँ राखेकी थिएँ भन्दै फुस्स सोध्दै हिँड्छन्। राखनधरन गर्ने फुपू वा माइजू, भाउजू वा नन्द। जेठा जन्मिएका थिए भने जेठानी।

हाम्रो जीवनजस्तै।

हाम्रो जीवनको खुसी कति अरूको जीवनमा छुटेको छ, कति अरूको खुसी आफ्नो जीवनमा! परिवार, समाज, देश र विदेश।

कति कोरिया आउँछन् र घर कल्पेर काठमाडौं हुँदै चिठी पठाउँछन्। छोराछोरीलाई एक जोर काइँयो र 'आई लभ यु कोरियाना' अङ्कित लकेट। कति त कपुरी क लेखिएका भित्ते चित्रहरूको वर्णमाला काठमाडौंबाट विदेश मगाएर पढाउँछन्।

खासमा भित्र केही छुटेको हुँदैन, न बाहिर नै केही भेटिन्छ ।

ली मोबाइलमा कसैसँग केही सोध्दै छिन् । उनलाई सम्झाउन लिम उनको पछि लाग्छिन् । सम्झाइसकेपछि लिम हामीतिर हाँस्छिन्, केही भेटिए झैँ । उनी हामीलाई न्याना प्याडहरूको कोसेली दिन्छिन् जसलाई पाखुरामा, तिघ्रामा, छाती जोगाउन खल्तीमा घुसाउन सकिन्छ ।

'ई यसरी पहिला खोल्नुहोस्, अनि एकै छिन दुवै हातभित्र राखेर किचीमिची मिच्नुहोस्, ल हेर्नुहोस् त बिस्तारै तातो आउँछ' भन्दै उनी हामीलाई आज पनि यात्रामा ठिहिरोबाट जोगाइदिन्छिन् । जाडो घटाउन सकिन्न; न्यानो बढाउन सकिन्छ । जसरी परिस्थिति फेरिएको हुँदैन, हामी आफैँ बदलिएका हुन्छौँ ।

उनी आफ्नै गालामा रगडेको अभिनय गर्छिन्, अनि फेरि बाहुला सुर्केका मुलायम हातमा ।

तिल रगडे बसाउँछ, तोरी रगडे तरतर तेल । प्रेमीप्रेमिका कसरी एकार्काका हात रगडेर आफ्ना आँत हरहराउँछन्; ओठ रगड्छन्; गाला घोट्छन्; मुसुमुसु सुमसुम्याउँछन् र खुसुक्क मिस यु भन्दै बिदा माग्छन् !

छुट्नु प्रेमबाट छुटकारा पाउनु होइन । प्रमिस भन्दै गरेका प्रेमका वाचा सही भए भाइरस लाग्दैन । त्यसले तपाईंको सिस्टम करप्ट पार्दैन । कसैको सर्भर डाउन गर्दैन । कोही अर्कोले तेस्रो वा बाङ्गो छेड हान्नुअघि हार्डड्राइभमा ट्रान्सफर गरिहाल्नू ।

नजिक बसिरहनु, आफूलाई बिर्सनु; हार्डड्राइभ लिएर टाढा परे अर्कालाई सम्झिरहनु । जति टाढा, सम्झनामा आइरहने नोटिफिकेसनका धर्का उति गाढा । सङ्क्षेपको स्पर्श पनि दाँत फ्लस गर्ने बाबरी बास्नाको धागोझैँ जति ताने पनि ओरल किटको बट्टाबाट निस्किरहन्छ ।

उनलाई हाँस भन्नु हुँदैन तर जब उनी हाँस्छिन् सायद बत्तीसवटै सकल दाँतका कुशल लहर खुल्छन् । उनको डेन्टिस्ट देशदुनियाँकै सफल दर्जाको मेडिकल कलेजबाट दीक्षित हुनुपर्छ ।

उनले दिएका प्याडका पोका रगडेर गलबन्दीभित्र ज्याकेटको खल्तीमा हालेपछि दुईचार नभए पाँचछ घण्टै अब ठन्डाको कुनै टन्टा हुनेछैन।

चिन्ताको लामघारे चितुवाले लघारे झैं हाँपझाँप गरिरहेकी लीलाई म फेरि भेट्छु।

'मिस ली, कसैले केही बिगार गऱ्यो ?'

'जत्ति गर्दा 'नि सोचे जस्तो केही नहुने रहेछ !' उनले भनिन्।

'अनि क्यारे के भयो त्यस्तो ?'

'हेर्नुहोस् न, तपाईंहरू सबैलाई एउटै गाडी रिजर्भ गरेको !'

'अनि त ?'

'दुइटा साना पठाइदियो।'

'ठीकै छ नि त !' मैले सम्झाएँ, 'हामी बाँडिएर जान्छौं।'

उनी हामीलाई बाँड्न चाहन्थिनन्; आफूहरूसँगै एउटैमा लैजान त्यस्तो सायद लिमोजिन भ्यान पहिल्यै अर्डर गरेकी थिइन् जसले हामीलाई हालहुल पार्दै सोलको सडक योन्साई हुँदै सिन्चोङ दोङ पुऱ्याउने थियो।

फराकिला भ्यान वा साना बसका ठूला स्क्रिनमा फेरि स्क्रोल गर्ने आणविक धम्की हेर्नु सट्टा बरु ससाना कारमा खाँदिएर जल्दी जन्ती जानु।

छुट्टिएर गए पनि जन्तीको टीका लगाएर जानेहरू जन्त नै जान्छन्, अन्त कतै खुट्टा पारे पनि फर्केर जग्गेको वरपर हाजिरी जनाउँछन्। एसिया एउटै भूगोल भए पनि कहिल्यै सगोलमा छैन। राजनीतिक गोत्र फरक छ। वा सांस्कृतिक, चारित्रिक, धार्मिक, मानसिक, आर्थिक।

एउटै गाडीभित्र बसे पनि हामी एउटै भाषा बोल्दैनौं जहिल्यै कहिल्यै। एउटै भाषा बोले पनि दोहोऱ्याएर सुन्नुपर्छ। उच्च पार्दैमा उच्चारण एउटै हुँदैन। न आचरण।

हाम्रा आचरण र उच्चारण इतिहासको प्रसवबाट आएका छन् । कहाँनेर तपाईं हाँस्नुहुन्छ, अरूलाई थाहा हुँदैन किनभने हाँसोको प्रसव प्रक्रिया व्यक्तिको संस्कृतिबाट बनेको हुन्छ । समाजको दुखाइ वा सुखाइबाट ।

कसैलाई सुकेनास पार्ने गरी हिजो अङ्ग्रेजले दबाए; कसैलाई डचले डसे; कसैलाई पोर्चुगिजले पिरोले; कसैलाई फ्रेन्चले पन्जामा पारे; कसैलाई जापानीले जालमा हाले; कसैलाई आफ्नै अधिनायकहरूले, वंशहरूले, तानाशाहले, बादशाहले, लाल वा काल बुरुक्कडहरूले ।

हरेक देशमा आफ्नै इतिहासका कमजोर नरकङ्काल माटोमुनि पुरिएका छन्; बलिया सालिक सिङ्गमर्मरको ज्यान पाएर सगर्व उभिएका छन्; सङ्ग्रहालय र सङ्घर्षका सम्झनाहरू ।

हरेक देश भिन्न छ र एउटा अर्कोसँग इतिहासदेखि नै बिभिन्डिएर बसेको । हाम्रामा मठमन्दिर धेरै छन्; इन्डोनेसियामा मस्जिद, थाइल्यान्डमा गुम्बा । वा भियतनाममा । प्यालेस्टाइनमा गोलाबारुद । न्युजिल्यान्डमा मानिसभन्दा गाई दोब्बर छन्, मङ्गोलियामा घोडा ।

विश्व प्रतिस्पर्धा दौड बजारभित्र प्रतिव्यक्ति आय सम्मेलनहरूमा बाँडिने तथ्याङ्क हो । कुनै देशका गोडा फर्केका छन्; कतिका पिँडौला सट्केका, कतिका मर्केका तिघ्रा ।

लगानी शिखर सम्मेलनहरूमा आकर्षक गन्तव्य देशतिर सबैले आँखा लाउँछन् । गितार बोकेर हिँडेको युवकलाई सबैले हेर्छन्; सारङ्गी बोक्ने युवक भीडभित्र हराउँछ ।

सम्मेलनहरूमा भनिने न हो, हरेक सिजनमा पुराना बिरुवा मासिएका छन्; पुराना भाषा नासिएका छन् !

लौ है, हामी त कारभित्र पस्यौं ! हाँस्दै आएका किम नाम इल पनि न्यास्रो अनुहार लाउँदै हामीसँग सगोलमा बस्न नपाई आफ्नै कारमा हिँड्ने भए, बरु नअटेको कसैलाई लिफ्ट दिने भए । हामी ससाना समूहमा

ससाना गाडीभित्र गयौँ है भन्दै योन्ही कला शिविर र आठपहरियालाई हात हल्लाउँछौँ।

साना कारका झ्याल सफा छन् भने बाहिरी संसार ठूलो देखिन्छ। हामीले साना कारमा चिप्लो गुड्दा देखेको समाजमा विकास बढ्दै छ; जनसङ्ख्या घट्दै छ। रोबोट बढ्दै छन्।

प्लान्ट प्यारेन्टिङ गर्नुहोस्। बिरुवाको अभिभावकत्व लिनुहोस् र कोठाभित्र हुर्काउनुहोस्। वा छतमा वा झ्यालमा।

तपाईंको कोठाभित्र पर्याप्त प्रकाश पुग्दैन भने एलईडी रिडिङ लाइटले बिरुवालाई चाहिने उज्यालो दिनेछ। तपाईंको अक्वेरियमका माछा हेर्दै बिरुवाले पात हल्लाउन चाहिने हावा पुगेन भने सानो पङ्खा घुमाइदिनुभए हुन्छ। अक्वेरियमका माछा र तपाईंको गमलाका बिरुवाबीचको प्रेम अङ्कुराउन दिनुहोस्।

हावामा आवश्यक अक्सिजन कति योगदान गर्नुभयो; हरेक बिहान पोस्ट गर्नुहोस्। तपाईंको घरअगाडि बोर्डमा लेख्न सक्नुहुन्छ। जुन घरले वातावरणलाई कुनै योगदान गर्दैन उसले कर छूट पाउनेछैन। तपाईंको निजी सूचनापाटीलाई राति पनि देखिने बनाउन लेजर प्रकाश हाल्नुभयो भने सानो विज्ञापनको सङ्केत कुनै ब्रान्डले स्पोन्सर गरिदिनेछ।

विकासशील हुनुहुन्छ भने विकासे शीलस्वभाव बढाउनुहोस्। आफूलाई मार्केटमैत्री बनाउनुहोस्। एकद्वार नीति ल्याउनुहोस्; लगानी बोर्ड गठन गर्नुहोस्; रातो कार्पेट बिछ्याउनुहोस्; हवाई अड्डाहरूका धावनमार्ग चाक्लो पार्नुहोस्; सीईओहरू निजी विमानमा आउँछन्। विदेशमन्त्री वा राष्ट्रपति वा प्रधानमन्त्री।

बिगुल फुक्नुहोस्। थारो बसेका गाईहरू डाँडा नकटे भीरमै घिस्रिरहेका हुन्छन्; तिनलाई कसैले कुँडो खुवाउँदैन। गहुँत पनि कसैले लाँदैन। तिनका हुर्केका छोराहरूलाई कसैले जुवामा नार्न अर्को पाखातिर लगिसकेको हुन्छ; छोरीहरू बढी भाउमा बिक्री हुन्छन्। भर्खर ब्याएका गाईको बिगौती तयार गर्नुहोस्। वा कराहीमा कुराउनी।

म आफ्ना लागि कारभित्रको न्यानो बढाउँछु। दोभाषे बहिनीलाई देखाउन गलबन्दी खोल्छु; फिँजाउँछु। उनी बल्ल न्यु पिन्च गरे झैं छाम्न खोज्छिन्। हिउँदे गलबन्दीहरू गम्छा आकारमा फैलिन्छन्। यस्तो विकासे गलबन्दी हाम्रोतिर पाइँदैन जसले गम्छाको पनि काम गर्छ।

गलबन्दी पट्टयाउन कुनै साथी मलाई फेरि मद्दत गर्छ। गलामा भिर्छु; कारको लुकिङ ग्लासमा देखिँदैन।

बाहिर कारहरू आफैं चलेका छन् भने अटो ड्राइभिङ कार हुन सक्छन्, वा रोबोटहरूले सजिलै चलाइरहेका। अटो ड्राइभिङ मोडमा राखेर नयाँ मोडलको आफ्नो कारसँग मक्ख पर्दै कोही हाते ग्याजेटभित्र ड्राइभिङ रेसका कार ड्राइभ गरिरहेका हुन सक्छन्।

घरी गम्छा घरी गलबन्दी गर्दै अलमलिनु जाती। मोबाइल हातमा खेलाएर कनेक्सन टावर खोजे कसैको चित खाने ट्वीट वर्षौंपछि रिट्वीट हुन पुग्नेछ।

कति त बितिसकेका व्यक्तिलाई पनि फुक्किएर जन्मदिन शुभकामना वा विवाहको वार्षिकोत्सव बधाई दिइरहेका हुन सक्छन्। पहिल्यै आरआईपी लेखेको तपाईंको ट्वीटरले सम्झाउँदैन।

समवेदना दिइसकेको व्यक्तिलाई किन शुभकामना लेख्नुभयो भनेर अटो करेक्सन गराउने एप बनिसकेको छैन। त्यस्तो बेला झ्ल्याँस्स भएर डिलिट गर्नुको सट्टा सरी भन्ने कुनै स्टिकर दाब्नू।

आज हाम्रा हाँसो, ठट्टा, वेदना, उच्छ्वास, उमङ्गसहित सबै मनोभावका स्टिकरहरू बनिसकेका छन्। मनोभाव अनुहारमा आउनुपर्दैन, न आँखामा। औंलाले नै फत्ते गरिदिन्छ। स्टिकरले।

स्टिकरहरूले हामीलाई हाइसन्चो पार्दै हाम्रो मनस्थितिको अभिनय गरिदिन्छन्। कसैको निधनमा तपाईं रुनुपर्दैन; स्टिकर रुन्छ। उसको आँसु कम्प्युटर वा मोबाइल वा कुनै प्याडको पर्दामा बकौंलाफैं झरिरहेको देखिन्छ भन्दैमा तपाईं बटुलेर जोगाड गर्न सक्नुहुन्न।

स्टिकरले अभिनय मात्र गरेको हो । स्वाङ ।

सिन्चोङ दोङ साँझमा बढी हलचल हुन्छ । अरू बेला पनि हल न चल नै त हुने होइन । अरू बेला केही नभए जस्तो स्वाङ पार्ने गर्छ । ठूला सहरका केही गन्तव्य यस्ता हुन्छन् जहाँ साँझ आफैँ मात्न कुरकुरे जोरी खोजिरहेको हुन्छ । काराउके बार वा क्यासिनो रातभरि जाग्राम बस्छन् ।

दुई साथी फेरि चुरोट तान्न ठुटो राख्ने ठाउँको सङ्केत चिह्न हेर्दै क्याफे पास्टेलमुन्तिर सुरक्षित कुना खोज्न थाल्छन् । मिस ली र लिम अनि उनीहरूका सहकर्मी भऱ्याङ चढिसकेका छन् भने जन्ती पर्सिन ढिलो भइसकेको हुनेछ । भिडियो क्यामरा अन भए हामीले साइत छोप्नुपर्छ ।

नायिका युलाई एक ठाउँको सत्कार्य सकेर अर्कामा पुग्नुपर्नेछ । कलाकारका टाइमटेबल निर्देशकले आफ्नै टेबलमा बसेर बनाएका हुन्छन् ।

कफीको मेसिन चर्चराउने कुनातिर पुग्न नपाई पुस्तकहरू सजिएका भित्ताहरूले लोभ्याउँछन् भने त्यो क्याफे कम बुकसप बढी हो । कोरियाली शीर्षक पढ्न नसक्ने जति थैया माने पनि हुन्छ; तिनका गातामा खिचिएका चित्रले नै जोकसैलाई खिप्ने गर्छन् ।

मैले बुझेको छैन, किन कोही अक्षरहरूको पुस्तकको गातामा चित्रहरू सजाउँछ । ठेलीका ठेलीभित्र लेखिएको के हो भनी ससाना चित्रले गाँठी सारांश दिन्छन् भने धेरै लेखेर शब्द खेर फाल्नु किन ?

कतिको गातामा बादल उडिरहेको हुन्छ, कतिमा समुद्रको छाल, कतिमा पहाडहरू लमतन्न, कतिमा सुक्न आँटेका खोल्सा, कतिमा चराहरू, कतिमा त एउटै प्वाँख मात्र !

कुनैमा भावशून्य सुन्दरीको अर्धकट, कुनैमा नर्कटधारी फैलिएर कता पुगेको टुङ्गो लाग्न नपाई कुनै अर्कोमा बास बस्न लागेका चराहरू त कुनैमा नाबालक आकारका बालसुलभ खेलौना कारका चित्रभाव । रोबोटभन्दा बलिष्ठ पुरुषका पाखुरा, वा स्त्रीका । वा कुनैमा झरिरहेको

एउटा पहेँलो पात। वा सेतो सफा कभर पन्नाभरि जम्मा एउटा सानो रातो थोप्लो। वा बैजनी।

तिनै चित्रले कथा भन्ने भए लेखकहरू किन पात्रलाई आजीवन अभिनय गराउँछन्? नचाउँछन्; बसाउँछन्; थचार्छन्; उफार्छन्; उठाउँछन्; उभ्याउँछन्; थर्काउँछन्? कतिको त हत्या नै गराउँछन्! कति आत्महत्या गर्छन्! कति औषधिको सहारा लिन्छन्; पेनकिलर निलेर गुड नाइट भन्छन् र उठेर गुड मर्निङ भन्नुपहिल्यै मर्निङ सिकनेसका चक्की निल्छन्!

उः नायिका यु। उः त्यहाँ के त!

पुराना प्रेमी सम्झिएको नयाँ फिल्म खेलेर एक्लै कुनाको कुर्सीमा क्षणहरू फुर्मास गरिरहेकी यु परबाटै अलग्ग छुट्टिन्छिन्।

कुनै कोठामा कोही भीआईपी छ भने टाढाबाटै उपस्थितिको अनुभूति हुन्छ। वातावरणमा तरङ्गहरू हुन्छन्। जस्तो– श्रीकृष्णको चित्रमा टाउकोसँगै केही अलौकिक धर्काहरू फिँजारिएका हुन्छन्; पदाधिकारीहरूको एस्कर्टिङ हुन्छ; टाढैबाट हात हल्लाउँदै अरूका सवारी पन्छाउन बडीगार्डहरू भन्किने मानिसलाई माखा पन्छाए झैँ गर्छन्।

भीआईपीहरूलाई समाजबाट एक थान्को पर वा माथि उच्चासनमा राखिन्छ। हरेक समाजले आफ्ना भीआईपीको थान्कोमान्को आफैँ गर्छ। वरिपरिका मानिसका हाउफाउ विनीत हुन थाल्छन्।

नायिका यु भने भीआईपी भान नपारी सजिलोसँग एक्लै बसिरहेकी छन्। उनलाई कसैले अटो भराउन झिँज्याएको छैन। न सेल्फीभित्र सजाउन। न कोही फ्यान बत्तीमा झुम्मिने पुतलीझैँ नजिक परेको छ। उनी आफ्ना औँला आफैँ हम्किँदै टेबलमा हात राखेर कसैलाई पर्खिरहेकी छन्।

उनले वर्षौं पर्खिरहेको प्रेमी मै त हुँ झैँ अभिनयको लेठो पार्दै म नजिक पर्न लौरीझैँ आफ्नो शरीरभन्दा पहिल्यै सोचाइ पुऱ्याउँछु।

व्यक्तिको सोचाइ उसको छाया हो जसलाई नियन्त्रण गर्न सकिँदैन। कजाउन, भजाउन, सजाउन, सम्याउन, तर्पाउन, तेर्स्याउन, कुँएल्न, चिथोर्न। न बजार्न न बजाउन।

मभन्दा पहिल्यै मेरो छाया युले कुहिना अड्याएको टेबलमा पुगेर 'एक्सक्युज मी, हाई, नाइस मिटिङ यु' भन्दै बरबराउँछ।

उनी नरम भुवा दबेको पछ्यौरा काँधमा राखेर मेरो लौरोभन्दा अग्लो उभिन्छिन्।

नायिकाको ज्यान खिरिलो अग्लो हुन किन जरुरी हुन्छ, मैले बुझेको छैन। चलचित्रका कथा लेख्नेहरू किन त्यस्ता पात्रको रचनामा रत्तिन्छन्? वा कसरी खिरिला शरीरहरूले दर्शकलाई कौतूहल पार्छन् वा निर्देशकहरू त्यस्ता चरित्र भएका कथा खोजिबस्छन्?

सायद स्लिम शरीरका शील सौन्दर्य निर्देशकहरूका स्वभाव सुहाउने हुन्छन्। वा दर्शकका।

उनी उभिएको देख्नासाथ मैले किन अभिनय गर्न कहिल्यै जानिनँ भन्ने सोचेको भए त्यो अर्घेल्याइँ होइन।

कुनै न कुनै निर्देशकले हाम्रो जोडी बाँधिदिने थियो। कुनै न कुनै कथाकारले हामीलाई सुहाउने भूमिका तयार गरिदिने थियो। हामी आफैँ त भेट हुन पाउने थिएनौँ! त्यो स्वाभाविक हुने थिएन। स्वाभाविक त पर्दामा चलमलाउन कुनै कथाकारको कलम चुलबुलाउन सक्थ्यो।

गलबन्दी फोएर गम्छा बनाउने नियत राख्दै मेरो लौरो उनको छायासरह उभिन्छ।

'म पनि पहिला पत्रकार थिएँ,' उनले मसँग हात मिलाउँदै भनिन्। मानौँ उनी मलाई चिन्छिन्।

मेरो भने धक खुल्दैन। 'म पनि पहिला कलाकार थिएँ' भन्न पाए पो! त्यसो त भनिदिए फरक पर्दैन। स्कुलको नाटकमा जसले पनि एक बार अभिनय गरेकै हुन्छ, नभए दुई बार। बारम्बार गर्न पनि कसैलाई छेकबार छैन।

हामी जीवनभर कति अभिनय गर्छौं ! समाजअनुकूल हुन हामी आफूले जानेसम्मको भूमिका गर्छौं । वा अरूले सिकाएसम्म, अर्थ्याएसम्म, सम्झाएसम्म, आदेश दिएसम्म ।

आफ्नो प्रतिष्ठाका खातिर वा समाजको शोभा वा परिवारको वा पार्टीको, अफिसको, साथीभाइको । वा नियम, कानुन, संविधानको ।

कर्फ्यु लागेको प्रहरमा दङ्गा प्रहरीलाई ढुङ्गा हानेपछि नहाने झैँ गर्दै छततिर छेलिनु । भिडाम्भिड बसभित्र सकी-नसकी उभिइरहेका बूढाबूढी देख्या नदेख्यै गरी पुठो टाँसिए झैँ सिटमा बसीबसी मोबाइल हेर्नु, वा झ्यालबाहिर । अदालतमा उभिएर मैले विराम गरेको होइन भनिदिनु ।

साँच्चै, मैले तिमीलाई लभ गरेकै हो तर त्यो क्यारे तिमीले त्यति बेला अर्कैसँग लहसिएर उल्टापुल्टा लेख्न थालेपछि के त नि !

अनि त्यसपछि तिमीले किन केही भनेनौ त ?

मैले भनिनँ र ?

अनि त ?

होइन होला ।

नभए के त ?

केके !

के क्यारे ?

होला क्यारे ।

होइन होला क्यारे ।

क्यारेक्यारे ।

प्रेममा परेकाहरू वा पर्न लागेका वा पर्न चाहेको नदेखाउनेहरू सबभन्दा बेसी अभिनय गर्छन् । छलीकुरा गर्छन् । छिल्लिन्छन् । आफ्नो संवाद आफैँ फुराउँछन् । कति त फारो गर्छन्; अर्काको मुख बुजो लाउन लेब्रिएका

ओठबाट झर्ने तीनपाते शब्दहरूको चारो हालिदिन्छन्।

कलाकारहरू सबभन्दा बढी पटकथा पढ्छन्। नेताहरू आफ्नै भाषण। वा आफ्ना लागि अरूले लेखिदिएको। मानौँ, उनीहरू आफैँले लेखेका हुन्। आफैँले लेखेर बोलेको अभिनय जसले बढी गर्छ उही अध्यक्ष।

कसलाई भेट्ने हो, उसका बारेमा थाहा पाउन जरुरी छ। कसलाई भेटेपछि के भन्ने हो, उनले पटकथा पढेर आएको हुनुपर्छ।

द्विपक्षीय वार्ताहरूमा कसले के भन्ने, पहिला कसले के भनेर सुरु गर्ने, कसले के जवाफ दिने, पहिल्यै निर्धारित हुन्छन्। शिखर वार्ताहरू।

संसारले हेर्दा उनीहरू कति वाचाल कूटनीतिक देखिन्छन्! तिनको संवाद लेखिदिनेहरूले टेबलको व्यवहार पहिल्यै विस्तारमा बयान गरिसकेका हुन्छन्।

उनीहरू रिहर्सल गरीवरी कोठामा पसेका हुन्छन्। अरु कति त कुन ढोकाबाट पहिला को पस्ने, हात कतिखेर मिलाउने, कसले पहिला हात लम्काउने, भेट्नासाथ के भन्ने अनि क्यामराहरूतिर फर्केर कसरी हाँस्ने र फेरि हात मिलाउँदै उभिने।

कति बेर उभिने भनी पहिल्यै पटकथा लेखेको उनीहरूले घोकिसकेका हुन्छन् र मनमनै अब कतिखेर हात छुटाउने सोच्दै सेकेन्डहरू गन्न थाल्छन्।

शिखर वार्ताहरू शिखर स्वाङहरू हुन्। अभिनय। शिष्टाचार महापालहरूले शिखर पुरुष वा महिलालाई हात, ओठ, आँखीभौँबाट निर्देशन गरिरहेका हुन्छन्; कट भन्ने गरी इसारा गर्छन्। जति उच्च शिखर वार्ता उति उच्च अभिनय। पत्रिकामा भोलिपल्ट छापिने प्रमुख तस्बिर प्रमुख अभिनय। त्यस कारण घटनाहरू आयोजित, विचारहरू प्रायोजित।

नायिका यु मानौँ पटकथानुसार पछ्यौराको सप्को पछाडि खिच्छिन्। उनको फिल्म हेर्नेलाई थाहा छ– उनी पहिला कसैकी प्रेमिका थिइन्। त्यसो त अहिले पनि होलिन्! पहिला हुनु अहिले नहुनु होइन।

पहिला त उनी विद्यार्थी थिइन् । त्यसअघि आमाको काखमा लडीबुडी गर्थिन्, वा बुवाको । वा हजुरआमा, हजुरबुवाको । उनी बच्चा छँदा सायद कोरिया यति साह्रो न्युक्लियर फ्यामिली थिएन । उत्तर कोरियाले न्युक्लियर बम पनि बनाएको थिएन ।

दक्षिणमा परिवारहरू न्युक्लियर, संसारबाट एक्लिँदै उत्तरमा न्युक्लियर बम ।

समाचारहरू भन्छन् नि, कति दक्षिणका केटाहरू उत्तरका केटीहरू मन पराउँछन्, किनभने न्युक्लियर बमको ओतमा हुर्केका उत्तर कोरियाली केटीहरू सोझा, सादा, निर्दोष, भोलाभाला हुन्छन् ।

भनेको मान्छन्; घरमा आमाको स्याहारसुसार गरिदिन्छन्; घरपरिवार हेरिदिन्छन् । प्रहरीको लौरीसँग पनि तर्किन्छन् । दक्षिणमा भने कसैलाई टेरपुच्छर लाउँदैनन्, राष्ट्रपतिविरुद्ध नै महिनौं प्रदर्शनमा मैनबत्ती बाल्दै धर्ना कस्छन् ।

'तपाईंले मोडरेट गर्ने सेसन हाम्रा लागि अवसर,' मैले भनें ।

'बोल्ने तपाईंहरूले हो,' उनले भनिन्, 'एउटा-दुइटा प्रश्न म पनि गर्न सक्छु ।'

'गाह्रो प्रश्न त गर्नुहुन्न होला नि ?'

प्रश्नहरू गाह्रा कि सजिला, उनले कसरी अड्कल्ने ? जसरी माछा खान नजाने काँडा । जवाफ दिन जाने प्रश्नहरू जसका लागि पनि फुइँ हाल्न सहारा ।

हाम्री शिष्टाचार महापाल मिस ली मेरो छेउ आउँछिन् र खुसखुस गर्छिन्– एकपल्ट मञ्चमा नारिएका कुर्सीमा बसेर रिहर्सल गर्नुहोस् न !

उनी कुन कुर्सीमा को बस्ने, कसको बोल्ने पालो कतिखेर आउँछ, भिडियो क्यामरा कताबाट सोझिन्छ र कसले के बोलिरहेको हो भनी पृष्ठभूमिको ठूलो पर्दामा कसरी खरर्र देखिन्छ, सङ्केत गर्छिन् ।

मैले नेपालीमा जतिखेर जुन अनुच्छेद पाठ गर्छु त्यसको कोरियाली उल्था त्यही बेला ठिक्क पर्दामा आउनेछ। मैले कसरी ओठ चलाएको छु वा अक्षर ओकलेको छु, दर्शकले हेर्नेछन् तर उनीहरूको ध्यान पर्दामा हुनेछ। उनीहरू मैले पढेको देख्नेछन् तर पर्दामा हेरिरहनेछन्।

देख्नु हेर्नु होइन। म देखिन्छु तर मेरो कथा हेरिन्छ वा पढिन्छ वा पछ्याइन्छ। लेखकलाई देख्ने, कथालाई पढ्ने।

'मैले जे पढिरहेको छु त्यो कसले बुझेर त्यही बेला त्यसको उल्था स्क्रिनमा ठ्याक्क आउँछ त ?' मैले सोधेँ, 'हँ मिस ली ?'

उनले मलाई समात्दै कुनाको कम्प्युटरमा लगिन् र भनिन्, 'म यहीँ बस्छु त ! म यहीँबाट पन्नाहरू सार्दै स्क्रिन मिलाउँछु।'

'जाती भो,' मैले भनेँ, 'अनि क्यारे मैले के बोलिरहेको छु, तपाईंले कसरी बुझेर पन्ना सार्नुहुन्छ त ? हँ, मिस ली ?'

'त्यही त फसाद छ !' उनले भनिन्, 'अरूका त दोभाषे छन्, उनीहरूले मलाई सघाउँछन् ! तपाईंकी त अङ्ग्रेजीबाट मात्र उल्था गर्न सक्छिन् !'

'अब के गर्ने होला त ?' उनको तनाव आफूमा खिचेर मैले भनेँ।

उनको आतुरी बुझ्न अनुहार हेरे पुग्छ। निधारमा खुम्चिने नसा भित्रभित्रै हुन्छन्। मानिसका चिन्ता नसाहरूमा लुकेको हुन्छ। वा बगेको वा तन्केको वा ठुन्किएको। खुम्चिएको वा खजमजिएको। औँलाहरूबाट निकास हुन नसके ओठ नभए आँखीभौँ।

एउटै समस्यामा अल्झिए समारोह चल्दैन। उनी मेरो सवाल थाती राख्छिन् र अर्का लेखकलाई बोलाउँछिन्। एकेक गर्दै सबैलाई सम्झाउँछिन्। अड्कलेर बोल्नुहोस्; हतारमा लतरपतर हुन्छ; अनुच्छेदपिच्छे सास फेर्ने ठाउँ राख्नुहोस्।

नायिका यु छड्के परेको कुर्सीमा बसेर हामीलाई नियाल्न थालेकी छन् र क्यामरा सोझिइसकेको छ भने हामी मञ्चतिर उक्लिने सङ्केत हो यो। हरेक लेखकका पछाडि दोभाषे बस्नेछन् र हरेक विदेशी लेखकका साथमा स्वदेशी। म गलबन्दी कस्छु र औँलाहरूलाई स्वतन्त्र छाडिदिन्छु।

औँलाहरू स्वतन्त्र भए समस्याहरू हलुका हुनेछन् । हावामा चर्न जानेछन् । जवाफ बटुली ल्याउनेछन् । जसरी मलाई एक छिनमा औँलाका इसाराले बोलाउँछिन् मिस ली । कुनाको कम्प्युटरसँग टाक्सिएको टेबलबाट ।

'यसो गरौँ अब,' उनले अनुहार अलि हलुको पार्दै भनिन् ।

'कसो गरूँ ?'

म निहुरिँदै उनलाई सुन्छु । हुन्छ नि जस्तो, बेहुलाको जुत्ता लुकाइदिने सालीहरूसँग बिहेघरको कुनै कुनामा दर घटाघट गर्न खासखुस ।

'यो अनुच्छेद मलाई अङ्ग्रेजीमा भन्नुहोस् त !'

म भन्छु; उनी टिक लगाउँछिन् । अब यो अनुच्छेद, त्यसमा पनि उनी टिक लगाउँछिन् । टिकटिक पारिसकेका अनुच्छेदहरू मिलाएर एउटा बुट्टाको सँगालो भरिएपछि उनले भनिन्, 'तपाईंले हरेक अनुच्छेद सकिएपछि मलाई आफ्नो कुर्सीबाट इसारा गर्नुहोस् ।'

'कसरी गरूँ ?'

'कसरी गर्न चाहनुहुन्छ ?'

'म केही बेर रोकिन्छु; सास फेर्छु अनि तपाईंलाई हेर्छु ।'

'मलाई आँखा झिम्क्याउनुहोस्, नभए दायाँ हातको औँला चलाउनुहोस्,' उनले भनिन् ।

'कतिखेर ?'

'जतिखेर तपाईं यति पढ्नुहुन्छ, ई यहाँ छ नि, यति क्या,' उनले भनिन्, 'तपाईंको पन्ना मैले पर्दामा सार्नुअघि मलाई आँखा झिम्क्याउँदै औँला चलाउनुहोस् ।'

अब नायिका युले मलाई इसारा गर्नेछिन् अनि म लीलाई । दर्शकलाई थाहा हुनु हुँदैन ।

'मैले बिर्सिएँ भने ?'

जस्तो हुन्छ नि, दर्शकसामु पढ्दै जाँदा कथाका पात्रसँग रुयाम्मिँदै गए म मिस लीलाई भुल्न सक्छु । आफूले रचेका पात्रहरू आफ्नो अघिल्तिरका चरित्रभन्दा प्रिय लाग्न सक्छन् ।

'मैले पनि बिर्सनेछु,' उनले भनिन् ।

हामी तीन जनाको तीनतिरको अभिनय, जसरी अफिस रोमान्स । छुपेरुस्तमहरू सबभन्दा सफल हुन्छन् । सबै प्रेम सार्वजनिक हुँदैनन् । भद्र समाज त जहिल्यै अरूका गोप्य सम्बन्धको अभद्र चियो गरिबस्छ ।

क्याफे पास्टेलको टिकट सोल्ड आउट भएको खुलमखुला साहित्य सन्ध्यामा अरूले चाल नपाउने गरी म मिस लीलाई आँखा सन्काउँछु र औँला तन्काउँछु । उनी हरेकपल्ट पन्ना सार्नुअघि सिग्नल पर्खिने एन्टेना बन्छिन् । मैले इसारा गरेका छायाका डाटा रिसिभ गर्छिन् ।

'मलाई हेर्दाहेर्दै तपाईंले आफैँलाई बिर्सनुभयो भने ?' मैले सोधेँ ।

'त्यसो भयो भने,' उनले सजिलो बन्ने अभिनय गरिन्, 'देखा जाएगा !'

हुन्छ नि जस्तो, सम्बन्धहरूको कुनै सूत्र हुँदैन । सूत्रपात हुन सक्छ; क्लाइमेक्स पुगेपछि कथामा पात आफैँ रुर्छ । नभए फुक्किएर । वा हावाको झोक्काले । पात आफैँ झोक्किँदैन ।

म जे वाचन गर्छु, मेरा पछाडि पर्दामा सकल अक्षरहरू सलबलाउँछन् । मेरा औँला र उनका आँखीभौँका छाया छिल्लिन थाल्छन् । कतिपल्ट त उनी मेरा औँलासँग झोक्किन्छिन् ।

गोप्य सम्बन्धका गोप्य भाषा हुन्छन् जसलाई परिभाषित गर्ने अक्षर वा लिपि हुँदैनन् ।

१६

स्वादिष्ठ फल माटोबाट आउँछ। वा सुन्दर फूल। जस्तो– रसिलो प्रसङ्ग हृदयबाट वा रन्थनाउने प्रश्न मस्तिष्कबाट।

माटोबाट मुन्टो हल्लाउन सकेन भने आँप फल्दा नै दाग लाग्छ। नभए काँक्रो। थाँक्रो लगाएर नउचाले काँडासहित उम्रेको काँक्रोमा पनि चिचिलैदेखि कीरा पर्छ।

माटोबाट उठाएर हावामा लहराउन दिनू। फुम्राकी राजकुमारीलाई जुम्रा पर्दैन। प्लास्टिकका फूल नहुर्काउनू; कारखानाबाटै फुलाएर ल्याउनू।

माटोका कथालाई कति सिँचन गर्नुपर्छ! वा कति उमार्नुपर्छ; कति हिलो गज्याङमज्याङ पार्नुपर्छ! बेर्ना सुमसुम्याउनु, बिरुवा बनेपछि पराग सुँघेर हाँच्छ्यूँ गर्नु र फुसे बारुला बेहोर्नु!

फैलिन दिनू, जस्तो लोककथा। आधुनिक कथा वा उत्तरआधुनिक। पुराण वाचन गर्नुहोस् वा *श्रीमद्भगवद् गीता* वा *मुनामदन*।

चराले जङ्गल पाए जस्तो उपन्यासकारहरू आफ्नो कथामा भए-नभएका भाउँतो हालेर यथार्थ देखाउन खोज्छन्, मानौँ त्यो भएकै हो।

वा, पाठकहरू त्यसरी पाठ गर्छन् जसरी चराका छाया देखेर बतास सर्किन्छ वा बतास सर्किंदा चराका छाया छड्किन्छन्।

म यता हुँदा हिजो पनि मेसेन्जरमा कसैले सोधेको छ, त्यो *पल्पसा क्याफे*की हजुरआमाको मल्लकालीन घर कहाँ छ ? जसरी अल्लि अस्तिताका अरू कसैले ठेगाना मागेको थियो– लौन मलाई जानु छ, दृश्यको ग्यालरी कुन गल्लीमा ?

चित्र बदलिँदैन, जसरी गल्लीसँगै ग्यालरी। हामीले कथ्ने साहित्य बदलिँदैन, जसरी चराले बिटुल्याएको पानी वा सैनिकले कुँदेको इतिहास। वा हुँडलेको। नगरपालिकाको डोर वा निडर नागरिक।

भन्नु जवाफ दिनु होइन जसरी कहिले त प्रश्न आफैँ बोल्छन्। र, जाडो भगाउँछन् जसरी खुदोभित्र अदुवा उमालेर चुस्नु। छटपटी भए पट्यार लाग्दैन।

माओ जेदुङले चीन र उत्तर कोरियालाई ओठ र दाँतको संज्ञा दिए। दक्षिण कोरियासँग दौत्य सम्बन्ध पनि राखेनन्; सायद चिउँडो वा च्यापु ठानेर मुक्का मात्र ताकिरहे।

आज सी चिनफिङ दुवै कोरियालाई फनफन पार्न खोज्छन्, जसरी रेलका लिक बिछ्याएर मध्यअफ्रिका। रेसममार्ग पछ्याउँदै मध्यएसिया वा युरेसिया। दक्षिण एसिया र दक्षिणपूर्वी एसिया।

हिजो म बाठो थिएँ र त संसार बदल्न चाहेको थिएँ तर आज बुद्धिमान् छु आफैँलाई बदल्न खोजिरहेको छु भन्छन् भने तिनले हार खाएका छन् वा खुवाउँदै छन्। वा जिम्मेवारी बुझेका छन्।

बदल्नू आफैँलाई, जसरी बादल। मेघ गर्जिए जस्तै शान्त माछाहरू पनि तिलमिलाउँछन्। माछाले जमिनमा अक्सिजन लिन सक्दैन, जसरी मानिसले पानीमा। इतिहासको लामो निद्रापछि एकाएक कुनै छिमेकी बलियो बन्दै आए छरछिमेक सतर्क।

माओको जनसेनाले चीनमा आधिपत्य कायम गर्दा मोहनशमशेर सिंहदरबारको बार्दलीमा संस्कृत पाठशालाका बटुकहरूका कविता सुन्दै थिए। 'ल, त्यो सबभन्दा सानो बालकलाई सुनौँ' भने।

बाल बटुकका ओठे चार पङ्क्ति सुनेर प्रफुल्ल श्री ३ ले भने, 'ल, उसलाई पङ्क्तिको सय रुपैयाँ दिनू ।'

चार सय रुपैयाँको मोहर बक्सिस हात थापेर घरमा बाबुलाई बुझाएका बालकले कति पिपलमेट मिठाईमा फुर्मास गरे; कति बाबुले पटुकामा पोको पारे ! त्यतिखेर त्यत्तिमा सजिलै पाइने दुई रोपनी जग्गा जोगाड गरेको भए सत्तरी वर्षपछि दुई अर्ब बराबरको जायजेथाको अधिपति ।

समयक्रमसँगै शाखासन्तान छुट्टीभिन्न भएर एउटा भऱ्याङ हाल्न मिल्ने बुइँगलमा बस्छन् र बुढ्यौली काट्छन् भने तिनले भनेको ठीकै हो– सम्पत्ति जोगिँदैन, आर्जिन जहिल्यै सङ्घर्ष ।

जसरी सिउरसहितको भाले छेक्दैमा समय थुन्सेमा थुनिँदैन, घण्टाघर आफू मात्र स्थिर ।

बच्चालाई नाडीघडी बाँध्ने डिजिटल औजारको बजार बनेको छैन भने बनाउनु छ । बढेको छैन भने बढाउनू । कुनै कोरियाली स्टार्टअप कम्पनीले बुझिसकेको छ । स्मार्ट वाच बनाउनेबाटै बच्चालाई पनि स्मार्ट मोबाइल फोन । त्यसको पहिलो खेप बजार पस्दै छ भन्ने समाचार साक्षी छ; डिजिटल विचार बासी हुँदैनन् ।

गाईलाई जङ्गलमा छाडिदिन घण्टी बाँधिदिए झैँ आफ्ना बच्चा कुन बजारको जङ्गल वा कुन जङ्गलको बजारमा कहाँ छन्, तिनका स्मार्ट ग्याजेटका माइक्रोचिप्सबाट थाहा पाउनुहुनेछ । वा उनीहरू आपत्मा परे आपत्कालीन अलार्म । टेक्स्ट मेसेज कि भ्वाइस मेसेज ।

कम्पनीहरू बिजनेस पोर्टफोलियो डाइभर्सिफाई गर्न तल्लीन हुन्छन् । जसरी नायिका यु यसरी सोधेर धर नपाए उसरी सोध्छिन् । उनीसँग प्रश्नको रवाफ छ, हामीले पोलेर बफाउनुपर्ने कवाफसरि जवाफ ।

'अँ, मिस्टर वाग्ले,' उनले सोधिन्, 'तपाईंलाई यो कथा लेख्न केले प्रेरित गऱ्यो ?'

लेख्ने प्रेरणा कसरी देखिन्छ, मैले बुझेको छैन । जस्तो– खोलाको मुहान । खोल्सा वा नदीको । आन्दोलन वा विचार । उडिरहेको चरा कुन हाँगाबाट टेक अफ गरेको हो वा कहाँ ल्यान्ड गर्छ ?

'केले भन्ने खोइ ! अँ, यही योन्ही कार्यशालाले,' मैले भनेँ, 'उनीहरूले लेख्नू भनेका थिए ।'

'होइन के !' उनले धीत मारिनन्, 'यही कथा किन ?'

'ए,' मैले भनेँ, 'किनकि मैले यही लेखेँ जुन मेरो बगलको गल्ली हो ।'

माटोमाथि मुन्टो निकालेका काँकाले थाँक्रामा हावासँगै लहराउन पाए कथाका पात्रलाई थान्को लगाउन पर लैजानू । गल्लीहरूबाट कथाका पात्र निस्के कैँ अरनिको कलाकारहरूको लस्करसहित ल्हासा पुगे; मठमन्दिर बनाए र पेचिङ गए; मठगुम्बा बनाए । स्तूप । घरजम गरे । कला कुँदे, कीर्ति । उनी फिर्ता भएनन् ।

जसरी सिद्धार्थ गौतम बोधगया गए बुद्ध बनेर लुम्बिनी फर्केनन् । अन्माएर पठाएकी भृकुटी पनि फर्किइनन्; माइती देशतिर ढोका फर्किने गरी जोखाङ मन्दिरको जोखाना राखिन् ।

जसरी गइरहेछन् विश्व बजारले मागेका हाम्रा बलियाबाङ्गाहरू वा बुद्धिबङ्गारा पलाएका बुद्धिजीवी वा वैज्ञानिक । धावनमार्गबाट रन्किँदै, आकाशको फेरो मार्दै फर्किने टुङ्गो गरी वा नगरी जसरी हिमालय पार गर्ने चराहरू एउटा बैँस बिताएर याम फिरेपछि फर्किनेछन् । कति रन्किँदै फिर्नेछन् ! कति त्यतै रत्तिनेछन्, रित्तो नभइन्जेल बत्तीकै वरिपरि !

चराको नाम नलिनू ।

उहिले-उहिले सुखी परिवारहरूलाई बिथोल्न गाउँमा रोगव्याधि फैलिएको थियो । धामीझाँक्री, झारफुक केही गर्दा पनि थला परेकाहरू जाती भएनन् । त्यस्तैमा एक दिन तीन जनाको परिवारकी आमा बितिन् । अर्को वर्ष बाबुले अर्को विवाह गरे । छोरीलाई दोस्री श्रीमतीको भरमा छाडेर परदेश लागे ।

नाडीघडी बाँधे पनि नबाँधे पनि समय जान्छ। भेलमा माछाहरू। हुरीमा सिन्काहरू। अत्यासमा आकाङ्क्षाहरू। प्रेममा उच्छ्वासहरू। वा, जस्तो भनूँ न, सिसाकलमका अक्षर इरेजरले मेट्छ जसरी कम्प्युटरमा हुन्छन् डिलिट।

जलवायु परिवर्तनसँगै कीराहरू मासिँदा अनेक प्रजातिका चरा नासिँदै छन् वा जस्तो विश्व शक्ति संरचनाको वेगवान् आँधीसँगै अनगिन्ती भाषा र भाषिका। कतिले सपना देख्ने भाषा लामो निद्रापछि बिउँझँदा विन्यास बदलिसकेको हुन्छ।

वर्षहरू बित्नेक्रममा छोरी बिरामी परी। बिरामी छोरीलाई सौतेनी आमाले एक साँझ चुहिने ढ्याङ्ग्रो दिएर पानी ल्याउन अह्राइन्। पँधेरो एकान्त जङ्गलमा थियो। प्वाल परेको ढ्याङ्ग्रोमा जत्ति गर्दा पनि पानी भरिन्थेन। ऊ आकुल भई।

पानी नभरी घर फर्कूँ भने सौतेनी आमाले मारिदिन्छु भनेर तर्साएकी थिइन्। ऊ लुगलुग काँप्दै रातभरि पानी भर्न निहुरिएको निहुरियै भई। बिहानीपख उसको प्राण पँधेरामै उड्यो।

परदेश गएका बाबु आफ्नी छोरीको सम्झना बाक्लो भएर गाउँ फर्किए। घर पुग्नुअघि केही बेर चौतारामा सुस्ताए। चराका रूपमा अर्को जन्म लिएकी छोरीले आफ्ना बाबुलाई थकाइ मारिरहेको देखी। ऊ कति समयदेखि गाउँ पस्ने चौतारो चियाउने गर्थी। बाबुलाई देख्नासाथ पखेटा फिटफिटाएर चिरबिर-चिरबिर गर्दै नाच्न थाली।

छक्क परेका बाबुको मनमा चिसो पस्यो। 'तिमी को हौ चरीनानी ?' उनले सोधे। चरीले आँसु झार्दै एकोहोरो बाबुलाई मायालु आँखाले हेरिरही। कतै मेरी दोस्री स्वास्नीले ज्यादती त गरिन भन्दै भरङ्ग मन दबाएर फेरि सोधे, 'तिमी मेरी छोरी त होइनौ ?'

चराले आँखाको भाकाबाट हो भन्ने जवाफ दिएपछि बाबुले झोलाबाट झल्कने माला निकाले, 'आऊ, यो मैले तिमीलाई नै ल्याइदिएको हुँ।'

हातले उचालेर छोरी चरीतिर देखाए। चरीले फुरुङ्ग पर्दै, भुर्र उड्दै आएर त्यो माला घाँटीमा उनी।

त्यही भएर सुवी चराको घाँटीमा रातो छ भन्ने कथा छ। चराको नाम नकाढ्नू। लोककथा लेख्नेको नाम हुँदैन। घाँटीमा रातो भएका चराहरू उडिरहेका हुन्छन्। परदेशी बाबुको कोसेली पर्खिंदै। वा आमा।

परदेशमा जस्तै कीर्ति राख्नेहरू पनि देशमा मायाको चिनो पठाउन खोजिरहेका हुन्छन्, वा कोरियाना लकेट। वा अफ्रिकाना वा अमेरिकाना स्टिकर। सम्झना वा विरहको हुलाक टिकट। नभए हवाई टिकट काट्दै घर फर्किन्छन्। पाहुना आउँदै छन्; गुन्द्री ओछ्याउनू, नभए सुकुल वा मान्द्रो।

'त्यो गल्लीमा इतिहासदेखिका धेरै कथा छन्,' मैले नायिका युतिर फर्केर भनें।

वा प्राक् इतिहासदेखि। परापूर्वदेखि। वा परापश्चिमसम्म। गोडाहरू गल्लीका चेपभित्र समयको चाप दिन्छन्, जसरी घोडाको टाप।

गल्लीमा कथा कति लुकेका छन्, कति गुम्सिएका वा कति कुँदिएका! कति खोतल्नुपर्ने; कति उधिन्नु, कति उधार्नु वा कति उप्काउनु, ताछ्नु, शिलाहरू निकालेर पुछ्नु, तिनका शील बुझ्नु, शूल सुन्नुपर्ने!

कहिले त लाग्छ, हामी पुरातत्त्वका कर्मचारी हौँ। वा ज्यामी वा ज्यालादारी वा रोयल्टीबाज। सहरका गल्ली होऊन् कि गाउँका चौतारा। वा चियापसल।

रातो माटोसँग बग्दै दोभान झरी फड्के तर्दै लोकल बजारबाट रात्रिबस चढेर काठमाडौँ। त्यहाँबाट कोरिया वा कतार। क्वालालम्पुर वा किर्गिस्तान। अस्ट्रेलिया वा अस्ट्रिया। साइप्रस वा सिरिया।

दिल्ली हुँदै कति इराक वा सिरिया। वा अफगानिस्तान। सोझै सक्ने भए संयुक्त राज्य अमेरिका, बाङ्गोटिङ्गो थाँक्रो लाउनुपर्ने भए बैङ्कक

हुँदै अफ्रिका र अफ्रिकी दासहरूझैं ओसारिँदै उत्तर अमेरिका पस्न पहिला ल्याटिन अमेरिका ।

महाभारतको धर्मयुद्ध लड्न पनि हाम्रा दुर्गम दुर्गहरूबाट घरघरै लौरो लिएर दगुरेका थिए। वा देहातबाट। वा विश्वयुद्ध लड्न। पहिलो होस् कि दोस्रो। छाती नाप्दै। छाती नाप्दैमा तक्मा थापिँदैन।

भिसा लाग्दैमा भीषण सङ्घर्ष रोकिँदैन। जीवन एक विभीषिका।

गल्ली हिँड्नु बरालिनु होइन। रैथाने पात्रहरूका परदेसिएका अलिखित प्रेमपत्रहरू वाचन गर्नू। वा शोकमन्त्र। वा लोकधून। वा धिमे बाजा सुन्दै हिँड्नू पौभा चित्र हेर्न, नभए चर्या नृत्य।

'अँ मिस्टर वाग्ले !' नायिका युको हातमा अझै माइक छ।

मेरी दोभाषे मियोक चुले मेरो कानभेर उल्था गरिएका शब्दहरूको ओठ चलाइन्, 'तपाईं त कोरिया आउनासाथ पहाड हिँड्नुभयो रे, कता के गर्न जानुभयो ? हँ ?'

दोभाषे चुका ओठमार्फत म उद्घोषिका युको अनूदित स्वर सुन्छु। कान चुतिर, आँखा युतिर।

'म कहाँ गएँ र हँ त्यसरी ?'

अलमलिन्छु र मेराबारे नायिका युका कान फुकिदिने मिस लीलाई हेर्छु। उनी खुच्चिङ गरेको अनुहार लाउँछिन्। अर्कालाई फसाउनु, फसादमा पार्नु। अरूलाई फसाएर आफ्ना अतृप्त आकाङ्क्षा रसाउनु।

'ए क्या त,' मैले कपालमा अलमलिएका औंला निकाल्दै गलबन्दीको सप्को साटफेर पारेँ, 'उः क्या हाम्रै रिसोर्टपछाडि, आनसान पहाड, खासमा त्यसलाई पहाड नभनी ठूलो थुम्को भन्नु जाती होला कि सोच्छु म त।'

'तपाईं आफैं पहाडको मान्छे,' उनले सोधिन्, 'कस्तो लाग्यो त हाम्रो पहाड चढाइ ? वा तपाईंले भने जस्तो ठूलो थुम्को ?'

'तपाईंहरूले पहाडलाई कसरी पायक पार्नुभएको छ भने आँखा चिम्म

गर्दै हिँडे पनि जता जुत्ता चुच्चो पाऱ्यो उतै पुगिन्छ तपाईंको कोरियामा।'

'तपाईंको तिर नि, हँ, मिस्टर वाग्ले?' उनले सोधिन्, 'हाम्रा पर्यटकहरू नेपाल घुम्न खुब रत्तिन्छन्। के छ त्यहाँ? तपाईंका पहाडमा?'

'हो, हाम्रोतिर त दुस्साहस विमानस्थलबाटै सुरु हुन्छ, क्यानाम नायिका यु,' मैले भनें, 'पहिलो पाइलादेखि नै आँखा चनाखो पार्नुपर्छ।'

'तपाईंले त नेपालको पर्यटन राजदूतले झैं बोल्नुभयो,' उनले गुनासो गरिन्, 'के फरक छ उता र यताको पहाडमा? हँ, मिस्टर वाग्ले?'

'होइन के!'

म थप शब्द नपाएर चिप्लिन्छु जसरी खनिरहेको सडकको खाल्डामा हाम्रा ठेलाहरू धस्सिन्छन्। वा तातो अलकत्राभित्र चौपाया अलपत्र। बिजुलीका गुजमुज्ज तारमा अल्झिने पोलबाट पाइला सर्लक्क चाल्न नसके नालीमा। कुनै शब्द फुराउनुपहिले आँखा फरफराउँछ भने अगाडि कुनै अल्झन छ।

दोभाषे चुतिर आँखा सर्काउँछु अनि पर मिस ली। उनी मलाई अर्को खुच्चिङ गर्छिन्– ठिक्क पऱ्यो!

मानौँ, मसँग पहाड नगएर उनले लडाइँ जितिन्। बोल्न नआएर मैले हारें। हराउनु नै छ भने पहिले कुनै जनाउ नदिनू। नायिका युले तपाईंलाई यसबारे सोध्लिन् भनेर पटकथाका पहिल्यै तयार पारिएका प्रश्नहरूको पेटी नखुस्काउनू।

म भन्न चाहन्छु– हाम्रो पहाडमा भन्ज्याङ आउँछ, देउराली। देउराली पुगेर दुइटा ढुङ्गा खप्ट्याउनू, मायाको चिनो। कसैको सम्झना। वा पिरती। घ्याङमा घुम्नू। ढुङ्गा खारेर वा सारेर बुद्ध बनाउनू। तितेपाती चढाउनू। तितेपातीलाई अङ्ग्रेजीमा के भन्छन्?

मलाई त्यही जाबो तितेपाती भन्न आउँदैन। हातमा खेलाउँदैमा मोबाइलले गुगल गरेर नेपाली बोल्दा उल्था गर्दैन। दोभाषे चुतिर हेर्छु र

सुस्ताउँछु। तपाईंको पहाडमा त जता जाऊँ वर्कआउट गर्ने जिम जडिएको छ, यु ! ढुङ्गाहरू सबै तह लगाउनुभएको छ तपाईंहरूले। त्यसो भन्न खोज्छु तर तितेपाती मन्साउन नसकेर थैया मान्छु।

थकथकी मान्छु– त्यस्तो जवाफ दिनुपर्ने थाहा पाएको भए गुगल गरेरै आउने थिएँ।

मैले केही साँचेर सोच्न वा सोचेर साँच्न नपाउँदै नायिका यु अर्का कोरियाली कविलाई माइक दिन्छिन्। समय घडीमा रोक्न ब्याट्री झिकिएको हुँदैन। बिजुलीको प्लगतिर मुख जोडिएको हुन्छ। आज संसारका सबै मुख बिजुलीका प्वालमा जोडिएका हुन्छन्; नभए पावर बैङ्क लिएर हिँड्नू। जस्तो चुच्चो झोसे पनि संसारभरिलाई चल्ने मल्टिपर्पोज पावर बैङ्क। वा मल्टिप्लग।

कविहरूले मेलो सारेपछि मैझारो हुन्छ र दोपहरको खट्टे खाने निम्ता। वा तेस्रो प्रहरको ज्वाइँखट्टे। वा चौथो प्रहरको खोयाबिर्के। ताली गडगड चल्यो भने अब कानमा सिउरिएका वा जीउभित्र सिउरिएका माइक्रोफोनहरू सुस्तरी निकाल्नू।

'ल भइहाल्यो, मिस्टर वाग्ले, अब तपाईंलाई,' मिस ली मलाई फकाउन आइन्, 'अब तपाईंलाई ड्रिङ्क अफर गर्छु। बरु के खाने, मेनु हेर्दै गर्नू। आज त जति धोके पनि हुन्छ।'

'बाफ रे !'

'ए, कता छ मेनु ? यता ल्याइदिनू, प्लिज।'

लेखिएको मेनु नभएको कुनै देखिने भेन्यु हुँदैन। तर देख्नु खानु होइन। वा पिउनु। पिउनु मात्नु होइन। वा मात्न पिउनु। कुनै त बोतलको चित्र हेर्दैमा मात लाग्छ भने पार्टीहरूमा होस गर्नू; ठूलै बात लाग्न सक्छ। वा कानेखुसी। वा खासखुस। कुरा काट्नेहरू सधैँ नदेखिने कैँची लिएर हिँडिरहेका हुन्छन्।

चियर्स गर्न हतार नगर्नू, न ग्याम्बे ।

कविहरूले कवितामा के भने, अनुवाद पढ्न पाइएन भने थैया नमान्नू, जसरी चराहरूको गीत । चराको गीत वा फूलको सुवास वा जीवनको सङ्घर्ष बुझ्नपट्टि लाग्नुभन्दा आनन्द मान्नू । कहाँ पुग्नुभयो वा कताकता भौंतारिनुभयो, महत्त्वपूर्ण होइन; अब कता जानुहुन्छ, सोच्नू ।

मिस लीकी साथी मसँग बरन्डामा निस्किन्छिन् । सहर जाग्नु, जमजमाउनु । बत्तीहरू झकझकाउनु । भित्र वातानुकूलित तापक्रम भए बाहिर वातावरणप्रतिकूलता । ठिहिरो नचले स्याँठ, स्याँठ नचले ठिहिरो ।

'मेरो छेउ बस्ने कवि त कति ह्यान्डसम हगि ?' मैले सिउसिउ गर्दै उनलाई चिमोटें, 'तपाईंलाई ठिक्क सुहाउँछन्, नभए तपाईंकी साथी लीलाई ।'

'हाऽ !'

उनी पुदिना बास्ना लतपतिएको चुरोटको धूवाँसँगै मेरो फर्माइस उडाउँछिन् र मोबाइल निकालेर गुगल गर्छिन् । घिउ रङको मोबाइल बढी चलाए पग्लिएला । 'ऊ त बोरिङ छ । बरु हेर्नुहोस् न मलाई मन पर्ने ह्यान्डसम देखाउँछु ।'

'खैखै ?'

'ई... क्या त !'

उनी मेरो हातमा मोबाइल दिन्छिन् र चरीचट्ट राजकुमारलाई जुम गरेर हेर्न मेरा औंला आफैं सारिदिन्छिन् । उनको धूवाँको गुजुल्टो मेरा आँखा पिर्न क्षेप्यास्त्रझैं उँभो लाग्छ ।

'कोरियाली लभस्टोरी हेर्नुभएको छैन भने तपाईं चिन्नुहुन्न,' उनले भनिन् ।

'फिल्मका हिरोभन्दा कविहरू होनहार हुन्छन्,' मैले भनें ।

'होला ब्यारे !'

'जो होनहार उही ह्यान्डसम ।'

'होला खुब !'

'कविहरू आफैँले लेखेको पढ्छन् नि त !'

'तपाईंलाई त हिरोइनहरू नै होनहार लाग्ने होलान् कि ?'

'उनीहरू पनि अरूले लेखेर दिएको प्रश्न सोध्ने रहेछन्,' मैले भनेँ ।

'होलाहोला !'

'हो क्या !'

'पत्याइनँ ।'

'नपत्याए के त !'

केही छैन, अब ड्रिङ्क । ल, भित्र फर्कौं । कुन टेबलमा बस्ने ? कता छन् साथीहरू ? ए हुन्छ ल, म आउँछु है ! पहिला मेनु । अँ, म के पिऊँ ? होइन, तपाईंहरूले केके अर्डर गर्नुभयो ? लौ वाइनवालाहरू यता है ! म त ह्विस्की ।

'एक्सक्युज मी !' मैले वेटरलाई बोलाएँ, 'यो चित्रमा देखिएको ह्विस्की मात्रै छ कि, अरू पनि च्वाइस ?'

'यही सिङ्गल माल्ट स्कच मात्र ।'

'हुन्छ, आइ विल गो फर दिस ।'

'खाना पनि लिँदै गर्नुहोस् है !'

कोही पछाडि उभिएको छ भने केही सोध्न खोजिरहेको छ । त्यस्तो बेला उभिएर जवाफ फर्काउनू । अर्को कोही किताब किनेर आएको छ भने अटोग्राफ ।

'किताब त मेरै हो तर के गर्नु, आफैँलाई पढ्न आउँदैन !' मैले भनेँ, 'हस्ताक्षरसम्म कोरियालीमा गर्न सिक्या भए पनि हुने रहेछ ।'

'तपाईंको किताबको अनुवाद कस्तो लाग्यो ?'

'पढ्न जाने भन्न जान्ने थिएँ क्यार !'

नायिका यु भरिभराउ ग्लास लिएर उभिएकी छन् र अरू मेरा साथीहरू। 'होइन, तपाईं त अझै खाली हुनुहुन्छ' भन्दै कुनै कोरियाली लेखक मछेउ उभिएका छन् भन्दैमा मेरो बोतल खुलेको हुँदैन।

क्याफे कम बारमा त जत्ति पनि बोतल बन्द हुन्छन्, जसरी मुख खोल्न नसक्ने तेस्रो विश्वका नागरिक वा अनागरिक बन्दै हूलका हूल पहिलो विश्वतिर शरण लिइरहेकाहरू। वा लिन खोजिरहेका। दुर्दिनको सीमा काट्न दूरदेशका समुद्रमा हेलिँदै बालबच्चा बचाउन डुङ्गा पर्खिरहेका आमाहरू वा बाबुहरू।

'लौ, खाना पनि लिँदै गर्नू है' भन्दै एउटा र अर्को टेबल गर्न थालेका मिस ली र उनका साथीहरू, लिम र कोरियाली लेखक-कविमाझ म एक्लै उभिएको देखेर एक जना लेखक फेरि मेरो आड उभिँदै फतफताए, 'होइन यी नेपाली हिँडालुलाई केही आइपुगेन त !'

'यसो गरौं न, मिस्टर वाग्ले,' मिस ली मछेउ कुनै उपाय नसुल्झेको हिसाबसहित प्रस्तुत भइन्।

'कसो गरूँ ?'

'मैले नै भनेकी हुँ तपाईंले जे अर्डर गरे पनि हुन्छ।'

'अनि त ?'

'यो ह्विस्की अचाक्ली महँगो पो रहेछ !' आँखीभौँ गाँठो पार्दै उनले बोतलमा अङ्कित भाउ अर्थ्याइन्, 'डेढ सय डलर हेर्नोस् न !'

'बाफ रे !' मैले भनें, 'लौ मलाई चाहिएन।'

'अरू केही रोज्नुहुन्छ कि ?'

प्रेममा त्यस्तो हुँदैन। उस्तै अनुहार भन्दैमा अर्कोको आँतमा पस्न सकिँदैन। कविता कुन विषयमा फुरेको हो, त्यही लेखिन्छ। जिब्रो केले

रसाएको हो, त्यस्तै अर्को हेर्दैमा राम्रो लाग्दैन । अब के मैले पनि बियर वा वाइनतिर आँखा सन्काउनु ? जस्तो प्रेममा हुन्छ नि, आफूले उसैलाई भन्न सकिएको हुँदैन तर संसारलाई सुनाउन मन लाग्छ ।

'यो कस्तो होला ?' कुनै वेट्रेसले मेरो छेउ सर्लक्क खिरिलो ज्यानको बोतल ल्याउँदै भनिन्, 'वाइन त होइन ।'

'वाइन होइन भने बियर पनि होइन,' म रिडिङ ग्लासको सहाराले अक्षर ठम्याउन खोज्छु, त्यसरी आफ्नै अनूदित किताब त छिचोल्न नसक्नेले बोतलका छिर्केमिर्के अक्षर के पहिल्याउनु ?

'मिस लीले सिफारिस गर्नुभएको हो,' उनले भनिन् ।

'उनले सिफारिस गरेकी हुन् भने मलाई चल्छ ।'

'खोलूँ त ?'

चियर्स !

एक जना कोरियाली मलाई साथ दिन आइपुग्छन् तर पहिलो सुरुप लाउनासाथ नाक खुम्च्याउँछन् ।

'सायद तपाईंले खोजेको ड्रिङ्क यो होइन ।'

'किन र ?' मैले सोधेँ ।

'स्याम्पेन परेछ ।'

'खैखै !'

'होइन त ?'

'साहित्यिक अन्तरसंवादको समापनका लागि स्याम्पेन ठीकै छ त !'

'होइन, म कम्प्लेन गरिदिन्छु,' हात उचाल्दै उनले भने ।

'नगर्नुस् प्लिज !' मैले भनेँ, 'कविता लेख्नेले कहिले कथा लेख्छन्, कहिले उपन्यास; कति उपन्यासकार आफैँ कविता पनि लेख्छन् ।'

'लेख्नु र पिउनु उस्तै होला र ?'

'पढ्नु र पिउनु चैं होला कि त ?'

'जे होस्,' उनले भने, 'अनि एउटा कुरा मैले बुझ्दै बुझिनँ मिस्टर वाग्ले ।'

'हजुर, के कुरा ?'

'यही कि । बुद्धलाई तपाईं कसरी बुझ्नुहुन्छ ?'

'म बुझ्न सक्दिनँ । त्यही भएर लेख्ने गर्छु ।'

'कसले बुझ्छ त ?'

'बजारले ।'

'कसरी ?'

'बुद्धको नाममा आज के छैन ?' मैले भनें, 'बुद्ध भान्सा त म यही कोरियामा अस्ति गएँ । संसारका कति सहरमा बुद्ध बार छन् ! कति बुद्ध पेट्रोल पम्प, कति बुद्ध कस्मेटिक्स, होइन त ?'

'लौ, फेरि चियर्स !'

'बुद्ध बुझ्न अहिले पिएको बेला त झन् मिल्दैन होला कि ?'

'हाऽहाऽ !'

'बुद्धलाई यति साह्रो स्नेह गर्ने चीन, कोरिया र जापानको आपसमै कति साह्रो छिनाझम्टी र व्यथा छ, हगि ?'

'त्यही त !' उनले भने, 'बमहरू छन् । पूजा गर्ने बुद्ध पहाडमुनि सबभन्दा बढी बम परीक्षण !'

'खै, तपाईंले त ग्लास सुर्क्याउनुभएन ?'

'मलाई मन परेन,' उनले भने, 'अर्को टेबल गएर वाइन पिउँछु ल !'

म पनि किन एउटै टेबल रुङ्न बस्नु ? बाँदर आएर बाली खाइदिने होइन ! ढाडमा गुलेली लुकाएर हिँडे झैं म नायिका यु भएतिर उभिन जान्छु ।

युको बनावट चलचित्रसुहाउँदो छ र उनी चरित्रसुहाउँदो अभिनय गर्छिन् । ठिक्क हाँस्छिन् ।

'मिस्टर वाग्ले,' उनले भनिन्, 'मैले ठीकै सोधेँ ?'

'ठीकै भन्नुपर्‍यो ।'

'यस्तो भूमिका पनि गर्नुपर्ने रहेछ कहिलेकाहीं ।'

'राम्रो गर्नुभयो,' मैले भनेँ, 'जीवनमा हामी सबैका भूमिका छन् ।'

"मैले 'ओल्ड लभ' खेलेँ । त्यो फिल्म तपाईंले हेर्न पाउनुभएको छैन होला ।"

'हजुर, भन्नुहोस् न !'

'पच्चीस वर्षपछि म पुराना प्रेमी भेट्छु, एयरपोर्टमा,' उनले भनिन् ।

'भेटिने त त्यस्तै ठाउँमा हो । वा यस्तै ठाउँमा ।'

'समय बितिसकेको हुन्छ र धेरै थोक बदलिएको,' उनले भनिन्, 'हामी आफ्ना कुरा राख्छौँ; मन बाँड्छौँ; समय लुकिसकेको हुन्छ ।'

'हगि ?'

'म माइन्ड मेकअप गर्छु । र अघि बढ्छु । पुरानो प्रेमलाई पुरानै रहन दिन्छु,' उनले भनिन्, 'सायद त्यही नै त्यसको नियति ।'

वा पटकथा ? म जिस्क्याउँदिनँ । वा कोट्याउँदिनँ । नियति वा परिणति ? प्रेम पुरानो हुन सक्छ भने किन प्रेमीहरू सधैँ केही न केही खोजिरहेका हुन्छन् । वा भुल्न खोजिरहेका । भुल्न सक्दैनन् भने प्रेम कसरी पुरानो हुन्छ ? वा प्रेम कहिल्यै पूरा हुँदैन ? वा पूर्ण । प्रेममा कोही निपुण हुँदैन । सिर्फ समर्पण ।

प्रेम गर्नुभएको छ भने चोट बेहोर्नुभएको छ, वा बेहोराउनुभएको । प्रेमका चोटहरू प्रिय हुन्छन्, सिर्फ क्षणहरू अप्रिय ।

क्षणहरू गुजुल्टिँदैनन्; गुज्रिरहेका हुन्छन्, जसरी क्याफे पास्टेलको हाम्रो

साँझ। मिस ली अब गाईहरू लघार्दै गोठ फर्काउन खोजे झैं हामीतिर सिटी फुक्न खोज्दै छिन् भने ग्याम्बे गर्नू।

युतिर कुनै इसारा गर्न नभ्याउँदै हामी झर्दै छौं वा उनी आफैं हामीतिर बिदाइको हात नहल्लाई भऱ्याङतिर तेर्सिएकी हुन् भने उनले आफ्ना पुराना प्रेमीलाई त्यही गरिन्।

भेट त फेरि हुने नै छ कुनै दिन, पुराना क्षणहरू सम्झिन। वा बिर्सन। सम्झिनु, आफूले कति धेरै बिर्सिसकेको रहेछु थाहा पाउनु।

१७

मध्यरात रिसोर्टमा ओरालेपछि मिस ली हामीलाई गुड नाइट भन्नुअघि अपुङ्गो चिप्ला खाम दिन्छिन् जसमा हवाई टिकट र हिउँभित्र पुरिएका केही थान योन्ही कार्यशालाका सम्झना पोस्टकार्ड छन्।

'यसभित्रको चिठी चैँ एयरपोर्ट पुगेपछि मात्र खोल्नू ल! वा देश फर्केपछि।'

'अहिले नखोल्नु?' मैले सोधेँ।

'वा कहिल्यै नखोले पनि हुन्छ।'

भन्छन् नि जस्तो, चिठी सम्बन्धित व्यक्तिले नै खोल्नू। सेतो धागो बाँधिएका कति चिठी त विश्वयुद्ध सकिएर पनि नफर्किएका आफ्ना छोरा मारिएको कति वर्षपछि विश्व साम्राज्यकी महारानीका तर्फबाट गाउँ आइरहेका थिए।

जस्तो– अर्काको चिठी पढे चौपाया मारेको पाप लाग्नेछ। नभए डिस्क्लेमर– यो इमेल सम्बन्धित व्यक्तिको इनबक्समा नपुगे नपढ्नू।

उनी हाँस्छिन्। बिदाइको हाँसोमा भेटिँदाको जस्तो उत्सुकता हुँदैन, केही नपुगे जस्तो उत्कण्ठा बढी।

उत्सुकता र उत्कण्ठा हाम्रा भेट र बिदाइका रीत। जस्तो– चाड आउँछ र जान्छ। केही दिएर र केही लिएर। हामी केही भरिन्छौँ र

केही रित्तिन्छौँ। केही हासिल गर्नु, केही गुमाउनु।

क्र्याइँक्र्याइँ बजेको बाजा बिलाउँदै गए पनि बलेसीतिर प्रतिध्वनि बाँकी रहेको हुन्छ। कति त चराहरूले सुनेर सिक्छन् र हामीलाई सुनाइरहन्छन्। जसरी हामी फर्किएको केही दिनसम्म पनि हाम्रा ध्वनि वा मौनताका रहलपहल बाँकी रहनेछन्। जसरी विश्वकप सकिएको कति दिनसम्म पनि बच्चाहरू मन परेका खेलाडीका गन्जी लगाएर टालाका बल हान्दै दौडिरहन्छन्।

अतिथि लेखकहरू र आयोजक बहिनीहरूको एउटै सामूहिक तस्बिर किन कहिल्यै खिचिएन भनी थकथक्याउँदै आफ्ना मोबाइल उज्याउँछौँ। भित्तालाई पृष्ठ साक्षी राख्दै हामी चिऽज भन्नुपहिले दन्तमञ्जनको करामत प्रदर्शन गर्छौं र क्षणलाई खिचिक्क पज गर्छौं।

सेल्फी नखिची कुनै सत्सङ्गको साङ्गे हुँदैन।

बिदाइ वा भेटको क्षण कहिल्यै पज हुँदैन, न बिदाइ र भेटबीचका क्षणहरू। हाम्रो सम्बन्ध बिदाइ र भेटबीचको सिर्फ एउटा दूरी। सम्बन्धहरू कहिल्यै समदूरीमा बस्दैनन्। वा बाँधिँदैनन्। बन्धनमा हुँदैनन्। सम्झनाको डोरीसँगै फुकिरहेका हुन्छन्। कति लत्रिन्छन्; कति इत्रिन्छन्; कति तन्किन्छन्; कति चट्ट चुँडिएर हावामा हराउँछन्। फर्केर कल्पनाको डालीमा बास गरे भने सम्झनाको पोयो बलियो हुनेछ।

तपाईंको उडानको तालिका के हो भन्दै ककसलाई अँगालोमा बाँधेर बिदाइ हुनु छ, अहिल्यै गर्नू। कति त सबेर नहुँदै आफ्नो देशतिर हवाई झन्डा फरफराउँदै उडिसकेका हुनेछन्, जसरी घर फर्किने हाम्रा कल्पनाहरू।

'मेरो त भोलि साँझ छ है' भन्दै हात हल्लाउँछु र कोठा फर्केर सुकेका लुगा पट्ट्याउँछु। डायरीका पन्नाहरू पल्टाउनु छ। केही थप्नु, केही मेट्नु, केही भेट्नु, केही रित्त्याउनु।

अक्षरहरू हाम्रा क्षणका सबभन्दा साक्षात् प्रमाण हुन्। कति त भन्छन्– म लेख्छु किनभने नत्र जिन्दगीका दुःख सम्झेर टोलाइरहने थिएँ।

किताबहरूको थान्कोमान्को गर्नू, मिस किम र मिस्टर किमका 'संसारको सबभन्दा महँगो उपन्यास' र 'कट्टु' अनि अरू थुप्रै। जुन पढ्न भ्याइएका छैनन्, भोलिलाई राख्नू। भविष्यलाई।

हामीले दराजमा थपेका किताब कति हाम्रा आँखाहरूलाई पर्खिरहेका हुन्छन्। पन्ना पल्टिन पनि नपाएर कति त आजीवन दराजमा बन्दी जीवन बिताउँछन्। पढ्ने जाँगर कहिले त मरेर जमराझैं पहेँलिन्छन्।

पाठ गर्ने सही पात्र नपाएर परत्र सुधार्न पाएका पनि हुँदैनन् कतिका अक्षरहरूले ! हाम्रा कथाहरू। कविता वा इतिहास। दर्शनशास्त्र र ग्राफिक नोभल वा कमिक्सहरू।

बिहान तलिम पुच्छर हल्लाउँदै सायद मसँग केही भुल्यौ कि झैं प्रश्न गर्छ। उसको घाँटीमा सेतो धागो बाँधेर छाडिदिऊँ जस्तो लाग्छ तर ध्वारर्र च्यात्न मिल्ने कुनै चीज देख्दिनँ। न हरियो न हलेदो रङको।

पिटर प्यानमा आखिरी कार्ड घोटेर बाँकी रहेको पैसाले केही कुकिजको मीठो प्याकेट बनाउँछु र हिसाब निखिएको डिपोजिट कार्ड मिस लीलाई फर्काउँछु।

अब केही बेर हिँड्ने होइन त ? हुन्छ नि, आखिरी लन्चका लागि हामी घच्चीको ठाउँ लैजान्छौं; बगलको कुनै जापानी रेस्टुरेन्ट।

'मिस ली,' मैले भनैं, 'यो कस्तो रेस्टुरेन्ट हो ? हरेक टेबलमा म त युवकयुवती मात्र देख्छु !'

'ठीकै देख्नुभयो।'

'बूढाबूढी कोही छैनन्।'

'उनीहरूसँग धेरै पैसा हुँदैन,' उनले भनिन्, 'उनीहरूका लागि बेग्लै रेस्टुरेन्ट तोकिएका हुन्छन्।'

जस्तो हुन्छ नि, बैङ्कहरू पनि बूढाबूढीलाई ऋण दिँदैनन्; बूढाबूढीका शैक्षिक प्रमाणपत्रलाई धितो पनि लिँदैनन्। ऋणको ब्याज बढाउँदै लान्छन् र साउँ पनि सिद्धयाउँदै। बैङ्कसँग बात मार्न गए कुनापट्टि अलक्क राखिएका ज्येष्ठ नागरिक सिटमा बसाइरहन्छन्।

फर्किंदा फेरि खल्तीमा हात कोच्दै गल्ली हिँडाइ। सडकपेटीमा पाइला छन् भने हलुवाबेद पाकेका रूख ताक्नू। नभए हलुवाबेद उभिएको घरको ढोकाबाट चियाइरहने बिरालो।

पर्खालमाथि हिउँजस्तै एउटा सेताम्मे बिरालोलाई मिस लीकी साथी बिनबित्थामा हातको पाउर लाउँछिन्। बिरालो रिसले चूर हुँदै ङ्वारङ्वार गर्न थाल्छ।

'किन रिसायो बिरालो ?'

'मेरी साथीका औँलाहरू।'

'उसलाई औँला मन परेन ?'

'सायद, इसारा,' उनले भनिन्।

'तपाईंकी साथीको इसारा बिरालोले बुझेन,' मैले भनेँ, 'त्यसो भए।'

'कुकुरलाई त्यही इसारा काफी हुन्छ; काखमा आउँछ।'

बिरालो बोलाउन सुऽरी भनेर पुग्दैन; दूध राखिदिएको हुनुपर्छ। कुकुर बोलाउन नाम काढिदिए हुन्छ; खुरुक्क लाडे पल्टिँदै आउँछ।

हुन्छ नि जस्तो, कविता बोल्न खोजिरहेका अक्षरलाई कथामा राख्न खोजे कोतर्न थाल्छन्। वा कथाका पात्रलाई निबन्ध। पात्रहरू आफ्ना चरित्रअनुसार भूमिका गर्न खोज्छन् जुन नबुझेर लेखकहरू वर्षौं औँलाका कुरकुरे हड्डी घोटिरहन्छन्।

बिदाइको बेला धेरै लहसिनु हुँदैन। न सोधीखोजी। एउटै शब्दले पनि बेग्लै इसारा गर्न सक्नेछ। भरे जता उडेर गए पनि त्यसको छायाले पछ्याइरहनेछ।

'अबको तपाईंको योजना के छ त, मिस ली ?'

'कुनै न्यानो टापुतिर बिदा मनाउन जानेछु,' उनले भनिन्, 'दक्षिणपूर्वी एसियातिर ।'

'तपाईंको पो मस्ती छ !'

'खुब होला !'

'हो के !'

'ए, बाटो काट्न हतार नगर्नू; गाडी आउँदै छ,' उनले सम्झाइन् ।

'हर्न नबज्ने के यतातिर !' उनलाई पर्खन उभिँदै मैले भनें ।

'घर फर्किन हतार छ जस्तो छ तपाईंलाई ।'

'तपाईं के गर्नुहुन्छ त त्यसपछि ?'

'राजीनामा दिएर जानेछु,' उनले भनिन्, 'फर्केर के गर्ने, सायद म सोचेर आउनेछु ।'

'न्यानो टापुमा ?'

'न्याना विचारहरू केही आउलान् कि ?'

'एक्लै कि दुक्लै ?'

'एक्ली छैन र म ?' उनले भनिन्, 'दुई जना भए त हल्ला ।'

आवाज हल्ला होइन; कतिका लागि त हल्ला पनि आवाज ! त्यस्तो बेला न्यानो टापुमा आफैं नग्न बसेर आफैंलाई चुपचाप नियाल्नू, ऐना चियाउनू । वा सफा तलाउ । क्लोरिनले सफा पारेको नीलो स्विमिङ पुलमा बुद्रुक्क हामफालेर माछाझैं शान्त रहनू । र मनको हल्ला सुन्नू ।

'पक्कै,' मैले भनें, 'मलाई भने नियास्रो लागिरहला कि ?'

ली र लिम मलाई कोसेलीपात पठाउन आखिरी किनमेलका लागि बजार जान्छन् । म आफ्नो गुन्टा कसकास पार्छु ।

केही बेर ढल्किन नपाउँदै उकालोमा तलिमको पछिपछि दुवै जना हातभरि झोला लिएर फर्किन्छन् ।

'मिस्टर वाग्ले,' लिमले भनिन्, 'धेरै केही दिन सकिएन ।'

कानबाट डोरी निकालिएका सेतो बिराली कागजे झोलामा लुप स्विट ब्रान्डका काला बट्टाहरू छन्; कुनै लाम्चा, कुनै डल्ला । सेलरोटी र अनरसा होइन । न कराहीमा घोटेको कुराउनी न बटारेको कसार । मानिस वा रोबोटको ज्यान लिएर खुट्टा फट्टाउँदै उभिएको ब्रान्ड एम्बासडर खरायोअङ्कित बट्टाहरू पाएर म फुरुक्क पर्छु ।

'तपाईंको भान्साका लागि,' उनले मन्द मुस्कानको मह दलेका ओठ चलाइन् ।

गुलाब र ऐँसेलुका जाम र सिरपका बट्टाहरू ! अब काठमाडौँमा पक्कै मेरो बिहानी भान्सा मगमगाउनेछ, लिम !

'स्वाद मन पर्ला कि ?' उनले निहुरिँदै सोधिन् ।

'सम्झना नै सबै थोक, लिम !' मैले भनेँ ।

'हजुर ?'

'तपाईंहरू हाम्रो भान्सासम्म आफ्नो सम्झनाको छाया तन्काउन बाठो हुनुहुन्छ,' मैले भनेँ ।

'हाऽ, त्यति साह्रो केही छैन है झोलामा !' मिस लीले परैबाट थर्काइन् ।

लौलौ, जाने बेला धेरै झारझुर गर्नु हुँदैन । रूख आड ट्याक्सी तैनाथ भइसकेको छ भने सुइँकुच्चा ठोकिहाल्नू; नभए क्षणहरू लुकामारी गरिराख्नेछन् ।

'तपाईं आउनुभयो र हामी रमाउन पायौँ,' उनीहरूले भने ।

'कति टाढादेखि बोलाउनुभयो !' मैले भनेँ, 'हामी पनि भुलिन पायौँ ।'

अँगालोमा बाँधिनु र छुट्टिनु जस्तै सङ्क्षिप्त योन्हीको बसाइ । ओरालो झरेर आखिरी फोटो खिच्छु र ट्याक्सीमा छिर्छु । अतिथि लेखकहरूमध्ये

सबभन्दा पहिला आइपुगेको म सबभन्दा आखिरमा निस्कन्छु ।

'तपाईंहरूका अफिसियल फोटोग्राफरले खिचेका फोटाहरू पठाइदिनुहुन्छ नि, होइन ?'

म तल ओर्लिंदा पनि सोधिरहेको हुन्छु । उनीहरू हातैले जवाफ फर्काउँछन् ।

'अझै फोटो खिच्न भ्याउनुहुन्छ,' ड्राइभरले मलाई सायद बुझेरै भने ।

बिहेको चटारो सकिएको घरमा बेहुली गएपछि विरह मात्र । परिवारले जिम्मेवारी पूरा गरेको सन्तोष मान्दामान्दै पनि अनुहारमा थकान र बिदाइको थकथकी ।

ट्याक्सी ओरालो लाग्छ र म लुकिङ ग्लासमा उनीहरूलाई देख्न पाउन्नँ । पिटर प्यान बेकरीको बाटो योन्साई हुँदै हुइँकिएको ट्याक्सीले हान नदीको दिशा समात्छ । एयरपोर्ट जान एक्सप्रेस वे ।

'मिस्टर किम,' मैले सोधेँ, 'तपाईंको नाम मैले ठीकै भनेँ होइन त ?'

'हजुर,' उनले भने, 'मैले थाहा पाएँ नि, तपाईं लेखक हुनुहुन्छ !'

'उनीहरूले भनिदिए होलान् ।'

'तर तपाईंको किताब मैले पढ्न पाएको छैन ।'

'कोरियालीमा छ । तर मसँग छैन ल !'

उनी स्टेयरिङको हात निकालेर एउटा सानो नोटकपी मतिर तेर्स्याउँछन् । 'यसमा लेखिदिन सक्नुहुन्छ ?'

'योन्हीको पुस्तकालयमा फर्केर कुनै दिन पढ्न सक्नुहुन्छ ।'

'होइन, म किनेरै पढ्छु ।'

'मलाई कोरियाली नाम आउँदैन किताबको ।'

'त्यसो भए त फेला पार्न गाह्रो हुन्छ ।'

'उनीहरूलाई फोन गरेर सोध्न सक्नुहुन्छ,' मैले भनें, 'ती बहिनीहरू जसले तपाईंलाई रिजर्भ गरेका थिए ।'

'हाऽ, गर्दिनँ फोनसोन !' उनले भने, 'नाना थरी प्रश्न गरेर हैरान पार्छन् ।'

'अङ्ग्रेजीमा लेखिदिन्छु; कुनै पसलेले सघाउला कि ?'

'मलाई पढ्न मन छ,' उनले भने, 'मलाई किन पनि पढ्न मन छ भने यसअघि कुनै लेखकलाई भेटेको थिइनँ ।'

'केही फरक पार्ला र ?'

'म के जानूँ ?'

हान नदी कतिसम्म फैलिएको छ, हेर्न नभ्याउने गरी हामीले कुन दिशा समातिरहेका छौँ, म पत्ता लगाउन सक्दिनँ । बिदाइको दिशा विमानस्थल । उत्तर होस् वा दक्षिण । बायाँ वा दायाँ ।

'नेपाल म गएको छैन,' उनले भने ।

'कुनै दिन जानुहोला नि !'

'मैले त्यहाँको नोट त देखेको छैन !' उनले भने ।

म खल्तीबाट पर्स निकालेर हेर्छु; गोडा दुएक सय निकाल्छु र हल्लाउँछु ।

'दुवै एउटै रहेछ,' उनले एक हातले एउटा लिएर सोधे, 'म राख्न सक्छु ?'

'तपाईंलाई नै हो,' मैले भनें ।

एउटै नोट पनि कति जनाको हात सरेको हुन्छ ! ट्याक्सीचालकदेखि बसका परिचालकसम्म, राष्ट्रपतिदेखि बैङ्कका सीईओसम्म पनि चहारेर कतै कारखाना, कम्पनी वा कर्पोरेट धाउँदै सडकछेउ फूलपसल वा तरकारी, मोबाइलका सिम फेर्दा होस् कि फूल गोडमेल गर्न आउने

माली । खानेपानीको बिल तिर्दा होस्, वा बिजुली । मजदुरदेखि मन पर्ने अभिनेता वा अभिनेत्रीसम्मको हात पर्दै सरसर्ती देश घुमिरहेको हुन्छ । कहिले त विदेश ।

'गुन लाउनुभयो ।'

'त्यही नोट भजाउन भनेर पनि त नेपाल आउनुहोला !'

'खै, अब के पो गइएला र !'

'अहिलेसम्म कहाँकहाँ जानुभएको छ त ?'

'म गएकै चीन,' उनले भने, 'चीनमा बसेर दस वर्ष आयातनिर्यात व्यापार गरेँ; रित्तो खल्ती फर्किएँ ।'

'के जान्नुभएन र ?'

'चिनियाँहरू व्यापारमा चतुर छन्; मैले सकिनँ,' उनले भने, 'मेरो कम्पनी अझै छ तर टाट !'

'अनि ?'

'दुई वर्ष भयो ट्याक्सी चलाउन थालेँ ।'

'कम्पनी हापेर ट्याक्सी ?'

'जहान परिवार पाल्नुपरेन त ?' उनले भने, 'छोराछोरी हुर्काउन र पढाउन-लेखाउन मैले कुनै न कुनै इलम गर्नैपर्छ ।'

'त्यो त हो ।'

'होइन र ?'

'हो ।'

'हो कि होइन भन्नुहोस् त ?'

'हजुर हो ।'

'कम्पनी उल्ट्यो भनेर हात बाँधेर बस्नु ?' उनी झोक्किए, 'हो कि होइन त ?'

'मानेँ मैले ।'

केही बेर झ्यालबाट बाहिर हेर्नु केही नयाँ देख्नु होइन । पुराना क्षण सम्झिनु । वा उनको अर्को प्रश्न पर्खिनु ।

'तपाईंको किताब मलाई पढ्न मन हुनुको एउटा कारण पनि छ ।'

'के होला भन्न सक्नुहुन्छ ?'

'तपाईं बुद्धधर्मी हो ?'

'त्यसो त म हिन्दू परिवारमा जन्मिएँ ।'

'बुद्ध कहाँ जन्मिए ?'

'नेपालमा ।'

'अनि नेपालमा हिन्दू बढी छन् कि बुद्धमार्गी ?'

'त्यसो त जनसङ्ख्यामा हिन्दू धेरै ।'

'हिन्दू त भारतमा धेरै होइन र ?'

'हो ।'

'यही कुरा मैले बुझेको छैन,' उनले भने, 'नेपालमा बुद्ध जन्मिए भन्नुहुन्छ तर धेरै जना हिन्दू धर्म मान्छन् !'

'यही बुझ्न किताब पढ्न खोज्नुभएको ?'

'हो ।'

'त्यसो भए त तपाईंले कुन किताब पढ्नुपर्ला, फ्याट्ट म अहिले भन्न सक्दिनँ ।'

'मैले धेरैलाई सोधिसकेँ,' उनले भने, 'तपाईं अब ओर्लिन सक्नुहुन्छ ।'

'हजुर ?'

'तपाईंको टर्मिनल आइसक्यो ।'

उनलाई धन्यवाद भन्दै म झिटीगुन्टा निकाल्छु। उनी मलाई मेरो नोटको बदलामा कुनै उपहार दिन खोज्छन्। म पन्छाउँदै पर सर्छु।

'कुनै रिसानी भए माफ पाऊँ।'

'तपाईंसँग केही बेर बात मारेर मलाई पनि सन्चो भयो' भन्दै उनी फर्किए।

इन्चोनभित्र पस्नु, सेल्फ चेक इन मेसिनतिर तेर्सिनु।

खल्तीमा बाँकी रहेका वनहरू र तिनका खुजुरा निकाल्नु, विमानस्थलका ड्युटी फ्री पसलहरूलाई जिस्क्याउनु। बरु प्रस्थान गेट पत्ता लगाएर केही बेर अडेसिनु अनि मिस लीको चिठी बाच्नु।

'डियर मिस्टर वाग्ले,' उनले हरियो चौघेराभित्र सुकेको पातजस्तो कागजमा लेखेकी छन्, 'म तपाईंकी घोषित शत्रु ली (ल, यो चाहिँ आखिरीपल्ट जिस्क्याएको है) !'

म के भनूँ त ? अब उनले कहिल्यै खुच्चिङ गर्नेछैनन्। हाम्रो कट्टी।

'जुबान-समरमा पहिलो लन्च लिँदा तपाईंका शब्दहरूबाट मैले साहस बटुलेकी छु। तपाईंले भन्नुभयो नि, गल्ती र सहीको सीमा जतिसुकै धमिलो होस्, नसोधेसम्म आफ्नो कमजोरी कहिल्यै थाहा हुनेछैन।'

खै केके भनेँ; उनको पत्र साँचेर बाच्दा आफैँलाई थाहा हुने ! 'भन्नुभयो नि, अरूलाई बदल्न खोज्नुअघि आफैँ पहिला बदलिएर हेर्ने कि ?'

मैले त्यसो पनि भनेँ ? 'यो मेरो दुर्भाग्य हो कि तपाईंलाई लौ अब जानुहोस् भनेर बिदा गर्दै छु। जे भए पनि मैले हृदयदेखि नै गुडबाई भनेकी छु है !'

हवस्।

'अँ, अनि एउटा कुरा,' उनले पुछार बनाएको हरफ रहेछ, 'नेपाल आएँ भने तपाईंलाई पक्कै सम्पर्क गर्नेछु।'

त्यो त तपाईंले गर्नैपर्छ । नत्र तपाईं आफ्नै मनसायबाट बेदखल हुनुहुनेछ । 'हामी सँगै कुनै पहाड चढौँला नि !' उनले आफ्नो हस्ताक्षर ठोक्नुअघि लेखेकी रहिछन्, 'हुन्न त ?'

जरुर ।

'उही, तपाईंकी स्नेही ली ।'

उनको चिठीसँगै पानको पात आकारको हिउँमा डुबेको हाम्रो शिविरको पोस्टकार्ड पल्टिएको छ जसको पछाडि सायद लीकै अक्षर छन्, 'थ्याङ्क यु फर कमिङ टु योन्ही ।'

नभन्दै म फर्केको कति दिनपछि सोल थर्काउने गरी हिउँको वर्षा हुन्छ र हिउँका ढिक हालेका शीर्षकहरूले सहर कति भताभुङ्ग भयो, कति गाडी थिचिए, थच्चिए, थान्को लागे र कति घर, पसल, क्याफे, स्कुल बन्द भए भनी कथा हाल्छन् ।

म इमेल गर्छु; उनी सायद न्यानो टापुतिर जाने सरजाम बटुल्दै छिन् । के छ खबर हाम्रो योन्हीको, तलिमको, आनसान पहाड अनि पिटर प्यान र जुबान-समर ? हँ, ली, मिस ली के छ हँ त्यता ? के बच्चाहरूका स्कुल खुले ?

'ज्याद्रै हिउँ पऱ्यो त यस पालि, मिस्टर वाग्ले, तपाईं फर्किएपछि,' उनी जवाफ फर्काउँछिन्, 'ठूलो आँधी आएर हामीलाई बगाउला जस्तो भयो । एक दिन पूरै रित्तिए जस्तो वा डुबे जस्तो । मैले बिदा पनि त पाउन सकिनँ ! भ्याकेसन भनेर खोजेको वर्केसन हुन पुग्यो ।'

लौ जा !

'हिउँआँधीले सिनित्तै पारेर पनि पहाड उभिइरहेको छ । तपाईं चढेको पहाड मिस्टर वाग्ले,' उनी लेख्छिन्, 'पिटर प्यान र त्यो रेस्टुरेन्ट क्या त जुबान-समरले आफ्नो धरातल छाडेका छैनन् र छाड्ने पनि छैनन् ।'

सन्तोषको कुरा हो ।

'अनि तपाईंको जवाफ अझै कुरिरहेकी छु है म त !' पत्रको पुच्छर हाल्छिन्, 'कार्यशाला कस्तो लाग्यो, खोइ लेखेर पठाउनुभएको ? अनि मेराबारे तपाईंको विचार ?'

कार्यशाला त अच्छा भयो, म फर्काउँछु– अनि मिस ली एक अच्छी लडकी । अच्छी लडकी भनेर पुग्दैन । उनले व्याख्या मागिन् भने उनको आनीबानी र बानीबेहोरा सलबलाएका सम्झनालाई मैले शब्दमा कसरी उतार्नु ?

आखिर उनी त्यही त गर्दै छिन्, आफूले नबुझेको सोध्नु ! सोध्न जहिल्यै तम्सिनू । आफ्नो गल्ती के थियो, नसोधेसम्म कहिल्यै थाहा हुनेछैन । वा कुनै गल्ती नै थिएन कि ? वा सिकाइ ।

'अब म यो अफिसियल इमेल चलाउन्नँ किनभने राजीनामा दिइसकेँ नि त !' उनी भन्छिन्, 'आइन्दा मलाई केही परे निजी ठेगानामा पठाउनू ।'

उनको निजी जिन्दगीमा हाम्रो के केही पर्ला र ? तैबिसेक चञ्चल कल्पनाले डसे यसो तानाबाना मिलाएर पत्र लेख्नू । नभए बिर्सनू । लेख्नु, सम्झिनु । अकारण सम्झिनु, समय नसर्नु ।

उनी मलाई अफिसियल फोटोग्राफरले खिचेका फोटाहरू गुगल ड्राइभमा भरेर पठाइदिन्छिन् । फोटा हेर्दै सिउसिउ गर्दै उभिएको जीउ सुमसुम्याउन मन लाग्छ । ती क्षणहरू जुन कम्प्युटर फाइलबाट फुत्तफुत्त निस्कन्छन् । क्लिक गर्नु, किलकिलाउनु ।

'हेलो मिस्टर वाग्ले,' कुनै केटाको आवाज मेरो मोबाइलमा एक साँझ उछिट्टियो, 'म किम ।'

'कुन किम ?' मैले सोधेँ, 'डियर किम ?'

'उही क्या, फोटोग्राफर ! तपाईंहरूको योन्हीमा हरेक दिन फोटो खिच्ने । बिर्सनुभयो ?'

'ओओओओ... किम !' मैले भनें, 'तपाईंले खिचेका फोटा हेर्दै थिएँ, तपाईंको फोन आयो।'

फोटो आएपछि फोन। मानौं उनले फोटामा चिप्स हालेर पठाएका थिए; मैले फाइल खोलेको थाहा पाए।

'नेपाली नम्बरबाट डायल गर्दै हुनुहुन्छ त ? नेपाल आउनुभयो कि क्या हो ?'

'अनि त !' उनले भने, 'मैले तपाईंलाई भनेको थिएँ त त्यो पार्टीको रात, बिर्सनुभयो ?'

पार्टीको रात कसले कतिखेर के भनेको हुन्छ, सम्झिरहनु ? 'ए ललल, जाती भयो,' मैले भनें, 'वेलकम टु नेपाल। कहाँ हुनुहुन्छ ?'

'भर्खर जहाजबाट निस्केर सिम फेरें। एयरपोर्टमा छु।'

'भेरी गुड। हामी कहिले भेट्ने ? अहिल्यै वा अलिपछि ?'

'तपाईं के भन्नुहुन्छ ?'

'तपाईंको योजना के छ ?'

'म त मर्दी हिमाल ट्रेक गर्न जान्छु, भोलि बिहानै।'

'त्यसो भए,' मैले भनें, 'फर्केपछि फोन गर्नू न त !'

बिहानै गुडेर पोखरा। भरेभोलि नै अन्नपूर्णाको ताक। अन्नपूर्णा आधार शिविर घुमीवरी एक्लै मर्दी हिमाल। तेह्रौं दिन लगाएर उनी काठमाडौं फर्किन्छन् र हामी लन्च टेबलमा भेट्छौं।

उनी मोबाइलमा मर्दी हिमाल पदयात्राका फोटाहरू देखाउँछन्, घरी क्यामरा खोलेर। 'यो कति सुन्दर छ, सायद मैले फोटोमा पनि उतार्न सकिनँ !' उनले भने।

'तपाईं राम्रो खिच्नुहुन्छ।'

'फोटोले सप्पै उतार्न सक्दैन,' उनले भने, 'जस्तो– यो हेर्नुहोस् न ! सूर्यास्त हुन लागेको यो बेला तपाईंले जति खिचे पनि कम हुन्छ। पूरै हिमाल आगो लागे जस्तो हुन्छ, एकै छिन त ! क्यै गरे पनि तपाईं सम्पूर्ण थोक क्यामरामा खिच्न सक्नुहुन्न।'

'हगि ?'

मैले बुझेको छैन, किन मानिस फोटामा हत्ते गर्छन्। फोटो भनेको यथार्थको नक्कल। अक्कल छ भने सक्कल।

क्यामराले त्यही खिच्छ जुन त्यहाँ पहिल्यै थियो, वा त्यतिखेर। भएकै दृश्य देखाउँछ। तैपनि हामीलाई भएकै वा देखिएकै विषय वा घटना हेर्न कति मन पर्छ ! फोटोग्राफरहरू आफूले देखेकामध्ये रोजेका दृश्य वा क्षण खिचेर राख्छन्। हामीले दृश्य वा क्षण हेर्ने होइन, फोटोग्राफरका रोजाइ।

भन्छन् नि कति त, जस्तो कि, अक्षर पढ्नभन्दा फोटो हेर्न छिटो हुन्छ। त्यस हिसाबले फोटोले हाम्रो धेरै समय बचाइदिएको छ।

लेख्नेहरूले जहाँ बसेर लेखे पनि हुन्छ; फोटो भने नदेखी खिचिँदैन। जस्तो– समुद्रको फोटो छ भने किनारबाट खिचेको हुनुपर्छ; शिखरको भए पहाड कतै उक्लेको हुनुपर्छ। लेख्नेले त सहरको शान्त सानो कोठाबाटै तथानाम लेखिदिन सक्छ।

कुनै रोइरहेको व्यक्तिको फोटो छ भने फोटोग्राफर त्यही बेला नजिक परेको हुनुपर्छ; लेखकले त जति टाढाबाट जति पछि रुवाइदिए पनि हुन्छ, वा हँसाइदिए।

लेखकहरू प्रमाणित गर्न खोज्छन्, फोटो भए बल्ल सप्रमाण।

'अनुभूति खिच्न सकिँदैन,' उनले भने, 'क्यामरा तेर्स्याउनु वा क्लिक गर्नु समग्रता कभर गर्नु होइन। केही कुरा यस्ता हुन्छन्, तपाईं महसुस मात्र गर्न सक्नुहुन्छ।'

'त्यसो भए मानिसले किन फोटो खिच्छन् त ?'

'मेरो त पेसा,' उनले भने, 'तपाईंहरूलाई सोलमा मैले पछ्याएँ नि ! त्यो मेरो एउटा एसाइनमेन्ट । तपाईंहरूले जे अनुभूति गर्नुभयो, मैले खिचेका फोटामा कहाँ होलान् त ?'

'हामीलाई त सम्झना,' मैले भनें, 'तपाईंले खिचेका फोटाले हामीलाई सोलको साता कसरी च्वाट्टै बित्यो, बताउँछन् । बताइरहनेछन्, किम !'

उनी बियर घुटघुट पार्छन्, मानौँ मर्दी हिमालमा पानी पिउन हिउँ खोस्रिनुपर्थ्यो ।

'आज मेरो नेपालमा ठ्याक्क सयौँ दिन हो,' उनले भने, 'पाँचौँपल्ट गरेर ।'

'गनेर राख्नुभएको रहेछ,' मैले सर्काउँदै अफर गरेँ, 'अर्को बियर ?'

'हुन्छ,' बोतल स्विकार्दै उनले भने, 'हाम्रा राष्ट्रपति मुन जाए इनभन्दा म एकपल्ट बढी आइसकेँ ।'

'दालभातै खाने कि तपाईंको के छ विचार ?'

'दालभातकै बानी भइसक्यो,' उनले भने, 'बियरले कुल्ला गर्छु नि त !'

'अँ क्यारे ! तपाईंहरूका राष्ट्रपति मुनले नेपाल दोहोऱ्याएर घुमेका छन्, पहाड मन पराउँछन् जस्तो छ ।'

'ल हेर्नुहोस्, उनको फोटो !' उनले गुगलभित्र पसेर ज्याकेट पहिरेको कुनै अधबैंसेको फोटो निकाले जो फुस्स दाह्रीमा लाङटाङतिर थकाइ मारिरहेको छ ।

'कहिलेको रहेछ यो ?'

'क्या त, यहाँ भैँचालो गएर लाङटाङ गाउँ सोत्तर भएपछि उनी ढुङ्गा ओसार्न आएका थिए ।'

'राष्ट्रपति बन्नुअघि ?'

'उनी नेपाललाई माया गर्छन्,' उनले भने, 'मेरो पनि दोस्रो घर भनिदिए हुन्छ ।'

'हगि !'

'खै, कस्तोकस्तो सजिलो अनुभव गर्छु !' उनले भने, 'यहाँको हावामा केही त्यस्तो चीज छ ।'

'तपाईंहरूका राष्ट्रपति अहिले राम्रा परे ।'

'शरणार्थीका छोरा हुन् । उनका बारे तपाईंलाई थाहै होला नि !'

'उत्तर कोरियासँग वार्ता गर्न खोजेका छन्; मेलमिलापवादी छन् ।'

'अघिल्ली राष्ट्रपति पार्कले धेरै बिगारिन् । दरबारमा हुर्केकी नि त ! राष्ट्रपतिकी छोरी, सुनको चम्चाले खाँदै हुर्कनेहरूले समाज चिन्दैनन् । उनी जेलमा छिन्,' उनले फेरि गुगल गरे, 'ल हेर्नुहोस् त, सोलमा दस लाख मानिस कसरी प्रदर्शनमा उत्रिए !'

'उनले जानीजानी गल्ती गरेकी त होइनन् कि ?'

'यस्तो हो,' उनले भने, 'उनले समाज नै चिनिनन्; देशै बुझिनन् । आफैँले एक रुपैयाँ कमाउनुपरेन; केही कामधन्दा गर्नुपरेन; कुनै सीप सिक्नुपरेन; सधैँ सीमित घेराभित्र बसिन् र फसिन् । उनलाई अहिले पनि आफ्नो गल्ती के थियो भन्ने थाहा छैन भने अचम्म नमाने हुन्छ ।'

'अब फर्केर के गर्नुहुन्छ ?'

'फोटोग्राफी । अरू के ?'

'हिउँदे ओलम्पिक हुँदै छ ।'

'हो, प्योङचाङमा । तपाईं त झुक्किनुहुन्न नि ? प्योङ्याङ होइन,' उनले भने, 'बेकारको हो यो ओलम्पिक ! त्यस्तो प्राकृतिक स्थललाई पूरै बदलेर संरचनाहरू बनेका छन्, पैसाको विनाश । कति जङ्गल सखाप, कति काठपात ! हामीलाई पहिला पो बर्खे ओलम्पिक चाहिएको थियो जतिखेर कोरियालाई ब्रान्डिङ गर्नु थियो, अहिले हिउँदे ओलम्पिकको के खाँचो थियो ? राष्ट्रपति पार्कले राष्ट्रवादी स्वाङ गर्दै ओलम्पिक गर्ने अडान लिइन् । राष्ट्रपति मुनले अनुसरण गर्नैपर्ने भयो ।'

'अर्बौं डलरको लगानी भए पनि मुनले अब उत्तर कोरिया डाकेर वार्ता थाल्दै छन् नि त !' मैले भनें, 'ओलम्पिकलाई शान्तिवार्ताको अवसर बनाउलान् कि ?'

उनी उठे। हात हल्लाउँदै दोस्रो घर भनेको काठमाडौँका गल्लीमा ओझेल परे। फर्केर पहिलो घर कोरिया। उनका लागि के काठमाडौँ, के कोरिया !

फोटोग्राफर किम फर्किएपछि हिउँदे ओलम्पिकका फोटाहरू आशलाग्दा आउन थाले। कटिङ गरेर राख्नुपर्ने फोटाहरूले इतिहास बनाए। नभए कम्प्युटरमा सेभ गर्नू।

मुनले उत्तरसँग हटलाइन सुरु गरे। भव्य उद्घाटन समारोहमा दुवै कोरियाको संयुक्त मार्चपास गर्न मनाए। उत्तरका किमकी बहिनी सर्वेसर्वा बनेर आइन्। किमको परिवारबाट पहिलोपल्ट कसैले दक्षिणमा पाइला हाल्यो। ल हेर्नुहोस् त अर्को फोटो !

एकपछि अर्को अपत्यार। सायद फोटाहरू खोटा इतिहास होइनन्। तिनले इतिहासको चिहानबाट टाउको निकालेर भविष्यतिर अस्थिपञ्जरका औंला तेर्स्याउँछन्। लामो हिउँदपछि फूलका कोपिला वा टुसा।

कोरिया आधुनिक इतिहासको सायद सबभन्दा धेरै आधुनिक शिखर फोटा वार्ताहरू तीव्र उत्पादन गर्ने प्रायद्वीप बन्यो। खरखर पल्टाउँदा विश्वास नलाग्ने एल्बम।

किम पहिलोपल्ट चीन भ्रमणमा गए। संसारका आँखा छलेर एउटा हरियो रेल प्योङयाङबाट पेचिङ, क्यारे बेइजिङ। फेरि केही दिनमै मुनलाई भेट्न दसगजा। उनीहरूले क्यामराहरूका अघिल्तिर दाजुभाइझैं हात समात्दै अभिनय गरे।

किमले मुनलाई आश्वासन दिए, 'अब रात-बिरात तपाईंको निद्रा बिगार्ने गरी क्षेप्यास्त्र प्रहार हुनेछैन।'

फर्केर फेरि चीन गए। राष्ट्रपति सीलाई दोस्रोपल्ट भेटे। सत्तरी वर्षमा पहिलोपल्ट उत्तर कोरिया प्रमुखले अमेरिकी राष्ट्रपतिलाई भेट्ने भए। किम र ट्रम्प क्षेप्यास्त्र र ट्वीटरका भिडन्त त्यागेर सिङ्गापुर पुगे। अस्तिसम्मका गालीगलौज दुवैले बिर्सेको अभिनय।

मुनको वासिङ्टन आउजाउ फैँ किमको बेइजिङ। किमले तेस्रोपल्ट पनि सी भेटे। संसारभरि फोटैफोटा। फोटोको आविष्कार नभएको भए रेडियो तरङ्गबाट हामी कल्पना गर्न बाध्य हुने थियौँ। रेडियो तरङ्गको पनि विकास नभएको भए परेवाहरूले खुट्टामा बाँधेका चिठीहरूमार्फत खबर ल्याउने थिए। वा लामो दूरीका बाज वा चीलले।

सोभियत सङ्घले सघाएको उत्तरलाई चीनले काँध थाप्नु र अमेरिकाले दक्षिणलाई, मानौँ अब प्रशान्त क्षेत्र अशान्त नपार्न उनीहरू सङ्कल्पित छन्। फोटो हेरेर खत मेट्न सकिँदैन। किम आफ्नो अधिनायकत्व नछाडी आणविक बम लुकाएका पहाडहरूभित्र गान्टे मूला वा सखरखण्ड रोपेर बस्लान्? वा कुनै कन्दमूल, गिट्ठाभ्याकुर?

ती पहाडहरूमुनि हजारौँ सुरुङ खनेका छन् भन्छन्, कति त पहाडभित्रै जहाजको भूमिगत धावनमार्ग। अणुबम लिएर टाढा कतै खसाल्न फुत्त उड्न मिल्ने गरी अमेरिकी भूउपग्रही जासुसी सूचनायन्त्र छल्न। हाइड्रोजन बम, युरेनियम।

के अब ती पहाडमुनि किम्ची बनाउने कारखाना? कम्प्युटर वा रोबोट खाना। वा पाइखाना। रोबोटलाई शौचालय जानुपर्दैन। दक्षिण कोरिया रोबोटहरू बनाउँछ, उत्तर कोरिया मानिसलाई रोबोट।

फोटाहरू हेर्दै गर्नू; उनीहरू फेरि हात मिलाउन दसगजामा भेट्छन्, वा दस गज वर बसेर काँध। वा पर।

कन्दनी कसेर एकसाथ हुर्केका दुई भाइ लामो बिछोड र विग्रहपछि एउटै फ्यामिली फोटामा अट्छन्। वा दुई दिदीबहिनी। वा जुम्ल्याहा भाइ वा बहिनी। वा दाइ वा दिदी।

वासिङ्टन र बेइजिङले जुम्ली हात पार्छन्, वा अञ्जुली। अञ्जुलीभरि फूल वा फूल भनेर प्लास्टिक। वा काँडा उमारिरहन्छन्। प्लास्टिकको फूलमा पनि काँडाहरू इलास्टिकझैं च्वास्स घोच्ने स्वाङ पार्छन्।

इतिहास हाम्रो फोटो हो भने वर्तमान फेसबुक। वा ट्वीटर। वा इन्स्टाग्राम। फोटो खिच्नू र सेयर गर्नू। टाइमलाइन भरिँदा-नभरिँदै भविष्य भइसक्छ। भोलि कुन पोज भाइरल होला, रिफ्रेस गर्दै गर्नू।

समाचारले अत्यास दिए किताबका पन्ना पल्टाउनू। नभए जीवनका दुःख सम्झेर टोलाउनू। वा सुखका क्षणहरू कल्पेर।

जाडो भए फटाफट पाइला चाल्नू। नभए कक्रक्क पर्नुहुनेछ। कसैको जीवन कोक्रोमा अटाउँदैन, न कम्प्युटरमा। माउस चलाउन पनि औँला खेलाउनुपर्छ। औँला नउज्याई कुनै इसारा गर्न सकिँदैन। सबै अनुभूति अक्षरमा पनि अटाउँदैनन्।

किताब पढिसक्नुभयो भने अब पट्टयाउनू। पुछारको पन्नामा मेरो फोटो छ। वा स्केच। एकपल्ट आवरणचित्र नियाल्नू र शीर्षक सुमसुम्याउनू। पढ्न नभ्याए वा नचाहे सिरानीमुनि।

हजुरआमा भन्नुहुन्थ्यो– सिरानीमुनि किताब राखेर निदाए सपना देखुन्जेल सबै अक्षर दिमागमा सरिभ्याउनेछन्। हार्डड्राइभमा ट्रान्सफर। ब्लुटुथ खोलेर सुत्नू।

हाम्रो भेट अर्को किताबमा हुनेछ। खाम्साहाब्निदा !

❖

कफीगफ कहनेलाई फूलको माला, सुन्नेलाई सुनको ।

आभारी छु, काठमाडौँमा पुस्तकको परिवेश दिने श्रीमती नीतिका र छोरी नसनाप्रति ।

ब्रुकफिल्डमा भाइ जनक, बुहारी पिंकी र भतिजीहरू जानभी र जिया ।

कफीगफका लागि करकर गर्ने किरणकृष्ण श्रेष्ठ र सैजन मास्के । कफीगफका पुराना दिन सम्झाइरहने सुरज शाक्य र अन्य पाठकहरू ।

यस कृतिको सम्पादन गरिदिने पारसप्रकाश नेपाल र रोशन साँवा ।

योन्ही सिर्जनशील लेखन कार्यशाला । ली, लिम र किमहरू । पिटर प्यान बेकरी, जुबान-समर, आनसान पहाड, हिउँ पर्नुअघिका सोलका गल्ली र कफीघरहरू ।

लेखक